天下大亂

——川普政府的中國政策，其形成、矛盾與內幕。——

喬許·羅金——著 JOSH ROGIN 譯——梁文傑

CHAOS UNDER HEAVEN

Trump, Xi, and the Battle for the 21st Century

天下大亂，形勢大好

——毛澤東

目錄

「美中關係為何在川普時代劇烈轉變？美中競逐是川普個人一時興起，還是有更深層根本的原因？台灣又該如何應對？本書提供最好的線索。」

——賴清德副總統

推薦序（一）

川普賣瓜甜不甜，羅金帶你看仔細

李忠謙
《風傳媒》國際中心主任

有一則笑話是這麼說的：

阿明請熟識的水果攤老闆幫忙挑顆西瓜。等結完帳，順道問了老闆西瓜到底怎麼挑？
老闆說：你至少要拍打三顆西瓜，隨便挑一顆給客人。表情記得充滿自信！

正如法哲學家哈特（H. L. A. Hart）區分內在觀點與外在觀點的洞見，如果不考慮社會成員對於法律規則的認同、接受與遵循，甚至將其作為批評其他違反規則成員的理據（規則的內在觀點），那麼「搶匪勒令交出錢財」跟「政府要求人民繳稅」確實沒有太大差別——有人叫我給錢，我也確實給了，否則就會遭受處罰（規則的外在觀點）。

若回到一開頭的笑話，水果攤老闆確實在挑選什麼（拍打了至少三顆西瓜），而且非常專業（表情充滿自信）——所以他真的懂挑甜西瓜嗎？

這則笑話的其中一種解法，是老闆根本不懂。或許是說漏了嘴，或許是跟阿明交情匪淺，他才會把商場上的騙術說了出來。還有一種解法則是他其實懂。因為阿明既然熟識老闆，應該也清楚他的專業能力（過去跟他買的水果確實都甜），所以老闆只是跟老客人開了個玩笑，把挑選水果的過程用純粹外在觀點的角度說了一遍，弄得好像他根本不懂一樣。至於挑選西瓜的真功夫，則在他打哈哈之際繼續私藏不授。

當然，關於老闆到底會不會、水果到底甜不甜，從這短短幾句話的笑料來看，抖包袱的作者並未給出最終答案。這則笑話大概也談不上蘊含什麼微言大義，只要聽笑話的人開懷露齒，老闆懂不懂挑水果似乎也無關宏旨。不過這段笑話總讓我想起一個人——表情絕對足夠自信的川普。

川普已在今年一月二十日中午卸下美國總統職務，但他的功過至今仍難論定：討厭川普的人怪他民粹反智，美國不但淪為最慘重的新冠疫區之一，他對民主法治、同盟關係的蔑視與破壞，更讓許多人搖頭不已；支持川普的人則肯定他掀起反中浪潮，習近平與中國共產黨的野心終於踢到鐵板，川普抱持保守主義、全面揚棄歐巴馬政績的堅定立場，更堪稱許多（極）右派人士心目中的聖雄與共主。

不過川普在美國國內的評價或許還能說是「五五波」，若是衡諸國際，那可就真的是一面倒了。美國皮尤研究中心（Pew Research Center）去年六到八月在加拿大、英國、法國、德國、義大利、丹麥、西班牙、瑞典、比利時、荷蘭、澳洲、日本與南韓十三國，針對美、俄、中、英、德、法六位大國領袖的信任度進行民意調查。結果即將卸任的梅克爾拿了百分之七十六的超高分，川普則是以百分之十六的糟糕表現墊底，比普京（百分之二十三）跟習近平（百分之十九）還差。

這樣一位美國總統要是真要在國際上賣起西瓜，大概也會被當成「不懂裝懂」的假會老闆。即便他拿了真甜的西瓜給顧客，十之八九也會被認為是矇的，沒人會因此相信他的挑西瓜功力。不過在吃瓜群眾之中，卻有人真心相信川普的挑瓜本事，更認為他是一位兼具良心、智慧與勇氣的模範攤商。除了美國國內的川粉之外，若是放眼國際，最支持川普的一群人恐怕就在台灣。

川普在選上總統之前，對許多美國人來說，他就是一個好大喜功、聲名狼藉、自以為是的暴發戶。就算只談他最自豪的經商功力，只要看看他欠下的龐大債務、爛尾投資與永遠打不完的商業官司，一般人應該也不會把他當成致富典範。對台灣人來說，還沒當總統的川普可能也遠遠不如王永慶、郭台銘、張忠謀這些商場之雄，跟創辦「中華民國選美協會」的「中東王」唐日榮倒有幾分相似，大概也沒什麼人真的粉川普。

但川普當上總統之後—更準確的說，應該是在他擊敗民主黨強敵希拉蕊之後，但尚未在聯邦最高法院首席大法官的監誓下成為美國第四十五位總統之前—許多台灣人卻已經認定他是一位「有膽識的非典型領導人」。無論川普的私德與過往如何，成大事怎可為小節所拘，何況台灣海峽對岸的惡人正需惡人治。即便川普在去年大選開票後落居劣勢，提出各種拜登做票的指控與糾纏，台灣仍有不少人對他死心塌地，力挺這位被奸人所害的悲劇選將到底。尤有甚者，那些報導川普不利消息的媒體（無論國內外），都慘遭川粉貼上「親共」與「假新聞」標籤。

川普究竟做了什麼，讓這麼多隔著廣袤太平洋的台灣人如此愛他？簡單說，他敢對抗、藐視、甚至是欺負中國，應該是最關鍵的因素。從國際地位到國家存亡，無不長期遭受中國威脅與打壓的台灣，川普對中國的態度讓不少人看到了希望。那又是為了什麼，讓川普還沒在白宮宣誓，卻能開始受到台灣人的期待與信賴？二〇一六年十二月二日川普與蔡英文的那通越洋通話，該是時代改變的最重要訊號：一位還沒正式就職的美國總統當選人竟然就敢直踩中國紅線、藐視「一中原則」，從今以後可有老共的好果子吃了。

不過且讓我換個方式說：當表情如此自信的水果攤老闆，幫我挑了一顆這麼甜的水果。那麼我們家今後吃的所有水果都該交給他負責。對嗎？此事的關鍵當然在於老闆到底會不會挑水果，而不在單單這次的水果甜不甜、他的手法是否熟練而自信。川普的自信當然是舉世無雙，但川普真的敵視中國嗎？他真的有一貫而有效的對中政策嗎？

川普總是宣稱「習近平跟我是非常好的朋友」（在許多美國的中國專家看來，當代中共的威脅性恰好就是來自這位川普好朋友的政治意志），美中貿易戰也總是打打談談，又開後門給中國走（更別提這些關稅壁壘其實沒能拖住中國經濟成長的腳步，許多經濟學家更批評美國的企業與消費者也吃了不少悶虧）。

曾擔任川普國安顧問的波頓（John Bolton）後來披露，川普曾以「筆尖與辦公桌」形容台灣與中國的重要性，川普對於中國人權議題也總是提不起勁，直接要波頓「別再提台灣、香港跟維吾爾人了」。不過川普對「武漢肺炎」、「功夫病毒」等措辭卻是樂此不疲（即便此事在美國引發亞裔遭到嚴重歧視）——畢竟美國的慘重疫情全是中國的錯（甚至是一場陰謀），川普以及他的政府都是無辜的受害者。

所以川普這位老闆到底會不會挑甜瓜？何況他都不當老闆了，這件事真的還重要嗎？

川普當然已經不是美國總統，雖然他仍有死忠川粉支持，川普目前在共和黨內的影響力也大不如前。不過川普在去年總統大選中，拿下歷來落敗者的最高票數，這意味著他的路線與作風（或者說「川普主義」）依舊擁有廣大支持者。至少川普對拜登與民主黨的種種指控以及相關的陰謀論，還是決定了許多人手中選票的去處。川普雖然不再掌權，但他親手揭開的美中新冷戰序幕，乃至全球許多國家對中國勢力的圍堵與反制，顯然還會延續很長一段時間。

這正是白宮易主之後，這本談川普政府中國政策內幕的《天下大亂》仍具時代意義的原因。

有趣的是，作者羅金（Josh Rogin）就是從「川蔡通話」這個台灣人粉川普的最初緣由開始，一步步拆解還原川普政府的中國政策出處，把川普陣營內部的鬥爭與合作，盡可能梳理出一個頭緒。羅金花費四年時間，深入採訪超過三百位專家、政客、幕僚與運動人士的報導成果，對台灣的讀者來說更是別具意義。因為作為國際川粉主要產地的台灣，也是羅金對川普中國政策的第一個切入與解構點。搞清楚美國真正親台的官員究竟是哪些人，他們如何親台、為何親台？川普與他們的關係又是怎麼回事？對於捲入東亞大棋盤時代的台灣來說，非但沒有過時，在博明、白邦瑞等人對於共和黨的中國政策仍有影響力，龐培歐與川普甚至可能投身二〇二四年大選的情況下，關心世局者即便補課也該搞清楚台上戲角究竟誰是誰。

《天下大亂》當然不會是看懂川普的唯一解，羅金也自承白宮的許多故事根本就像羅生門——每個人都相信自己說的是真話，但每個人的版本卻又大不相同——加上其中有些經過發言授權、有些沒有，更不要提還有謊言與煙霧彈混雜其中。台灣近年雖然提倡媒體識讀，但是「假新聞」與其說是一個等待被破解的對象，更像是一種能夠有效攻擊政敵的武器。所謂「閱讀新聞以前，先問問媒體是誰辦的」的簡便法門，往往也只是淪入卡爾・施密特（Carl Schmitt）的敵我之辨，立場先行已經決定了最後的所謂真假。

當時局仍然紛亂，不妨先靜下心，看看羅金怎麼告訴我們「川普的挑瓜本事到底甜不甜」。

推薦序（二）

瞧，川普政府中的秘密小團體

蔡又晴
壹電視新聞部副理

遠在大洋的另一頭，美國對台灣其實是既熟悉又陌生。美國白宮內的一舉一動，都將牽動台灣與周邊國家的情勢，但是對於這個情勢如何發生？怎麼發生？台灣就算有發達的媒體跟大量留洋的學者，卻大多是就現象面來進行分析，難免有些隔靴搔癢，淺嚐輒止。尤其是川普總統任內，政策往往變化極大，再加上內閣人事變動頻仍，光是要記住人名就不容易，更何況要搞清楚當中的派系跟關係，絕對非常人所能及。

《天下大亂：川普政府的中國政策，其形成、矛盾與內幕》卻補上了這一塊空缺，談論川普政策的書籍汗牛充棟，不過要想從川普勝選到二〇二〇年的白宮最後時光，這本書的論述的確完整，也讓台灣有機會對川普人馬跟白宮運作能夠更加立體性的瞭解。

更難能可貴的，這本書點出了美中外交當中的許多檯面下交易跟競爭。中國的外交以隱諱著稱，雖然大國外交都強調立基於利益，中國卻可以不受到人權等條件的束縛，在美國看來這是對人權的輕忽，對中國來說，卻因此增加了更多的彈性。這體現在美國的內閣構成跟政策設定，可以被第四權的媒體所監督跟報導，也因此受到制約。中國的外交卻是諱莫如深，外界極難打聽到內幕，只能透過轉了好幾手的資訊，來做猜測。要希望看到有一本書，如此介紹中國內閣或是政策的內容，恐怕是緣木求魚。

在本書的介紹中，美國的政府決策體系中，以白宮為核心，至少就有三到四個勢力，除了最基本的對中鷹派跟鴿派，當中還有跟中國關係深遠的華爾街勢力跟親中智庫（譬如說跟王岐山關係匪淺的約翰．桑頓，出錢資助布魯金斯研究所成立「約翰．桑頓中國中心」），另外還有政府機關的保守派、官僚派，另外還有來自學界的智囊跟學者，這些來自五湖四海的人馬，在川普的意志下組成了內閣團隊。卻又在川普的自行其是下，任意開除晉用，讓團隊始終無法有一致的方向。但是川普的亂拳，卻的確打得中國手忙腳亂，這種外交的偶然也說明著台灣的機遇。

台灣是小國，外交動作上由不得太多樂觀與想像，本書所提供的扎實資料跟人物特寫，其實是很好的模型。不論是過去的川普、現在的拜登，或者是未來的任何一位美國總統。都可以按著這些派系的基礎去做延伸套用，進一步掌握美國的動態。嚴格講，台灣的對美研究，要深入到個別派系與人物，還能清楚分辨出利益跟買賣，除了長期駐美官員之外，能夠做到的人是鳳毛麟角。

在本書中官員變換，猶如走馬燈變換無常，美國前副國家安全顧問博明（Matt Pottinger）卻顯得足智多謀，頗能順勢而為，打下了川普任內大概的對中戰略態勢，這包括了川普上任後的戰略報告基礎文本，跟卸任前的跟盟邦重述抗中模式，以及放手讓美國中層官僚系統性的對抗中國勢力。這可以從現在日本、印度跟澳洲都積極地建構圍堵中國上看出來。另外在美國內部，參眾兩院召開了各種會議與聽證會，參議員魯比歐要求指數編纂公司「明晟」（MSCI）解釋其將財務不透明的中國納入指數的理由為何（MSCI沒有回答）。同時，行政部門也聯合調查包括壟斷跟貿易侵害等等事宜，譬如，財政部著手修訂過時的〈外國投資風險評估現代化法案〉，同時「海外投資審查會」擋下馬雲的螞蟻金服對美國第二大匯款公司速匯金的併購案。針對層出不窮的學術研究機構洩密案件，司法部門也啟動「中國倡議」計畫，展開全國性調查。

這在過去的行政系統是看不到的，也讓拜登上任後，很大一部分的中國政策仍然依循著博明的理路。當然時至今日，拜登上任也不到一年，因循舊制本為合理，但比起川普團隊中其他的明星，博明的深思熟慮才是真正成熟的外交理路。

本書的作者喬許．羅金長期深入採訪美國對中政策與白宮政治。本書是他的第一本作品，就已經看出他的採訪功力。他的評論跟採訪主要都在《華盛頓郵報》，幾乎三四天就有一篇，也推薦各位讀者追蹤閱讀，對美國白宮的決策模式會更有心得。

序幕

二〇一六年十二月九日，星期五中國外交高官楊潔篪在第五大街六六六號十四樓的會議廳中就座，這裡是紐約市中央公園以南幾個街區的一棟摩天大樓。剛剛一個月前，唐納．川普在大選中贏得美國總統，這位房地產大亨和實境秀明星一躍成為自由世界的領袖。總統當選人的女婿賈瑞德．庫許納（Jared Kushner）是川普的親信，顯然將在下任政府中扮演權力掮客。事實上，第五大街六六六號，也就是楊潔篪所在的這棟大樓，正是他家房地產帝國的旗艦資產。在遠遠的牆上，庫許納祖父母的巨大肖像俯視著廳內眾人，其中有剛剛抵達的一小團中國高官。

楊潔篪是前中國駐華府大使，也是中國最高政治機構政治局的成員。陪同他的是現任中國駐美大使崔天凱及兩名大使館官員。楊潔篪在一九八〇年代作為前中國領導人鄧小平的私人翻譯初露頭角。對於英語和中國與西方鬥爭的歷史，他都一樣嫻熟——從會議一開始，他就表明不拐彎抹角。

「中華人民共和國的領土與主權完整是不容質疑的。」

在桌子另一邊看著楊潔篪的是一群川普的競選班底、家族成員和幕僚──其中有庫許納、史提夫・班農（Steve Bannon）、麥可・佛林（Michael Flynn）、彼得・納瓦羅（Peter Navarro），以及為這次會議做正式記錄的K・T・麥克法蘭（K.T. McFarland）。他們都將成為白宮高層官員。但一個月前，他們都沒料想到會幫一位完全沒有對外政策經驗的總統當好自由世界的領袖。也沒人知道要怎麼回應中國領導人對川普交接團隊所講的第一句話。

楊潔篪明顯是帶著任務來紐約的。他的面前有一大本沒打開的活頁簿，長篇大論地對川普團隊講述中國政府的禁忌、抱怨和要求。他教這些美國人漫長的中國歷史，哀嘆中國兩百年來被歐洲和西方國家羞辱。他為中國的領土擴張做辯解，包括北京聲稱百分之九十的南中國海都是中國的，這是基於中國在自己的地圖上所劃的「九段線」。他解釋說，中國的行為是被有野心的鄰國所挑起的（意指日本）。他要求美國要和中國「共贏合作」，北京常用這個詞來勸人別和自己作對。

楊潔篪還列出一堆要求。北京要新政府採納其二十一世紀美中關係的戰略框架──楊潔篪稱其為「新型大國關係」。這是中國國家主席習近平經常講的，意指美國應該平起平坐地看待──

及對待——中國。楊潔篪還要求川普公開支持中國的「一帶一路」倡議（中國為了政治和外交利益在全世界撒幾兆美元搞基礎建設）。這位高官還重申中國政府對美國的警告，不要干涉北京的「核心」議題。也就是說，楊潔篪在提醒即將上任的新政府，要對台灣、西藏、香港和中國內部事務閉上嘴巴，包括中國境內的宗教自由和人權問題。

一小時後，楊潔篪結束了他的長篇大論。雙方休息去上洗手間。待雙方回座後，楊潔篪首次抽出一份文件，拿起第一頁開始唸道：

「中華人民共和國的領土與主權完整是不容質疑的。」

他又重複了一小時的長篇大論。這已經不是開會了，而是長者在對一群兒童訓話。

在會議某個點上，川普最高競選策士、視中國共產黨為大敵的班農轉頭對庫許納說，「好像我們這些外國惡魔真的很笨，用講的不夠，還要用唸的。他要讓老闆知道他不但講了，還逐字逐句唸了。好像我們都是白痴」。他蔑視地回應楊潔篪的要求，告訴楊潔篪說川普是個破壞分子，「什麼事都不能排除」，在完整檢討美國的對中政策之前，川普政府不會做出任何承諾。

至於佛林——退役陸軍中將、前國防情報局局長、川普競選的首席外交政策顧問、即將成為川普第一位國家安全顧問——則除了稱讚中國的「一帶一路」之外幾乎沒說什麼，這讓其他美國官員覺得突兀又沒用。在幾個月的競選過程中，候選人川普都在批評中國的經濟和貿易政策，怪中國偷走了美國人的工作，在貿易上玩弄美國政府。佛林居然稱讚起中國的計畫，讓在場其他美國官員覺得這曝露出他完全不懂中國事務。

美方這邊並不是每個人都這麼一竅不通，或這麼自我克制，即使和班農相比。納瓦羅是加州大學爾文分校的經濟學教授，曾五次代表民主黨參選失敗。他在競選期間幫川普撰寫批判中國的演說內容。現在他終於有機會當面對中國領導人說出他的想法。但當他就中國的貿易政策與楊潔篪激烈交鋒，指責說「你們三十年來都在偷我們的智慧財產」，將要出任佛林的國家安全副手的K．T．麥克法蘭把手放在納瓦羅臂上——幾乎是明白示意要他冷靜下來。楊潔篪得意一笑，納瓦羅臉上無光。川普的官員後來多次向中方對手表示不必重視納瓦羅，這次是第一次。

星期五的會議毫無所成，雙方決定第二天繼續開會，但同樣的過程再度上演。楊潔篪和崔天凱在星期六又到庫許納的辦公大樓參加會議。庫許納缺席，因為那天是安息日。中國官員又譴責了美國人一遍。但中國領導人將知道川普政府的美中政策將另起爐灶，班農和納瓦羅對這一點至少是滿意的。他們要讓北京知道，川普的代表拒絕在中國擴張力量和濫用籌碼時，讓美國袖手旁觀。

中國代表團確實聽懂了訊息。但這只是親近川普人士所發出的眾多互相衝突的訊息之一，不管是來自新政府之外還是之內。

所有人都同意的是，川普政府的美中關係一起步就很不順。這次會議加劇了中國領導人的震驚和困惑，他們原本押寶希拉蕊會贏，並延續歐巴馬政府柔軟的對中政策。一個月之前，正好在選前一周，楊潔篪才和一組歐巴馬政府高層官員會面。從這些即將走人的權力掮客口中，楊潔篪聽到的是全然不同的美國對中政策。

歐巴馬錯了嗎？

十一月一日那天，有好幾名歐巴馬政府高層官員出現在皇宮飯店的房間。美方這邊由國家安全顧問蘇珊．萊斯（Susan Rice）及國務卿約翰．凱瑞（John Kerry）領軍。這次私下會談乃是歐巴馬第二任期時，其團隊成員與中方對手一系列高層互動之一。例如，在二〇一四年，凱瑞在波士頓家中招待了楊潔篪兩天，以建立個人關係。歐巴馬團隊認為建立關係能正面改變中國的行為。他們專注於能與中國合作的領域，而非爭議的領域。即將離開的歐巴馬團隊試圖向北京最高領導人保證，雙方關係會越來越緊密，而希拉蕊會延續下去。[1]

一名出席十一月一日紐約這場會談的官員說，萊斯試圖請楊潔篪幫忙，制定北韓政權一旦崩潰的應變計畫。這名官員回憶說，與會者都覺得進行得很順。「這是為新政府預做演練」，這名與會的歐巴馬政府告訴我說。「我們安排這場會談，以為這是與中國更多建設性對話的其中之一」。

中國政府對這場會談的聲明是，萊斯、凱瑞和楊潔篪是在執行中國國家主席習近平和歐巴馬上次在中國會面時達成的「重要共識」[2]，並且說，萊斯和凱瑞同意「擴大務實合作和正確管控分歧，以推動中美關係持續穩定的發展」。白宮對這場會談的說法也如出一轍。[3]

這場會談不是要和中國在貿易或人權問題上對抗，正好相反。歐巴馬團隊是要和中國在各方面合作，從氣候變遷到伊朗再到反海盜皆是。說白了，他們是在對北京長期追求的世界觀投降，也就是習近平在二〇一三年安納伯格莊園（Annenberg Estate）高峰會中首次直接向歐巴馬提出的「新型大國關係」——美國不再把中國當成小老弟，不再批評中國在國內的行為，容許中國在全球事務中有更大的影響力[4]。萊斯本人在二〇一三年就誓言要讓這個概念「得以運作」[5]，歐巴馬在二〇一四年和習近平會面時也說，他「致力於加強和建立新型態的關係」。

到第二任任期即將結束時，歐巴馬不再公開提到習近平的「新型態」，但他實際上還是照辦，叫他的高層官員去探索美國的對中新戰略，讓北京能在鄰近地區有更大的影響力，承認中國在區域扮演更重要的角色。歐巴馬要團隊設定新的「控制線」，承認中國某些擴張欲和權力欲。歐巴馬的副國家安全顧問和對外政策主要撰稿人班．羅得斯（Ben Rhodes）說，歐巴馬想找出和中國領導人「不廢話的對話」之道，想知道他們真正的企圖何在。例如，歐巴馬試圖承認中國在南中國海日益擴張的現實，但又不讓北京控制整個區域。歐巴馬想知道「我們紅線要劃在哪裡，又如何和中國溝通」，羅得斯說。歐巴馬的看法是，他回憶說，「喔，他們要在世界上扮演更大的角色了」。歐巴馬總統要其團隊做的是，「要能和北京對話，『說清楚你們想要的勢力範圍到底在哪裡？』」

對歐巴馬政府內外許多對外政策專家來說，允許中國保留它以欺詐和違反國際法的方式取得的南海任何部分，都是天真甚至危險的。這些人覺得，歐巴馬想設立紅線，只表示他想從美國過去設下的底線後退——這無異於向中國表示，它可以成功抹去西方為逼迫中國遵守規矩所設下的任何防護線。但羅得斯認為這個策略是務實的，不代表美國示弱，也不是在安撫北京的惡行。他說，「你知道中國的勢力將有一定程度的增強，但你要試著去引導它」，他這樣描述歐巴馬政府的最終態度。

歐巴馬和習近平最後一次會面是在二〇一六年九月的杭州G20峰會，當時習近平又講到他在二〇一三年對歐巴馬提出的「新型大國關係」，得意地說他的願景已經「取得許多實實在在的成果」。[6]歐巴馬政府並沒有公開說他們在遵照習近平的方案，但習近平幫他們說了。

歐巴馬團隊也許真心相信這麼做是對的——他們盡全力避免衰落的大國和崛起的大國發生衝突。也許他們自認是在拯救美國別再陷入另一場冷戰。如果他們相信（當時確有許多人這麼相信，到現在亦然）美國終將放棄超級大國的角色，更別說是唯一的超級大國，那麼把一些世界責任交給正在崛起的大國的確是務實的作法。而歐巴馬正是一個務實主義者。

但楊潔篪從皇宮酒店會議中得到的保證沒有撐多久。一星期後，川普勝選；三星期後，楊潔篪回到紐約，和一個在競選期間完全與他上次聽到的訊息對著幹的團隊開會。歐巴馬團隊告訴中國說，美國會改變自己的行為來順應中國的行為。現在的川普團隊則告訴中國說，中國的行為必須改變。不論是好是壞，美國已挺身要和太平洋彼岸的大國對抗。

我的覺醒

本書所訪問的每一個人，幾乎都有一個覺醒的故事，亦即，在他們個人或職業生涯中，他們終於發現美國與中國的大戰略競爭乃是全世界最重要的對外政策議題，也是他們此生都將致力的最重要課題。很多人還說這是對中國領導人惡毒侵略的本質、行為和戰略的覺醒：中國共產黨這個有百年歷史的革命組織，堅決要擴張影響力和權力，為自己的利益不擇手段。

我自己的覺醒是發生在二〇〇三年夏天，在費城瑞騰豪斯廣場一間法律事務所沒有窗戶的小房間。我從此投身——在意料之外——新聞工作，也從此走上我寫這本書的道路。你將和我一道踏上這段旅程。如果你還沒有覺醒，本書的目的就是要刺激你覺醒。

我當時只有二十四歲，先在華府的喬治華盛頓大學讀了四年，又在日本橫濱的語言學校教了一年英語，然後回到費城。我的新工作是在伯格蒙太古事務所當法律助理，這間事務所利用美國司法制度為海外人權罪行尋求正義，締造了歷史。[7]我被指派到一個團隊，準備為當時南蘇丹的種族滅絕罪行控告蘇丹政府。當我鑽研此案時，我發現美國國務院有一批文件顯示，中國為了維持蘇丹油源的穩定供應，暗中協助讓殺戮持續。北京撥款兩百五十萬美元給蘇丹官員認為有用的

「任何項目」，承諾在外交上幫忙取消國際制裁、走私非法軍火給蘇丹政府對付平民，支持無法無天的喀土穆政權。所有這一切都是因為中國需要石油來讓經濟起飛。

看到中共冷酷、精密的支持蘇丹暴行，我對這個複雜又殘忍的陰謀既感訝異，又覺毛骨悚然，中國不在此次訴訟範圍之內，於是我將檔案複本寄給人在華府的一位大學時代老朋友、中國專家約書亞・艾森曼（Joshua Esenman）[8]，他當時任職於新美國基金會（New America Foundation），這是一家比較新的、中間派的華府智庫。今天，關於中國在非洲腐敗行為的報導到處都是，但在二〇〇三年時，這類案例的確切證據還非常少。艾森曼看了我寄給他的文件，說我們必須公諸於世。我們共同撰寫了一篇專文，刊登於二〇〇三年七月二十三日的新加坡《海峽時報》。這篇文章叫做〈中國必須在油國蘇丹守規矩〉，揭露了北京用賄賂和腐敗來獲取能源，並蓄意為違反人權罪行加油添料。我們主張美國有道德義務和國家安全利益去抵制中國在非洲的惡行。[9]

我沒想到這篇文章會引起偌大關注。它在二十四小時內就傳遍全世界，出現在能源業的刊物以及與非洲相關的網頁上。伯格蒙太古的合夥人很生氣。他們不喜歡一個二十四歲的法律助理在他們的案子上搞出國際新聞。而且，公眾關注完全違背了他們的訴訟策略。

我開始在網上找工作，我的法學院申請書還躺在桌上沒寫完。我應徵日本《朝日新聞》華府辦事處的新聞助理。在面談時，他們說我搞了一條大獨家，我被錄取並回到華府。法學院又不會不見，我心想。就當是一場冒險。

在《朝日新聞》跑了兩年半五角大廈之後，我轉到資訊業刊物《聯邦計算機周刊》。我為雜誌寫的第一篇文章，是關於五角大廈年度中國軍力報告中所詳述的中國網路間諜行為。[10]我第一個大獨家是海軍網路作戰司令部指揮官向我承認，中國政府的駭客正在攻擊美軍內部的「所有一切」[11]。我看得出，美國政府對於知情人士所看到正在進行中的東西毫無準備——一個外國政府用混合作戰的方式把大量資訊移轉出去，而我們根本無法阻止，也不了解情況。我用大量文件證明，在防堵中國駭客攻擊這件事情上，美國的政策早就落後於科技的發展，而美國政府內部分歧和官僚化的程度，讓高層領導人即使認識到威脅也無法處理。最後，我因為眾多獨家而進入更有威望的《國會季刊》（*Congressional Quarterly*），這是報導國會山莊內部運作的頂級業界刊物。

在為《國會季刊》做報導期間，自二〇〇七年起，我看到有人開始認真去了解、揭露和抵制中國的一系列行為。華府其他人也有自己的覺醒過程。不同議題的不同陣營都有。有一群基督教國會議員強烈主張要挺身對抗北京迫害人權。有一群國防鷹派警告要注意中國新興但發展中的軍力。還有一群貿易保護主義者，他們從國會在二〇〇〇年賦予北京最惠國待遇地位、中國自第二年進入WTO開始，就在追蹤中國的經濟戰略。

歐巴馬政府上台後不久，我轉任《外交政策》（*Foreign Policy*）雜誌，負責報導希拉蕊國務卿時代的國務院。當時有一場大辯論，也就是當中國明顯成為問題，但又還沒拋棄鄧小平「韜光養晦」這句箴言時，要如何和中國打交道。北京在二〇〇八年奧運宣告成為世界領袖，要求獲得相應的尊重。但北京同時間對西藏人權示威的鎮壓，又向世界展示，中共為了壓制異見和維繫權力什麼事都做得出來。正在此時，習近平被挑選接任下屆國家主席和中共總書記。

我持續追蹤報導中國，先是轉任《新聞週刊／每日野獸》（*The Newsweek/ Daily Beast*），又轉到《彭博觀點》（*Bloomberg View*），最後在二〇一六年六月到《華盛頓郵報》的全球輿論版當專欄作家，直到本書寫作期間。

當我在二〇〇四年開始報導美中關係時，我結識了一些二十幾歲的亞洲專家、國會幕僚、政府官員，當時我們的職業生涯都才剛起步。到了二〇一六年，二〇〇四年那些年輕中國專家都已邁入中年，遍布在政府、國會，有些人在媒體。在那段期間，我們看到上一輩的中國專家和政府領導人如何絞盡腦汁，和日益對外侵略、對內壓迫、以其越發強大的力量及勢力惡意對付我們的中國打交道。

在那幾年，負責管控雙邊關係的老一輩亞洲專家也有一場學術大辯論。總的說來，這場辯論就是「誰輸掉了中國？」的辯論。從根本言之，美國採取的是「開放交往」戰略，也就是積極促進中國的經濟發展和成功，並盡可能把中國整合進國際體系。這個戰略是在賭中國接受幫助後，會逐漸在政治上和經濟上做改革，但若中國沒有做到，西方也無法強迫。有些老一輩說二十年前唯一可行的方法就是和中國開放交往，希望中國會變得更像我們，只是中國選擇走不一樣的路。有些人認為這個方法從一開始就是錯的；有些人則認為到現在這還是唯一可行的方法。

而對新一代亞洲專家來說，辯論「誰輸掉中國？」根本無關宏旨，因為當時在下賭注時我們都不在其位，我們根本不用理會。新一代亞洲專家看到的是中國現在的樣子，而不是老一輩說中國過去曾經是什麼樣子，或相信它未來會是什麼樣子。這些人的看法或分析或有不同，但大家的診斷頗為一致，即使對策相左。

當川普政府上台時，唯一可以確定的是，這個政府將是個破壞者。這是年輕一代對外政策專家的機會，許多人整個職業生涯就是在等破壞發生，好把中國問題提高為最優先議程。然而，傳統的看法依然是中國的崛起是不可避免的，我們做不了什麼，也不應該去做什麼。

在華府，反對與中國正面交鋒最普遍的觀點，就是說這會導致徹底衝突。二〇一五年，哈佛大學的格雷厄姆・艾利森（Graham Allison）在《大西洋》（*Atlantic*）撰文說，美國和中國正在掉入「修昔底德陷阱」（Thucydides's Trap）[12]，他引用的是希臘史學家對雅典和斯巴達伯羅奔尼撒戰爭的描述。他後來把文章擴張成書*。

艾利森的修昔底德陷阱理論認為，當一個強國的主宰地位被另一個強國威脅時，緊張關係經常會導致流血衝突。但基於很多理由，這個理論並不適用於美中關係。最簡單的理由是，權力升降只是歷史上國家會走向戰爭的原因之一。此外，這個變量也是無法度量的，國家之間的力量對比永遠不是很明確，以長波段的歷史觀之更是如此。此外，這個概念基本上是以西方為中心的歷史觀。它還假設中國崛起是不可避免的，而這個假設嚴重忽略掉中國在成長時所面對的嚴重政經挑戰。修昔底德陷阱這個概念很有趣，但不能作為制定戰略的基礎。我們也可以用國內政治制度的比較來做預測。任何嚴肅的歷史學者都很清楚其他民族主義—社會主義制度的下場。

終究而言，中國構成的巨大挑戰，是無法用「開放交往」、「圍堵」或「修昔底德陷阱」這些單一概念來涵蓋的。事實上，中國的崛起是一個複雜騷亂、影響無數的過程，沒有單一簡單的對策。雖然關係緊張的根源來自中共的本質和行為，但美國的回應——尤其是川普政府的回應

——也是亂成一團，使得問題更加複雜難解。

天下大亂

關於川普總統任期對美中關係的處理，基本上有兩種看法。第一種在媒體上比較普遍的看法是，這個菜鳥總統在最關鍵的歷史交口跌跌撞撞的應付這個最重要的雙邊關係。這種看法認為，川普是天馬行空地在強硬但無效的貿易戰、對中國終身獨裁制的迷戀、對美國的民主自由與人權價值的不屑一顧之間搖擺不定。他做重大決定都是臨時起意，端看最後和他講話的人是誰。他讓各派系互鬥，把橢圓形辦公室變成打架的競技場，再憑直覺挑出贏家，而誰是贏家每天都在變。

第二種主要來自總統最親近人士的看法是，川普是真的對中國有一套堅定的想法，他帶著這套想法當上總統，且從頭堅持到尾。這種看法認為，川普之所以讓顧問們互鬥，只是要讓他們爭相去迎合他的想法，而不是他不知道他要什麼。川普官員的公開說法互相衝突只是因為他們意見

---

* 譯註：《注定一戰？中美能否避免修昔底德陷阱》（台北：八旗文化，二〇一八）

不同，不是因為川普內心有什麼矛盾。

兩種看法並不是互斥的，其中都有些真實的成份，也都有虛構和捏造，要由未來的歷史學家來分辨真偽。川普的確認為貿易談判優先於國家安全考量，對人權毫不重視。他也真的相信他和習近平的交情很好，導致他愚蠢地讓步。就他重視的議題，例如貿易，川普的確很認真在對抗中國，但他在策略上卻時常三心兩意。白宮在所有議題上都是一團混亂，完全無法形成穩定的、更別說可預測的戰略。

可以確定的是，中國領導人從一開始就極度且一直誤判和誤解川普及其政府。這也不能怪他們，我們大多數人都如墮五里霧中。但中國領導人的確一而再、再而三的對川普及政府如何運作做出錯誤結論。

川普政府標誌性的混亂正好出現在美中關係進入特別惡劣的時期。當川普政府出人意料地上台時，美中關係正處在三個天翻地覆的趨勢匯聚之時：民族主義和民粹主義因為全球化利益分配不均而興起；新科技的出現根本改變了日常生活以及政府、企業與人民的互動；以美國為唯一超強、以為民主制度必將戰無不勝的世界秩序正在鬆動。

在川普總統任內，美國政府內部和全國各界逐漸覺醒，而中國的崛起和中國政府的戰略正呼應這三個趨勢。簡單說，中國在軍事上搞擴張、在經濟上搞侵略、在內政上搞壓迫，並日益把手伸入到民主國家，對美國及其盟邦、朋友和夥伴構成了巨大挑戰。其後果在國家安全、投資、產業、學校、媒體甚至選舉等各個領域都可以看得到。

早在二〇一六年，ＦＢＩ就碰到一大堆中國間諜的案子，但他們沒有資源，也沒有被授權以優先事項處理。美國企業眼看中國公司竊取其科技，再回頭用這些科技在美國國內外將他們擊敗；中國政府限制美國大學內的討論，封學生的嘴；中國的宣傳機器積極影響美國的公共討論；金錢正以無法追查的方式流入我們的政治。漸漸地，這些問題已大到無法忽視。

美國社會的不同部門在不同的時間以不同的方式醒悟到這些挑戰。當美國政府開始要在學術界、科技產業和華爾街處理中國行為的國安問題時，造成了許多摩擦。許多人質疑川普的說法和意圖，美國各機構也力圖捍衛他們的獨立性。這些都是有理由的。他們很難和他們根本不信任的川普政府合作。

但就算不是川普當選總統，這些困難也一樣存在。當然，我們的回應會有所不同：假如二〇一六年是希拉蕊而不是川普當選總統，她的政府一定會用不同的語言，會更注重多邊合作和聯盟，也可能會想辦法讓美國加入跨太平洋夥伴協定（ＴＰＰ）。但她不太可能延續歐巴馬的對中政策。她無法否認華府已經輸掉二十年前下的賭注，美國當時給中國永久最惠國待遇，希望幫助中國經濟成長能讓中國政治自由化，進而和平共處。

在歐巴馬任期即將結束時，美國政府內部對中國沒有走向自由化的失望情緒已達到臨界點。「當川普政府上台時，大家正開始醒悟我們四十年來對北京的實驗根本不如我們所預期。不是因為我們想得不對，而是中國共產黨的觀點根本不同。」前陸軍軍官馬修．杜爾賓（Matthew Turpin）說。他在歐巴馬的國防部和川普的國安會都任職過。「他們不要政治自由化。他們會拚了命與我們對抗」。

這個歷史時刻的挑戰也許是必然的，但毫無疑問的是，川普團隊在處理他們所承繼的狀況時常常搞砸，經常是因為這個政府的運作失調和總統本人的行為。由於錯誤的處理新競爭態勢的某些重要面向，錯誤地對待盟邦，川普政府犯下許多嚴重的非受迫性失誤。結果是，許多人把這個和中國赤裸裸較勁的新時代當成是美國和中國的口水戰，而不是國際社會團結起來共同面對中國的強勢崛起。但川普政府也做對了許多事，尤其是這個基本判斷：美國政府不能只在政府對政府的層次上，還要在美國社會的各個方面對抗中國的行為。

這種世界已劃分為兩個對立的、互相競爭、無法並存的制度的感覺，讓許多人認為這就是第二次冷戰，這並不是沒有道理。它和過去的冷戰一樣麻煩，一樣危險。「如果你詳細回顧第一次冷戰如何開始，雙方並不是在一九四六年說，『好吧，我們來冷戰吧』」，歷史學家、川普早期的中國顧問白邦瑞（Michael Pillsbury）二〇二〇年一月在阿斯彭研究所說。「它其實是一連串錯誤造成的」。

在白邦瑞講這番話的前幾年，美國和中國都犯了錯誤，其中大部分是中國的錯。但川普政府的混亂深入其DNA，在中國議題上也是如此。

把川普政府的對中政策想成是鷹派對鴿派、討厭熊貓派對喜歡熊貓派、藍隊對紅隊的二元鬥爭，這都太過簡化。有各種陣營因為利益交錯隨時在結盟。在不同的議題上，政府內部不同的陣營有輸有贏。此外，個人的觀點也會隨著時間改變，很多官員在一開始對中國的看法和最後差距很大。

有些人是超級鷹派，希望川普能加速中共倒台。在剛開始，班農是這班人的領袖，還包括納瓦羅、史蒂芬．米勒（Stephen Miller）等人。超級鷹派信奉經濟民族主義、製造業回流、保護國內產業，犧牲自由貿易在所不惜。另有一幫立場比較接近的強硬派，這些人大部分是國安和司法單位出身，他們長期觀察中國崛起，主張美國要更強硬回應——但這一派並沒有要推動北京的政權更替。博明（Matthew Pottinger）是這一派的隊長，馬可．魯比歐（Marco Rubio）是精神領袖。約翰．波頓（John Bolton）、麥克．潘斯（Mike Pence）、麥克．龐培歐（Mike Pompeo）、羅伯特．奧布萊恩（Robert O'Brien）都算是這一派，在不同時間領軍作戰。他們要正面迎戰北京，取得更好的競爭態勢。但他們和鷹派不同，並不想為了好玩破壞整個關係。

在光譜另一邊是華爾街幫，帶頭的是投資銀行家暨電影製片史蒂芬．梅努欽（Steven Mnuchin）及高盛總裁蓋瑞．柯恩（Gary Cohn），後來又加入CNBC節目主持人賴利．庫德洛（Larry Kudlow）。他們背後是一小圈億萬富豪，一直在介入美中關係。這些親中企業分子不想在國家安全或貿易議題上和中國對抗，而是想打開中國市場，讓經濟關係越緊密越好。他們和各個機關許多大小官僚的利益重疊，這些人不喜歡川普團隊，力圖在體制內維持現狀。

還有一派是大人派。這是一幫圍繞在川普身邊的高層國安官員——尤其是政府剛上台之初——他們長期在軍中或政府服務，在川普那幫沒有經驗、不夠格的競選和政治幕僚中，他們自視為成熟的大人。這些人包括國防部長詹姆士．馬提斯（James Mattis）、白宮幕僚長約翰．凱利（John Kelly）、國家安全顧問麥馬斯特（H.R. McMaster），以及其他自視為道路護欄、不讓瘋狂總統開車衝出道路的人。這些官員最後都因為惹怒川普，或是受夠他的古怪行徑而離開政府。對於中國議題，他們在國安事務上傾向強硬派，但也質疑鷹派打貿易戰。

有些官員的角色比較特殊，不屬於哪一派。只要他有直接介入，庫許納對於美中關係就有巨大的影響力，因為他和總統最親近，和中國領導人也有自己的管道。威爾伯．羅斯（Wilbur Ross）有時候是對中鷹派，有時候又是紐約億萬富豪，因為他兩者都是。白邦瑞是可以就中國議題和川普咬耳朵的特殊人物，但他從未進入川普政府或屬於哪一派。

本書要講的故事，就是這個各自為政的團隊如何在川普領導下在關鍵時刻管理（或搞砸）美中關係，而川普這個總統實在太變幻莫測，在二〇一六年之前，沒有任何一方的外交決策者能想像得到。川普本人對中國的看法和他的行為，為美中關係從剛開始的顛簸到一路走下坡設下了基調。但在他下面一層的高層官員都在玩自己的遊戲。而在更下面兩層，體制內的官員也在設法搞自己想要的結果。

這就是他們的故事。但這也是各行各業的美國人如何在這四年中逐漸醒悟到，中國的崛起和中共的戰略不再是遙遠的問題，而是直接和立即威脅到他們的安全、繁榮、自由和公共健康的故事。這樣的醒悟不限於美國人；世界各國人士都有同樣的經歷。

這個新遊戲，川普政府只玩了第一個回合，不管玩得是好是壞。未來的政府要接棒找出更好的戰略，讓整個國家和盟國都能參與進去。許多職業國安官員早就很了解這個威脅，一直在呼籲要更積極回應。「一些自由民主國家在二〇一六年開始認識到，習近平正在帶中國走回頭路，而我們最好開始保護自己。這才是更重要的事，」杜爾賓說。「我們需要新的戰略。」川普團隊的新戰略既不完美也不完整。這個重大任務要由接任者來延續和改善。

第一章

政權交接

暴風雨之前並不寧靜。

川普在二〇一六年十一月八日意外勝選，震動了全球的建制派菁英。每個人——不管在美國或中國——都好奇他會是怎樣的領袖，他在競選期間強硬的對中言論會否成為新的美國對外政策。

大家沒有等太久。從他當選到二〇一七年一月二十日就任的十個星期內，川普會是怎樣的總統的跡象就如排山倒海而來。對於希望新總統能維持雙邊關係穩定的北京人士來說，這些跡象令人寢食難安。政權交接過程顯示，新總統已經在製造混亂，而他的顧問群都忙著爭奪政策控制權和老闆的注意。兩個首都的關係是華府這場騷亂的最初受害者。

當中國外交官楊潔篪十二月九日在庫許納的辦公室痛斥美方對手時，他不只是申明雙邊關係的底線或測試川普團隊的強弱，還表明他的政府對川普新政府第一個官方對中行為的強烈不滿。

雖然大家都知道中國領導人在不高興什麼，楊潔篪還是把話說白了。一個星期之前，總統當選人川普接了台灣總統蔡英文打來的道賀電話。這個小動作打破了四十年來的慣例，震動了華府和亞洲。

北京認為台灣是一個叛亂省分，不管用什麼方式終究要回歸中國。但大多數台灣人並不認為自己是中國人；這個島嶼從未被中國共產黨統治過，島上的原住民、日本殖民歷史、中國大陸來的移民潮，使其文化和歷史有別於中國大陸。中共認為台灣是「核心議題」，意思是外國政府絕對不可討價還價、不得碰觸。

華府和台北任何一點互動都會引起外交抗議。而這麼高層級的接觸已違反了所有互相理解。川普一開始就公然挑釁北京，但沒人知道為什麼。如果這是有計畫的，那就只有開打了。但如果這只是意外或一次性的舉動，那意思就完全不同。中國領導人並不知道這是有計畫的，只是並非川普的計畫。

在當時，光是川普接起台灣總統的電話——白宮還發布新聞稿說總統接了「台灣總統」的電話——就足以向大多數媒體證明，新總統若不是魯莽的對中鷹派，就是個第一個外交動作就走錯的無知菜鳥。但川普到底為什麼會在十二月二日星期五那天接起台灣總統的電話，即使是那些直接涉入其事的人到現在都還在爭辯。

但另一方面，這件事的後果卻是無可爭議的：川普幾乎立刻就對美中較勁的一個重大議題舉手投降，什麼都沒拿到。這個事件構成了川普總統與習近平個人關係的基礎，而這種關係大大影響了歷史的進程。

接起台灣來的電話

在川普政府的第一年，白宮就像一座鏡廳。正如日本電影《羅生門》，每一個故事都有很多版本，雖然每一個說故事的人都相信自己講的是真話，但每一個版本都大不相同。這些相異的版本——有的是經過授權的透露、有的是未經授權的透露、有的是公然撒謊、有的是煙霧彈——讓川普政府第一年的每個故事都漏洞百出，然後當另一個版本出現時又更加嚴重。

在川普接台灣電話這件事情上，最廣受報導的版本是知情人士最不相信的版本。[1]這個版本之所以廣被華府建制派人士採信，因為它符合情理，也因為在這個混亂的時刻，媒體有太多別的醜聞要關注，以致於沒有在這個基本解釋之外尋求更好的版本。

廣被接受的版本乃是《紐約時報》和其他媒體所報導，把台灣來電歸功於前堪薩斯參議員鮑伯．杜爾（Bob Dole），他的法律遊說事務所Alston &Bird受雇於台灣政府，每年二十八萬美元。杜爾「在幕後運作了六個月，要建立台灣官員和川普幕僚的高層管道」。《紐約時報》還專訪了杜爾本人為台灣政府發言。「他們非常樂觀」，杜爾說。[2]

但根據直接涉入人士的說法，這不是事情的真正經過。他們說，川普團隊和台灣的真正管道是薛瑞福（Randy Schriver）建立的，他是前五角大廈官員，當時任職於一個小智庫「二〇四九計畫研究所」（Project 2049 Institute），其部分資金來自台灣政府。他和一位在國務院交接團隊的朋友聯絡。薛瑞福告訴這位交接幕僚說，他和台灣政府官員談過要讓川普和蔡英文通電話。這位幕僚就把這通電話加到川普的電話清單中，把清單寄給紐約的川普大樓。

川普那天一個一個通電話，直到接通清單上最後一個：台灣。因為交接期實在太混亂，根據某些白宮內部人士的說法，沒人及時注意、加以阻止。

但有些涉入的人士否認川普事先不知情。當時將接任川首席戰略家的史提夫・班農堅持說，總統當選人事先有被簡報過這通電話——班農警告了庫許納，兩人也都警告川普說中國政府會抗議。然而，在班農心裡，讓北京不爽是件好事——而班農說，川普也這麼覺得。「如果你接了這通電話，整個區域都會炸鍋，但你會把中國政府逼到牆角」，班農告訴川普說。「既然如此，我一定要接這通電話」，川普回答說。

這通電話只有幾分鐘，沒有什麼實質內容。蔡英文恭賀川普勝選，川普講了一番陳腔濫調，享受被人奉承。但這通電話的確是爆炸性的，媒體立刻就評論說這是愚蠢的大錯、魯莽的挑釁。據班農說，川普對北京的反應並不驚訝，卻對華府媒體的反應很驚訝——這和交接團隊其他人說川普被中國政府立即譴責打個措手不及正好相反。

但每個涉入的人至少都同意，川普當時怒不可遏。「不管這通電話是怎麼回事，總統看到《紐約時報》說這是四十年來最大的錯誤，但他並不認為」，一名高層交接官員說。「他最好的幕僚告訴他要接這通電話，保證結果會是正面的」。

川普的防衛性展現在他二天的推特上，他說這通電話不是他主動的：「台灣總統打電話來恭喜我勝選總統。謝謝你。」[3]

這讓北京陷入困境。川普和台灣領導人通電話是對中國統治者的冒犯，不能忽視不管。但同一時間，在北京，他們又收到總統傳來的相反的訊息——這是由中國政府最老和最信任的美國朋友傳達的。

季辛吉被打臉

在川普與台灣通電話那天，前國務卿季辛吉正在北京當面向習近平傳達完全不同的訊息。季辛吉說，川普希望美中關係能「持久穩定的」向前邁進。在總統授權之下，季辛吉前來設定與北京合作交往的調子，並向習近平保證說，川普在競選期間的激烈言論不表示他想和中國開戰——不管是真的打還是只是象徵性的衝突。[4]

季辛吉是美中關係最有影響力——也最有爭議——的人物。他在一九七一年造訪中國和周恩來會面，為一九七九年雙邊關係正常化鋪下道路，建立了在冷戰期間合作反蘇的聯盟。自從一九八二年創立季辛吉顧問公司後，這位前國務卿和中國的「紅色資本家」做起生意。中共所支持的生意人在一九八〇年代和一九九〇年代進入香港，既是為了幫中國共產黨搞資金，也是要竊取或購買世界各國的科技和情報。

季辛吉和紅色資本家的關係早在一九八八年就開始了。季辛吉和中國政府控制的中國國際信託投資公司合夥，開了一家叫做China Ventures的高檔投資公司。這家公司位於德拉瓦州，資本額有七千五百萬美元，大部分資金來自中國。該公司由季辛吉擔任董事長、執行長和首席合夥人，並在公司的小冊子中自稱只會投資「獲中華人民共和國全力支持」的項目。[5]季辛吉本來要在一九八九年六月公布該公司創立的消息，但因為天安門屠殺而暫緩。在屠殺之後，季辛吉在ABC電視台發表評論，批評美國政府對中國制裁。一位ABC主管後來說，如果他知道季辛吉在中國的金錢利益，他絕不會請他來評論這場屠殺。二〇〇八年，季辛吉又在奧運期間淡化中國的人權紀錄，對中國官媒新華社說，「中國的朋友不該在此時用奧運來壓迫中國」。[6]

簡單說，當季辛吉在二〇一六年十二月二日與習近平見面時，中國領導人把這位前國務卿當成可靠的朋友和信得過的傳話人。但事實一定讓他們更為頭痛。

以中國領導人對外交往來和訊號的嫻熟，他們肯定很難相信這兩個事件——川普挑釁式的與台灣通電，季辛吉在北京的友好姿態——發生在同一天純粹只是巧合。要如何解釋這樣混亂的訊息呢？他們應該相信季辛吉傳達的川普私訊，還是關注川普正在就台灣這個北京的核心國家議題發出挑戰？他們一定很疑惑，到底是誰在主導川普的中國政策？

真相是，並沒有人在主導川普的中國政策。他沒有一個中國團隊，也沒有書面寫下的中國戰略。最接近的一份文件要算是川普二〇一六年六月二十八日在賓州莫內森的競選演說，講稿是彼得·納瓦羅和史蒂芬·米勒寫的，當時他們負責川普對外政策的講稿。米勒將成為川普最信任的政策顧問和講稿撰寫人。納瓦羅將擔任新設立的白宮貿易與製造業政策辦公室主任，該職位過去並不存在。他們在競選時所導入的新觀念還要再過幾年才會成為川普的官方政策，但在大選投票之前，米勒和納瓦羅就已成功讓新總統誓言要在勝選後迎戰中國，鋪排好對抗中國的鷹派貿易理論。

在莫內森的競選演說中，川普責怪柯林頓政府——以及川普二〇一六年競選對手希拉蕊·柯林頓——讓中國加入世界貿易組織，川普稱這是僅次於北美自由貿協定的史上最爛協議。「然後，作為國務卿，希拉蕊·柯林頓對中國操作縱匯率、讓我們的貿易赤字多出一兆、偷走幾千億美元的智慧財產坐視不管」，川普說。

然後川普提出一個七點計畫，要重振美國的製造業基地，矯正與中國的貿易失衡。第一點是承諾要讓美國退出TPP，這是由十二個國家組成的貿易協議，歐巴馬花了數年時間談判以作為對付中國的戰略。對歐巴馬政府和國會中許多人來說，TPP不只關乎貿易，而是美國在亞洲對抗中國經濟崛起、支撐美國區域聯盟的關鍵。但在競選過程中，川普和希拉蕊都拒絕接受TPP，因為它在兩黨都很不受歡迎。川普以經濟民族主義為競選基調，誓言要在第一天就把它做掉。

第二點到第四點是關於北美自由貿易協定和歐洲。第五點和第六點是承諾要把中國列為匯率操縱者，以及在WTO控告中國。第七點是川普預告要用一種特殊武器來打貿易戰：「如果中國不停止其非法行為，包括竊取美國的貿易機密」，他唸道，「我會用一切合法的總統權力來處理貿易爭端，包括依據一九七四年貿易法第二〇一條和第三〇一條，以及一九六二年貿易擴張法第二三二條，來施加關稅」。[7]

川普也許不知道這些法律的細節，但他威脅要動用關稅和其他不尋常但並非毫無先例的工具來懲罰中國。小布希曾經威脅要啟動三〇一調查，這個條款讓美國政府可以採取極端措施來保護美國經濟，但在北京簽署了一項理解備忘錄後就鬆手了，而這項備忘錄並未獲得遵守。歐巴馬曾經用關稅來保護美國的鋼鐵和鋁合金產業，但川普要動用的是二三二條，也就是以國家安全的名義來施加關稅。

班農、納瓦羅和米勒預告了他們在川普第一年總統任期要打的貿易戰。他們的理論是，中國經濟經不起壓力，如果壓力真的夠大的話。這個假設在當時是有根據的。中國自己公布的經濟成長率在二〇一六年是百分之六點七，這是自一九九〇年以來成長率最低的一年。[8]

但在競選當時，這些話少有人重視。希拉蕊・柯林頓的競選陣營也沒有直接回應。沒有人認為川普真的會贏。如果真有人這麼想，他們也許會多去研究這個人和他的觀點——儘管許多人不這麼認為，但川普的觀點幾十年來沒什麼改變，而重點只有一個：美國被中國占了便宜。

川普早就主張對中國強硬

唐納．川普對中國的看法是很獨特的，而且相當一致。他這些看法不是史提夫．班農或彼得．納瓦羅的看法。也不是前高盛總主管蓋瑞．柯恩的看法，柯恩是川普政府剛開始謀畫對中政策時的首席經濟顧問。也不是前高盛主管暨電影製片、後來當財政部長的史蒂芬．梅努欽的看法。這也不是賈瑞德．庫許納的看法。這些看法是川普的看法，而且是川普獨有的看法——而也許是因為這個原因，它們從未被充分理解。

唐納．川普在成年後的大部分時間都自命為對外政策專家。在一九八〇年代，他經常上電視說願意代表美國去和蘇聯談判。「那你怎麼不去幫雷根搞戰略武器限制談判呢，唐納？」，某人曾在一九九〇年的《浮華世界》大酸川普說。[9]在關注中國之前，川普就認為應該讓他來幫政府與外國談判。

川普對中國的看法散落在他所寫的、與人合寫的、花錢請人寫的幾本書中。在他二〇〇〇年的《我們應得的美國》（*The America We Deserve*）一書中——當時有傳言他想選總統——川普寫道：「我相信下棋的時代結束了。美國的對外政策應該由交易專家（dealmaker）來掌舵」。[10]他認為小羅斯福和尼克森這兩位總統是最偉大的交易專家，他們打開了與中國的關係。他還寫了一整章「如何對付中國」，川普說「這是我們最大的長期挑戰」。[11]川普說美國容許中國惡劣的經濟行為，只因為想進入中國市場。他認為，美國企業家太一廂情願地相信北京的改革承諾。川普認為投資中國的風險太高。「我短期內不會到那裡開酒店」，他寫道，「但也許有一天會」。[12]

川普接著抱怨中國不公平的貿易行為，批評柯林頓和小布希政府沒有挺身對抗胃口越來越大的北京。川普也預測兩國因為價值和利益分歧將持續對抗。他也寫道中國正快速走向殘酷鎮壓和迫害人權的統治模式。

川普宣稱，他和多數生意人不同，無法對這些趨勢視而不見，因為這些趨勢顯示中共蔑視美國人的生活方式。「〔中國政府〕害怕自由，因為它知道它只有靠壓迫才能存活」，川普寫道。「既然如此，它就是擾亂世界的力量，應該這麼對待它」。[13]

川普下一本深入談到中國的書是在二〇一一年，當時他又威脅說要參選總統。這本書叫《應該硬起來了》（*Time to Get Tough*），聲稱歐巴馬「向中國跪拜，允許他們偷走我們的未來」、操縱匯率和竊取科技。[14]川普寫道，歐巴馬削減國防預算置美國於險地，而中國正在打造軍力。他稱中國領導人是「我們的敵人」，並寫道，「假裝中國是我們朋友的人不是天真或無能，就是兩者皆是。中國人是很容易制止的——我們是他們最大的客戶。我們只需要一個願意對抗而不是向中國跪拜的總統」。[15]

二〇一五年競選總統期間，川普又出了一本書：《跛腳美國：如何讓美國再度偉大》（*Crippled America: How to Make America Great Again*）。他在書中提到他和中國人談判的經驗，尤其是他作為中國最大銀行在川普大樓的房東。* 他長篇累牘地抱怨中國不公平的貿易行為，說他一點中國貨都不想用，包括襯衫和領帶。「我是個現實主義者。我是個競爭者」，他說。[16] 川普承諾要用美國的經濟實力對北京施壓，逼北京上談判桌達成協議。「和中國打交道，我們要勇於對抗，要提醒他們，占最好顧客的便宜不是做生意之道。然後我們要坐下來，想出如何讓關係更公平一點」，他說。[17]「有人不想聽我把中國說成是敵人。但他們就是敵人」。[18]

川普在書中宣稱關心中國人民的人權，這在他當總統時看不到。不過他長期想要重塑美中經濟關係、對抗北京的貿易和金融惡行，這一點成為他的競選主軸，也成為他政府的標記。他關心

---

* 譯註：中國最大國有銀行中國工商銀行在紐約曼哈頓川普大樓（Trump Tower）租用三層樓，外界質疑川普未迴避利益衝突。

的東西顯然和美國選民有共鳴，美國選民此時已強烈意識到中國是有問題的，而這個問題需要與現任白宮當權者的做法完全不同的解決方案。

歐巴馬路線的失敗

到歐巴馬政府即將結束時，已有大量證據顯示，中共在習近平領導下正在走上與其承諾相反的道路，習近平也決心按照他的喜好重新塑造國際環境。中國政府對外愈益擴張，對內愈益鎮壓，在政治上和經濟上越來越集權。中國的國家與企業相結合的戰略不是要去加入美國及其盟邦在二次大戰後建立的世界秩序，而是要加以顛覆，將其改造成符合中國利益——維護中共生存和成功高於一切——的秩序。

歐巴馬政府很慢才意識到，習近平在二〇一二年上台標誌著新時代的開始。習近平是民族主義強人，他清楚看到中國不是正在崛起，而是已經崛起。他的強國夢——這個願景很快就成為中國官方的語言——毫不隱諱。中共理論家們在二〇一四年底開始一面倒的說，「毛澤東讓中華民族站起來，鄧小平讓中國人富起來，習近平會讓中國人強起來」。[19]他對內採取強硬路線，對世界舞台野心勃勃。在習近平上任總書記後第一次重要講話中，他誓言要「團結帶領全黨全國各族人民，接過歷史的接力棒，繼續為實現中華民族偉大復興而努力奮鬥，使中華民族更加堅強有力地自立於世界民族之林，為人類做出新的更大的貢獻」。[20]

習近平把中共和西方的互動視為相互競爭、互不相容的意識形態戰爭。二〇一三年，中共下發所謂「九號文件」[21]的內部備忘錄（後來有外流），這份文件據說是由習近平親自批准，反映了他的觀點。[22]文件呼籲中共官員「必須清醒看到意識形態領域情況複雜、鬥爭尖銳的一面」。文件警告西方自由主義價值觀只是想顛覆中共及其「有中國特色的社會主義」制度。凡是所謂民主、人權、市民社會、新自由主義經濟學，甚至新聞自由，都是西方攻擊共產黨的藉口。文件呼籲所有中共官員要「切實加強意識形態陣地管理」。後來中國官方把文件外流的記者高瑜被下獄監禁。

就算把習近平的話當作夸夸其談，也很難忽視他的行為，以及他在歐巴馬任內一連串背信棄義。習近平與歐巴馬在二〇一五年簽訂中國將停止從網路竊取智慧財產的協議[23]；同一年，習近平又在白宮玫瑰園承諾歐巴馬，中國「無意」將南中國海的人工島嶼軍事化。[24]但中國國家主席才剛做出承諾，他的政府就準備要違反。中國政府支持的網路竊盜行為是有減少，但幾個月後就恢復原狀。二〇一五年五月，北京公布「中國製造二〇二五」計畫，要用十年的時間根本改造中國的製造業。這個計畫要主導未來幾個高科技產業，包括資訊科技、機器人、航太、乾淨能源，直接挑戰到西方經濟體賴以推動下一代經濟成長的技術優勢。

中國也緩步改造在南中國海爭議地區收復的島礁，先是增加基礎建設，再來是裝雷達，再來是打造全面的軍事防衛設施。與此同時，中國快速擴展其「一帶一路」，在各大洲用債務綁住許多開發中國家。習近平政府還在國內鎮壓異見、施壓台灣、慢慢掐死香港、殘酷鎮壓藏人和維吾爾人，以及任何敢抗拒政治忠誠教育和全面國家權威的少數民族。

歐巴馬在位八年期間，他的中國團隊在內部爭辯不休：是要繼續交往戰略，鼓勵中共走向政治經濟開放，還是要更現實的評估習近平統治的中國，轉向競爭戰略。政府內部可說一團混亂。希拉蕊．柯林頓在當國務卿時對中國較採中間路線。她的首席亞洲官員柯特．坎培爾（Kurt Campbell）設計了「轉向亞洲」（pivot to Asia）政策，但湯姆．唐尼隆（Tom Donilon）領導的國家安全會議硬要他改成「亞洲再平衡」（Rebalance to Asia）（但坎培爾在他的書中還是用pivot這個字[25]）。此外，她的副國務卿詹姆士．史坦柏格（James Steinberg）也提出其美中關係「戰略再保證」（Strategic Reassurance）的架構。問題是，史坦柏格從來沒讓其他政府單位參與，所以也一事無成。[26]

與中國對抗完全不是歐巴馬第二任期對外政策高層的優先事項。國家安全顧問蘇珊．萊斯和國務卿約翰．凱瑞都認為，唯有關係平順才能確保歐巴馬的遺產。他們不認為中國的侵略是急需處理的問題，他們也需要北京來幫忙他們更重視的問題，例如氣候變遷和伊朗核武協議。但另一方面，當歐巴馬政府還在舉棋不定時，五角大廈、司法部和一些情報機構的官員對中國的行為越來越擔心。「整個歐巴馬政府有一堆人覺得我們對中國的策略沒有用」，一名歐巴馬政府高層官員對我說。「是我們被人往不利的方向影響，不是我們在影響別人」。

為了讓歐巴馬團隊能夠聲稱其中國政策是成功的，就要把雙邊關係說得非常好——但這只是對變動中的現實任性的盲目。在歐巴馬任期即將結束時，白宮盡全力避免破壞與中國的關係。國防部長艾希頓．卡特（Ashton Carter）和海軍作戰部長吉姆．理查森（Jim Richardson）在演說中講到「大國競逐」（great power competition），萊斯的國家安全會議居然直接下令國防部官員講到美中關係時不得再用「競逐」二字，要用比較不激烈的詞。[27]

但他們的屈從沒有被回報以尊重。二〇一六年九月，歐巴馬最後一次以總統身分到杭州出席G20峰會，中國官員居然不准美國先遣團隊把歐巴馬要走下空軍一號的梯子帶過來，此事相當出名。歐巴馬只好尷尬的從機翼下方比較小的出口出來。中國官員還把美國媒體用人力推開，不讓萊斯跨過他們的安全線。

「當時，許多人認為這種對待為一種徵兆，上升中的強國對正在走下坡的超級大國的年輕總統秀肌肉」，《紐約時報》報導說。[28]

一名歐巴馬政府高層官員說得更白：「當你被他們不尊重到連梯子都不讓你帶，事情顯然不對勁」。

庫許納的秘密渠道

中國政府認定希拉蕊一定會贏，北京可以繼續秀肌肉，華府不會抵抗。於是乎，中國對川普驚奇的勝選一點準備都沒有。十一月九日，北京被迫面對現實，它根本沒有和新政府打交道的腹案，不認識也不了解這個新政府的中國團隊——這個團隊北京根本就不想要。

對北京來說，由班農和納瓦羅這種鷹派來主導美國對外政策是最壞的劇本。中國領導人花了四十年的時間，培育出一整代的中國事務專家來掌管雙邊關係，在他們身上投注時間和金錢，靠他們來穩定掌舵。班農和納瓦羅在這個遊戲中本來毫無角色。對他們來說，就算把關係都斷絕也沒有損失。

為了在選後尋求答案，希望能在新政府中找到比較不那麼鷹派的接觸對象，崔天凱大使找上了賈瑞德．庫許納。[29]崔天凱在競選期間和總統的女婿見過面，他有理由認為庫許納會比川普其他近身顧問更好打交道。畢竟，崔天凱大使和庫許納是在雙方都認識的朋友——前美國國務卿季辛吉——介紹下見面的。這是個好的開始。

庫許納在競選期間找季辛吉幫過忙。私底下，他也尋求季辛吉的認可，這對根本還不夠格的庫許納來說，乃是他足以承擔對外政策重任的標章。而季辛吉是個務實的人，他知道庫許納是通往川普的最短路徑，也是繼續推展美中關係最好的管道——他已努力了一輩子，賭上了自己的遺產。但季辛吉也不會假裝和庫許納很熟。二〇一七年四月，庫許納當選《時代》雜誌全球百大影響力人物，他請季辛吉為他寫個小傳，但季辛吉刻意不去吹捧這個年輕人：「我初次認識他是在十八個月前，我做完對外政策演說後，他來自我介紹。然後我們偶爾會交換意見」，季辛吉寫道。「作為川普家族的一員，賈瑞德熟知總統的無形資產。作為哈佛和紐約大學的畢業生，他的學識廣博；作為企業家，他懂得行政管理。這些都有助他登上高峰」。[30]

無論如何，房地產大亨之子和外交政策大師這段剛萌芽的友誼，馬上就有了回報，至少對季辛吉和他的中國朋友來說。季辛吉在十二月二日去見習近平，也就是川普與台灣通話那天，他相信他可以為總統發言。他透過庫許納得到川普的授權，代表即將上任的新政府去向北京示好。畢竟，川普儘管視中國為「敵人」，他還是想做交易。當初安排楊潔篪在台灣來電後到庫許納辦公室會面的，也是季辛吉，雖然最終還是沒有彌補傷害。儘管會議破局，但季辛吉已成為北京和新政府的第一個溝通管道，而這個管道直接透過川普的女婿。

季辛吉投資庫許納證明是對的。儘管沒有職位，但川普這位女婿立刻就展示他在白宮的實權。* 在大選之後兩天，也就是二〇一六年十一月十日，川普和庫許納及對外政策顧問佛林到了華府。川普與歐巴馬在橢圓形辦公室會談，庫許納則和歐巴馬的幕僚長丹尼斯．麥克多諾（Denis McDonough）公開逛白宮。[31]「這是件大事，因為麥克多諾打交道的對象是賈瑞德，不是萊恩斯」，一名白宮官員說，他指的是共和黨全國委員會主席、即將擔任白宮幕僚長的萊恩斯．蒲博思（Reince Priebus）。「這是賈瑞德在掌權、蒲博思只是小僂儸的第一個重大訊號」。

庫許納不想要鎂光燈下的職位。他不想上新聞。他只想掌權，在幾乎所有議題上扮演關鍵人物。任何人想要影響川普的中國政策，庫許納都是必須結識的最重要官員——而中國領導人也像季辛吉一樣，聰明地投資在他身上，主要只透過他來談事情，忽略並試圖邊緣化其他鷹派顧問。

籌組中國政策團隊

十二月二日與台灣通話的第二天，紐約的交接團隊幕僚知道麻煩來了。總統要人對美中關係做簡報，而且要快。但幕僚中沒有真正的中國事務專家。

於是交接團隊找人增援。川普交接團隊官員K．T．麥克法蘭（她早年曾是季辛吉的紀錄員）打電話給白邦瑞。白邦瑞是歷史學者，會說中文，從尼克森時代就在政策和情報圈工作。她對他說，我們正在籌組中國團隊，你是其中之一。星期一早上八點請到川普大樓來。

與此同時，佛林則打給博明。博明當過記者，在中國為《華爾街日報》報導了七年，二〇〇五年三十二歲時辭職加入海軍陸戰隊。[32]他在阿富汗服役時在佛林麾下，佛林當時是情報主管，還和佛林合寫了一份重要文件：二〇一〇年關於如何修正阿富汗情報工作的智庫報告。[33]這份文

* 譯註：庫許納的職務只是白宮顧問。

件讓佛林這個軍中無名之輩受到歐巴馬政府注意。佛林現在要放人到情報機構，所以他點名博明來主管亞洲事務。接到老長官召喚後，博明在第二天早上騎著公共自行車，從他的投資顧問公司來到川普大樓。

一個中國團隊看來成形了。這也許是與台灣通話唯一正面的結果。負面結果是，川普在本已困難的對中關係中挑起了一場他本來沒有想打的仗。這件事也傷害了川普在台灣問題上的信用，讓那些以為這通電話是好事的鷹派大失所望。班農、納瓦羅和其他競選班底本以為他們能掌控政策，不用理會官僚，他們也以為川普和他們一樣磨刀霍霍。但他們很快就發現，他們不得不和一些對總統當選人真正有影響力的人打交道——他的紐約富豪朋友。

在交接期間，川普拼裝的中國團隊——班農、納瓦羅、白邦瑞、博明——要去拜會川普身邊的利益相關人士。這些人都試圖在中國政策上分一杯羹，引導到對自己有利的方向。派系之間合縱連橫，不是只有對中鷹派和對中鴿派兩個陣營而已。對立的陣營當然存在，但即使在同一陣營也永遠有歧見。

例如，在交接期間，中國團隊到第五十七大街的寓所拜會了即將擔任商務部長的威爾伯．羅斯，裡頭擺滿了價值連城的中國藝術品。羅斯向中國團隊吹噓他造訪中國超過八十次，他在中國也有龐大的商業利益。

羅斯和納瓦羅在競選期間合作撰寫關於中國的備忘錄；在這些備忘錄中，羅斯對貿易採取鷹派路線，讓納瓦羅以為他們是同一陣線。但大選後碰面，納瓦羅和羅斯就為川普政府該不該歡迎來自中國的直接投資起了爭執。羅斯的看法是，中國投資是好事，只要完全不影響美國的國家安全。而納瓦羅則認為——他在好幾本書中都說過——中國投資美國的每一塊錢都應該拒絕，而美國人投資中國公司的每一塊錢都應該阻斷。鷹派才剛集結在川普的中國團隊，但已經看到裂痕。

和羅斯不同，納瓦羅並非新總統的密友。納瓦羅初識川普，是因為他聽說川普是他二〇一一年《致命中國》（*Death by China*）這本書的粉絲。這本書後來被拍成電影，由馬丁・辛做旁白，川普在納瓦羅邀請下幫忙行銷推薦。*納瓦羅是加州大學爾灣分校的經濟學教授，在地方上參選了五次都失敗。他這五次都是以民主黨身分參選，但川普似乎不以為意。

---

* 譯註：《致命中國》在出版後於二〇一二年改編為同名紀錄片，由《白宮風雲》中飾演總統的馬丁・辛負責旁白，包括美國民主黨、共和黨人都在影片中受訪。

財閥與高盛幫

從川普勝選到就任的幾個星期中，他的政府團隊對中國的共識很快就瓦解了。就連鷹派都互有歧見。但在川普的外交團隊中，階級分歧似乎比意識形態分歧更加嚴重——這個現象導致紐約銀行家和華府政策專家形成聯盟，而他們之所以敵視中國團隊中的鷹派，更多是出於個人因素而非政策因素。

來自華爾街高盛幫的官員（庫許納、梅努欽、柯恩、柯恩的副手迪娜・鮑威爾〔Dina Powell〕）來到華府，很自然就和華府共和黨人到喬治城的時尚餐廳如Café Milano混在一起（蒲博思、副幕僚長羅伯・波特、凱莉安・康威〔Kellyanne Conway〕）。「對賈瑞德來說，和柯恩及梅努欽在一起，比和土氣的加州教授或嗓音沙啞、來自俄亥俄州阿什塔布拉的貿易律師在一起自在許多」，一名白宮官員說，他指的是納瓦羅和即將被川普任命為美國貿易代表的羅伯・賴海哲（Robert Lighthizer）。「羅伯・波特不在意中國，蒲博思不在意中國。他們只想和很潮的年輕人在一起混」。

庫許納不屬於「中國團隊」，因為他自成一派——川普家族這一派。這當然是層峰的派系。

川普企業是家族企業，庫許納也有自己的家族企業。鷹派很快就了解到，庫許納從本性上就比較贊同他認識了一輩子的金融主管和富豪。這些生意人和中國領導人一樣，想透過庫許納讓川普跳脫政府的正式決策過程。初期的中國團隊認為，庫許納天真地涉入地緣政治，對他們的目標有害無益。庫許納則認為自己的角色就是幫川普拿到他想要的——如果要和中國做交易，那就做吧。

政府的中國團隊很快就了解到，他們必須和一群有權有勢、熱心想影響川普中國政策的人做鬥爭，而這些人是總統當選人的富豪朋友。其中有許多人在中國有長期的商業利益，和北京政商領袖關係深厚。中國團隊盡量想吸收這些人。當團隊開始為川普規劃真正的對中戰略時，他們會請川普幾個富豪朋友出意見。他們也很想知道川普這些朋友半夜會打電話給川普說些什麼。幕僚都知道經常有這些電話，但無法得知內容。

中國團隊與庫許納一道去見前財政部長亨利・鮑爾森（Henry Paulson），此人在歐巴馬政府當財政部長時，主持過對中戰略與經濟對話。這是一個大型年度會議，兩國有幾百名官員被迫坐在一起幾天，互相交流。鮑爾森建議川普可以繼續延續這個有用的機制。梅努欽在高盛時曾在鮑爾森底下工作，依賴他做中國顧問。庫許納也讓鮑爾森有管道影響川普。

班農對庫許納說，這種東西是中共的假外交，讓美國人產生一種錯誤的安全感，他們就可以在全世界散播痛苦和獨裁。「我相信的東西非常簡單，中共就像墨索里尼、希特勒和東條英機。這幫人就是流氓，就是罪犯。他們的思考是罪犯，他們的行為是罪犯，他們也要被當成罪犯來對待」，班農後來表示。「這很像一九三〇年代……他們在和我們打仗。他們在打仗，我們沒有。這是很明顯的」。班農相信唯一拯救美國和自由世界之道就是盡快讓中共倒台。「中共必須毀滅」，他喜歡引用老加圖（Cato the Elder）的話說。老加圖每次演說結束，一定要說「迦太基必須毀滅」。*

中國團隊也去見了漢克・格林伯格（Hank Greenberg）。他是前ＡＩＧ執行長，和川普認識幾十年。格林伯格在中國有幾十年的生意經驗，也是受過勳的二戰老兵。在這次會面中，格林伯格提出美國和中國應該是更親密的經濟夥伴，而不是敵人，這讓納瓦羅氣得對他大吼。「你就是問題的一部分」，他吼道。但白邦瑞站在格林伯格這一邊。「這個房間只有一個人曾經在D-Day登陸諾曼第，他應該受到尊重」，白邦瑞對納瓦羅說。

川普在生意上的朋友是最積極想影響他中國事務的一群局外人，其中有幾個人每年能賺幾十億美元是靠北京的恩惠。這些人包括賭場大亨謝爾登・阿德爾森（Sheldon Adelson）†、史提芬・永利（Steve Wynn）‡、黑石集團執行長蘇世民（Stephen Schwarzman）、貝萊德執行長勞倫斯．芬克（Laurence Fink）、巴里克黃金公司執行長約翰．桑頓（John Thornton）。阿德爾森還說他要自己設立一組中國團隊來幫忙川普。此事沒有成真，讓真正的川普中國團隊鬆了口氣。但這只是他們想插手中國政策中的一件小事，還有許多越來越複雜的動作。唯有到日後才比較清楚，這些生意人製造了多大的麻煩。

川普最愛的將軍

兩位即將交接的總統在十一月十日會面那天，歐巴馬警告川普兩件事：北韓和麥可．佛林。歐巴馬在二〇一二年任命佛林為國防情報局局長，兩年後炒了佛林魷魚，因為佛林特別喜歡追查

---

* 譯註：老加圖為古羅馬政治家。前一五三年，老加圖作為元老院的使節訪問已因第二次布匿戰爭遭到徹底削弱的迦太基，他認為迦太基雖然在軍事上仍然衰弱，但經濟上卻出現復興，可能重新強大起來成為羅馬的威脅。於是加圖就開始大力鼓吹徹底消滅迦太基。他在元老院中的任何發言都以這句話結束：「在我看來，迦太基必須毀滅！」這種戰爭宣傳很快取得了效果。前一四九年，羅馬人找藉口發動了第三次布匿戰爭，並於前一四六年摧毀了迦太基城。

† 譯註：謝爾登．阿德爾森是拉斯維加斯金沙集團的董事長。

‡ 譯註：史提芬．永利是永利渡假村集團及永利渡假村股份有限公司主席。

陰謀論，例如他相信是伊朗策畫了二〇一二年班加西美國領事館遇襲事件。[34] 佛林記恨歐巴馬，又不被共和黨建制派待見，於是投入川普競選陣營。

川普和歐巴馬會面時，佛林也和萊斯及其副手班．羅得斯（Ben Rodes）碰面。你不需要什麼秘密消息來源，就可以知道這場會面有多彆扭。佛林——川普當選一星期後任命他為國家安全顧問——在競選中曾奮力高呼「把她關起來」*，自己卻又未經登記幫土耳其政府遊說，還和俄國人秘密接觸。當佛林在二〇一五年被開除國防情報局局長時，萊斯和羅得斯都在開除他的團隊當中。

佛林懷恨在心，但如果他知道白宮幕後發生的事，他會更恨。歐巴馬的官員聯同FBI，正在追查佛林在交接期間與俄國大使基斯里亞克（Sergei Kislyak）的來往。佛林是在對俄國官員的監聽電話中被逮到的，這導致川普後來宣稱歐巴馬「監聽」他，並引發一連串的故事。佛林對這些談話撒了謊——先是對FBI撒謊，又對副總統潘斯撒謊——這是他就任二十四天就下台的近因。但事實上，佛林被解雇還有很多原因，最大的原因是他根本沒能力掌控國家安全會議的幕僚，和白宮其他派系也處不來。在川普的世界中，各派系會聯合起來攻擊最弱的傢伙，不管是為了自保或是純粹好玩。

佛林想修補與俄國關係不是只為了莫斯科。和班農一樣，佛林是想和俄國交往，以對付共同敵人——中國。萊斯後來在眾議院情報委員會調查通俄門事件秘密作證時，就暗示了這一點。她說她和佛林在交接期間第一次會面時，佛林一點都不關心俄國——事實上，他關心的是中國。「坦白說，我們花了很多時間討論中國，因為佛林將軍關注的是中國將成為我們最大的敵人。他對中國有很多問題和關切」，萊斯作證說。「他不認為俄國是對美國的威脅。他說這是過分渲染。他說他們是走下坡的強國，他們構成不了太大威脅，然後強調中國的重要性」。[35]

儘管兩人有歧見和過去的歷史，兩個月後，也就是二〇一七年一月，佛林和萊斯還是一道出現在美國和平研究所（United States Institute of Peace），參加華府傳統的攜手團結儀式。這個研究所是由小布希的國家安全顧問史蒂芬・哈德利（Stephen Hadley）主持，正在舉辦四年一度的「接棒傳承」研討會。即將交接的兩位國家安全顧問假裝友善，大談美國例外主義、遵守規則的國際秩序等名言金句。哈德利表示，兩位國家安全顧問握手言歡，「象徵了從一個政府到下一個

---

* 譯註：這裡是指在二〇一六年大選中，川普以電郵門事件和柯林頓基金會政治獻金案為由，說在當選後要把希拉蕊關起來。

政府的政權交接，也象徵了跨黨派對國家安全的承諾」。

萊斯指稱，歐巴馬政府在各項對外政策上都非常成功。在演講中談到亞洲的部分（談得不多），萊斯讚美歐巴馬政府的「再平衡」，敦促新政府要支持ＴＰＰ——她明知川普很可能撕毀協議，但還是要說這是重大成就——並說歐巴馬團隊成功地管理與中國「複雜但合作」的關係。

「佛林將軍，我為你加油」，她說，引用的是老布希留給柯林頓的名言。

這場交流的諷刺之處難以言喻。建築費用高達一億美元的美國和平研究所，乃是川普在競選時宣稱要對抗的外交政策建制派菁英這些「贅肉」的殿堂。這棟建物矗立在國務院對街，它的存在就是為了尊奉那些跨黨派守護著美國國際主義的職業對外政策專家，而這正是川普誓言要推翻的。在競選期間，幾十名共和黨對外政策建制派菁英連署譴責推川普為候選人。沒有連署的人私下也受到壓力不得加入川普的運動。這就是為什麼在競選期間，川普只能用業餘無名之輩如喬治·帕帕多普洛斯（George Papadopoulos）、卡特·佩奇（Carter Page）、Ｊ·Ｄ·戈登（J.D. Gordon）來當外交政策幕僚。他們不是俄國內奸。他們只是共和黨對外政策圈的邊緣小角色，覺得長期投資一個怪咖候選人可能會有大回報。而現在，佛林這個被建制派拋棄的人居然來到美國和平研究所的大廳，接受哈德利、馬德琳·歐布萊特（Madeleine Albright）之流的掌聲。建制派現在需要他。他們歡迎他回來。

這是佛林在公眾面前最驕傲的一刻：遊子回家了。在場人士都樂於忽視他的演講根本沒什麼內容，根本沒講川普要怎麼運作美國的對外政策。佛林盛讚萊斯的「風度」和「優雅」，滿口都是川普的人向華府建制派講的陳腔濫調，好讓他們之缺乏戰略條理可以被忍受。他丟出一些口號，像是「透過實力的和平」、用結盟作為乘數、以「堅定不悔的捍衛自由」作為「美國例外主義的核心元素」，其他毫無內容。

在這一點上，佛林並不孤單。麥克法蘭此時已被任命為佛林的副手，她在同一場研討會的小型座談會中天馬行空地漫談，卻什麼都沒談。她捏造統計數字說，有百分四十的美國人早就對對外政策討論失去興趣。她說川普就是要讓這些美國人回來關心政治，回應他們的要求。和佛林一樣，她大談要高舉美國價值、強化結盟、維持美國的領導權。

「所以我要說，你們各位，請放心。一切都會很好。我們美國再度偉大」，她告訴緊張的聽眾說。「歡迎一道踏上這段旅程」。

第二章
人馬到齊

二〇一七年一月二十日中午過後不久，唐納．川普在國會山莊的階梯上發表新任美國總統就職演說。在相距五個街區之外，一群來自各國的外交官、官員和貴賓正在加拿大大使館樓頂上的豪華接待室觀看典禮。當川普開始講話，這些觀禮人士放下了手上的血腥瑪麗和肉汁奶酪薯條。這些賓客都是外交和對外政策菁英，從選舉期間就在擔心川普要放棄美國自二戰以來領導的國際自由秩序。他們最害怕的事情即將成真。

幾百萬人屏息以待，而川普神色陰沉，厲聲說要終結「美國的浩劫」（American Canage），猛烈抨擊未指名道姓的外國偷走了美國人的工作，把移民送進美國邊境，讓美國人民買單。新總統誓言要把天平擺正。「從今天開始，我們這塊土地將有新的願景」，他吼道。「從這一刻起，將以美國優先」。

這篇演說和川普競選時的演說唯一不同之處，就是川普現在有權力來實現承諾。川普認為，在一個各個國家只能顧好自己、強權就是公理的世界中，美國高舉民主、人權和自由市場等價值是非常愚蠢的事。在美國盟邦眼中，美國在此時往內縮真是再糟不過，他們需要美國協助來對抗國內興起的民族主義，和正在全球擴張的威權主義。而有超過一年的時間，華府圈內人士都向來訪的朋友保證川普不會贏。

所有外國政府對川普勝選都沒有準備。現在，他成了地球上最強大國家的掌舵人，其他國家的領袖——和華府圈內人士一樣——都驚慌失措。他們不知道要怎麼接觸川普的團隊，不知道該聘請哪些遊說專家和顧問。

北京比其他國家更不安。中國國內經濟成長趨緩，卻又野心勃勃大舉對外投資。與美國在經濟上對決——這正是川普的承諾——並不是他們想要的。他們和所有觀察家一樣，以為希拉蕊會贏。儘管這位前國務卿批評中國也是不遺餘力，但若是她在橢圓形辦公室，北京至少知道在和什麼樣的人打交道。現在，他們要從零開始建立關係，而且要快。他們手上有賈瑞德．庫許納這張牌，這是好的開始——但他們不知道他夠不夠分量抵銷川普團隊中的鷹派。

聯俄抗中

打從川普政府剛上台，鷹派就知道要經常鬥爭才能掌控中國政策，但他們覺得自己辦得到。史提夫．班農、彼得．納瓦羅和史蒂芬．米勒都忠心耿耿，在競選期間贏得川普的賞識，也都和總統很熟。他們相信要成功，就要從一開始就拿出對抗性的中國政策。他們知道庫許納、史蒂芬・梅努欽和蓋瑞・柯恩不同意他們對中國的看法，但他們不認為這些人能阻止他們準備好的東西。鷹派有信心川普不會立刻就違背競選承諾，而他們也有方案確保他不會。

他們會這樣想情有可原。畢竟，川普的競選主軸就是要打破美國和中國的貿易關係。川普的競選演說早就把基本方案——關稅等等——講得很明白。不像那些在選前並沒有參與、選後才被撿進白宮當幕僚的共和黨官員，鷹派是早有準備：他們早就發展出一套戰略來打亂華府和北京交往的方式。

川普開始動手，就任總統第四天就讓美國退出所有TPP談判。[1]民主黨對他連正式檢討一下都沒有就退出相當震驚。白宮內部的自由貿易主義者知道TPP反正輸定了，便藏起火力等待下一個戰場。

萊恩斯・蒲博思當上了幕僚長，但班農被任命為首席戰略家——這個職務任由他自己來定義。在交接期間，他和米勒準備了一系列行政命令，要讓川普在官僚機構還不明白是怎麼回事之前就簽署。一開始就有一條命令，讓班農加入國家安全會議的首長委員會*，這是國家安全決策最高層級。[2]當媒體得知Breitbart新聞網的頭頭居然在國家安全會議中取代了高級將領，輿論一片譁然。但班農從來沒有出席過國家安全會議的首長委員會。麥馬斯特在幾個月後就正式把他換掉了。

然而，班農在國安會還是有盟友，同時也設立自己的政策團隊「戰略工作小組」，引進自己的國安幕僚，其中包括塞巴斯蒂安．高爾卡（Sebastian Gorka），此人是反伊斯蘭的匈牙利美籍「專家」，他的太太也被川普指派到國土安全部。班農也想把白邦瑞拉進來，但白邦瑞還在等更好的職位。這個小組沒有落實，因為它沒有所有官僚組織的命根子——經費。

班農和納瓦羅還策畫要派對中鷹派到前線，派他們到亞洲當大使，而不是照慣常任用金主和政客。白邦瑞本來要被派駐新加坡（或是香港或台灣，有不同的說法）。即將卸任美國太平洋司令部司令的哈利．哈里斯上將（Harry Harris）將被派到澳洲。美國外交關係協會的學者阿什利．泰利斯（Ashley Tellis）也將代表美國到印度。

班農認為中國已在經濟上對美國全面開戰，過往的總統都太笨不敢反擊。但中國對他來說不只是個對外政策議題。他還要利用中國來掀起國內政治運動。

＊　譯註：國家安全會議的首長委員會是跨部會的討論平台，由國家安全顧問主持，成員有國務卿、財政部長、國防部長、司法部長、能源部長、國土安全部長、白宮幕僚長、國家情報總監、參謀首長聯席會議主席、中情局長、國土安全顧問與美國駐聯合國大使。

班農相信，中國是他把美國極右派和極左派組成民族主義、民粹主義政治聯盟的大計畫的關鍵。他的目標是推翻新保守派、新自由派的全球主義秩序——這也是川普要對抗的一幫人。班農和新總統都夢想要摧毀兩黨政治菁英的權力結構，而班農認為他知道如何讓夢想成真。當然，他的計畫的一大弱點是，極左派和極右派的對立要遠大於共同利益。但班農相信中國議題可以讓他們聯合在一起。

如果你本來是高盛主管，你需要極大勇氣才敢去領導一個民粹的反中運動，尤其是你先在中國賺了大錢才對這個讓你賺錢的體系開戰。班農離開高盛後，在香港一家新創公司網路博彩娛樂（IGE）工作了六年，這家公司用中國的廉價勞工挖掘電腦遊戲中的虛擬貨品，再拿到真實世界中販售。[3]

但這些都不重要。班農要向中國討回我們的工作。他有計畫。

「方法就是做與尼克森相反的事，俄國是我們的潛在盟友」，班農後來告訴我說。「俄國只是小菜一碟，虛有其表。情況是這樣的……他們〔俄國人〕只是不得不站在〔中國〕那一邊。他們和我們一樣痛恨這些人」。

要員紛紛落馬

班農的計畫不如預期。ＦＢＩ對通俄門的調查占據了媒體版面，要在政治上和普丁改善關係是不可能的事。普丁和習近平現在都成為美國建制派的目標，讓兩國更加緊合作對抗美國。鷹派沒有機會「做與尼克森相反的事」。許多在川普政府與中國的關係剛上路時扮演要角的人，也沒能待得下來。醜聞不斷導致人事不斷更替，一個接著一個，在競選期間與川普在中國議題上最親近的人都成了局外人。

佛林在就任國家安全顧問二十四天後就被解職，因為他對於在交接期間與俄國大使基斯里亞克談話一事，向副總統潘斯說了謊。在佛林下台之前，麥克法蘭當他的副手，而她也涉嫌在交接期間和俄國官員來往。她一開始否認有直接涉入，但有電子郵件顯示她實際上是一夥的。[4]她在四月時也從白宮下台一鞠躬。

川普任命麥克法蘭為美國駐新加坡大使，但因為涉入佛林與俄國官員來往的調查，她覺得很不自在，最後推辭了。班農想讓白邦瑞駐新加坡，但白邦瑞的安全資料審查卻因為一件無關的事被拖延——這件事讓白邦瑞始終沒有到川普政府擔任任何職務，雖然川普信任他，對他言聽計從。

白邦瑞是在對另一名國安會幕僚的安全調查中被逮到的，此人是知名的對中鷹派亞當・洛文傑（Adam Lovinger），他在五角大廈的淨評估辦公室工作。這個辦公室幾十年來都由傳奇戰略家安迪・馬歇爾（Andy Marshall）領導，直到他高齡九十，其任務是以前瞻性的視角來看美國未來的挑戰。一整個世代的中國事務專家都是他的弟子，包括白邦瑞和洛文傑。但洛文傑和馬歇爾的繼任者詹姆斯・貝克（James Baker）不和，被控處理機密情報不當（洛文傑否認）。白邦瑞被捲入此案，因為他和洛文傑在淨評估辦公室合作過一個案子。班農被明確告知白邦瑞過不了安全審查。他一直試圖幫白邦瑞解決安全審查問題。但重要職務已被他人捷足先登。

川普任命了駐北京大使，但不是班農想要的人選。川普就職之前就宣布提命愛荷華州州長泰瑞・布蘭斯塔德（Terry Branstad）。中國國家主席習近平早年到愛荷華考察時，就和布蘭斯塔德認識。挑上他對公眾來說似乎是合理的，但他和川普中國團隊正在推動的對抗政策並不合拍。* 他的提命在二〇一七年春末輕鬆獲得通過，讓他處在抗衡強硬派和鷹派的位子上，但他的分量並不足以和班農對抗。

川普挑的大使應該讓北京領導人鬆了口氣，但他們相信是班農在主導中國政策，擔心他的觀點就是川普的觀點。但如果他們知道班農在白宮西廂的時間有多麼短，他們也許不會這麼焦慮。

納瓦羅被排擠

不像川普初期中國團隊的一些人，彼得·納瓦羅沒有讓自己被邊緣化——至少沒有完全被邊緣化。他留下來為政策做長期鬥爭，與貿易鷹派聯手推動川普在競選時承諾的對中貿易戰。他和史蒂芬·米勒及美國貿易代表羅伯·賴海哲合作，說服總統——成功了——要動用國家安全工具，以廣泛升級的關稅對中國施壓。但要達到目標，他得先上刀山下油鍋。

納瓦羅呼籲要對抗中國所有經濟惡行，讓兩大經濟體脫鉤，這完全符合川普把美國鄉村地區的經濟困境怪罪給華府和北京領導人的選戰策略。但他進入政府後，這位加州大學爾灣分校的經濟學家常被庫許納及其自由市場派的華爾街幫批評嘲笑，這票人包括財政部長史蒂芬·梅努欽、國家經濟委員會主任蓋瑞·柯恩等等。

幾乎在川普一就任後，其他派系就聯合起來把納瓦羅邊緣化。有一則報導說，白宮幕僚長蒲博思想把納瓦羅分配到商務部的地下辦公室，不讓他在白宮園區的舊行政大樓。班農說是他阻止

＊ 譯註：習近平一九八五年曾率領河北省代表團到愛荷華州考察農作方式，結識擔任愛荷華州長的布蘭斯塔德。

了這個圖謀。納瓦羅則說這則報導是故意外洩讓他難看。無論如何，納瓦羅有三個星期在白宮都沒有辦公室，只能在家辦公。然後他才得到總統副助理的職位，比總統助理低了一階。他在白宮西廂的同事班農、蒲博思、佛林、柯恩都是總統助理，就連白宮新聞秘書尚恩・史派瑟（Sean Spicer）也是。

還有其他更羞辱人的事。柯恩的國家經濟委員有強大的幕僚群，在白宮西廂有很大的辦公室，而納瓦羅這個國家貿易委員會主任是過去不存在的職位，幾乎沒有任何幕僚和預算。最後他才分配到白宮旁邊的舊行政大樓。他在川普就任兩個月後才被允許晉見總統。

當納瓦羅在三月初終於被允許在橢圓形辦公室見到總統，他和柯恩在總統面前大吵了一架——這是兩人此後多次吵架的最初一次。[5]吵的不是只有中國。美國和墨西哥正在如火如荼的談判新協議以取代北美自由貿易協定，德國總理梅克爾也正要到華府討論貿易問題。這些都由庫許納、柯恩和梅努欽主導。納瓦羅被排擠在小圈圈之外，他所受待遇的事外洩只是徒增傷害。

在納瓦羅看來，柯恩和他全球主義那幫人根本是要卡住總統的貿易政策。而在柯恩、庫許納和梅努欽看來，他們才是房間裡的大人，是在阻止總統聽那些瘋狂助選員的話，以免搞出經濟和政治災難。

「川普的貿易議程已被白宮西廂的政治勢力搞得寸步難行」，納瓦羅在三月底寫了兩頁的備忘錄給蒲博思和川普，這份文件在鮑布·伍德華（Bob Woodward）的《恐懼》一書中有所披露。[6]納瓦羅還點名蒲博思、羅伯·波特、梅努欽和柯恩不把他的貿易方案給總統過目。納瓦羅說，他和班農、米勒、威爾伯·羅斯在打一場正義之戰（羅斯的鷹派立場在內部備受質疑，雙方陣營在不同的時機和議題上說他是自己人或不是自己人）。

納瓦羅和柯恩在橢圓形辦公室當著許多高層幕僚第一次大吵時，川普支持納瓦羅說要採取競選時的貿易政策。他顯然沒有放棄他的核心理念：中國在貿易上搶劫了美國，而他是來解決這個問題的總統。其他官員看得出川普很信任納瓦羅。這一點，在他們心中，讓納瓦羅非常危險。

從這場會議能看出川普進入白宮後是如何制定中國政策的。他從未指定一名中國沙皇。他從不授權給哪個人。他也從不讓一派把另一派都趕走。他不是永遠都和鷹派站在一起，因為他不是真正的鷹派。但他也不同意高盛幫。他要雙方都知道這一點。

在最初幾個月，柯恩—梅努欽—庫許納集團成功防止了競選時的鷹派做很多他們想做的事。暫時還沒有關稅。庫許納和中國大使走得很近，利用這層關係來規畫即將到來的海湖莊園習川高峰會。國務卿雷克斯·提勒森（Rex W. Tillerson）、國防部長詹姆斯·馬提斯、副總統潘斯則在海外處理盟邦，與北京進行高層外交。

川普挑選國安內閣大部分是心血來潮。提勒森當國務卿是出於前國務卿康朵麗莎・萊斯（Condoleezza Rice）和前國防部長勞勃・蓋茲（Robert Gates）的推薦。艾克森石油是萊斯—哈德利—蓋茲顧問公司的大客戶。*提勒森在選舉之夜人在杜哈。他唯一比卡達有更多認識的國家是俄國。川普第一次和他見面就任命他為全國最高外交官。他完全沒有中國經驗，也沒有行政經驗。

退休將軍馬提斯在海軍陸戰隊服役四十年，多數時間在中東，退休時是美國中央司令部司令。馬提斯是華府寵兒，因為他有「戰士僧侶」的名聲，還有他著名的「馬提斯主義」，最有名的一句話是「要有禮貌。要專業，但要有計畫殺死所有你遇到的人」。他倡議要有更大膽的伊朗政策，和歐巴馬政府起衝突。光是這一點，再加上他人稱「瘋狗」馬提斯，足以讓川普任命他出掌國防部。

潘斯是交接團隊之首，招攬了一些對外政策保守鷹派和新保守派進入川普政府高層，例如駐聯合國大使妮基・海莉（Nikki Haley），以及國家情報總監、前共和黨參議員丹・科茨（Dan Coats）。潘斯在國會時是新保守派。他支持入侵伊拉克，並始終認為這是對的。他也是強烈反共人士。因為如此，他在對中強硬派成為風尚之前就是個對中強硬派。但潘斯的主要目標是不要讓總統不高興。當他為政府中的強硬派插手管事時，他必須小心翼翼。但他從一開始就屬於強硬派陣營。

隨著庫許納開始介入許多其他議題，他把管控對中關係的責任交給了提勒森，而提勒森完全沒有中國經驗可言。當提勒森在三月份到北京與習近平會面時，這一點顯示得很清楚。提勒森在記者會上與中國外長王毅站在一起，他說美中關係應該以「不衝突、不對抗、相互尊重，尋找共贏策略」為方向。

提勒森不只複述了楊潔篪於交接期間在庫許納辦公大樓對川普官員的訓話，他也違反了川普說要對抗中國惡意貿易和經濟政策的競選承諾。博明把一個檔案寄給提勒森的幕僚長瑪格麗特·培特林（Margaret Peterlin），裡面都是中國官媒歡慶提勒森讓步妥協的文章，提勒森這才知道自己已掉入北京最愛用的陷阱：讓美國官員用他們的語言來肯定他們的觀點。歐巴馬在二〇一三年複述習近平的「新型大國關係」時，也犯了同樣的錯。但川普這位國務卿並不是刻意的，他只是

---

* 譯註：提勒森是艾克森石油二〇〇六到二〇一六年的董事長兼執行長，是萊斯和蓋茲所合開顧問公司的大金主。

純粹無能而已。

比爾文件

當大多數人都在關注川普身邊知名人物的鬥爭時，低一層卻有人默默在為川普政府建立新的中國政策架構。當大人物在爭奪控制權，工蜂正埋頭把川普的競選語言化為實際方案，讓官僚們齊心一致。

博明在國安會當資深亞洲主任，在舊行政大樓承接了前任政府大部分幕僚。他做的第一件事，是拿出他去年十一月為川普競選團隊所寫的中國備忘錄，和他的新團隊分享。這份十二頁的備忘錄成為國安會思考新中國戰略的出發點。它對川普政府中國政策的影響比任何文件都大。

這份文件存在博明的電腦，名為「比爾文件」（沒有比爾這個人物。博明是要迷惑可能偷偷搜尋他電腦檔案的人）。它以「權力平衡」這個副標開頭，提出一組概念來詮釋為什麼美國需要新的對中政策，以及如何達成。

這份文件主張，亞洲自二次大戰以後因為美國霸權所享有的和平繁榮，正受到三個衝擊的威脅：中華人民共和國崛起，並試圖取代美國、分裂我們的盟國；北韓在核子飛彈科技上的突飛猛進；美國的亞洲盟國越來越覺得，美國正在放棄保衛他們安全和自由的角色。

博明指出，當美國為中東戰爭和經濟大衰退自顧不暇時，中國的經濟翻了五倍，打造了世界級的軍力，而其威權政治體制和國家控制的經濟體制卻不動如山。「結果是，我們所知的美國霸權在亞洲已不復存在」，這篇備忘錄說。「我們現在和中國處於動態且不均衡的權力平衡（我們有軍事優勢，他們有經濟優勢，政治上則五分五波）。中國想要的顯然不是和美國維持權力均勢。北京的中程目標是對鄰國和西太平洋稱霸。」

博明寫道，中國的帝國野心不只是他的推測而已，只要觀察中國共產黨的作為、聆聽中國共產黨對人民的說法，就不可避免會得出這個結論。「中共要主宰東半球並不是習近平一個人心血來潮」，他寫道。「這是中共幾十年前就有的願望，習近平只是加快了進程。但美國對中國能否達成願望有重大投票權。」

和班農不同，博明並沒有呼籲要推翻中共。他只是呼籲美國要加強在亞洲與中國的勢力對比，而這個對比正在往錯誤的方向發展。他要矯正我們所建構的世界秩序的結構性漏洞，而自從我們歡迎北京加入這個秩序後，北京就在利用這些漏洞。

博明不像班農和納瓦羅那樣要美國和中國經濟脫鉤。他主張要用強硬談判對付中國的貿易惡行和竊取智慧財產。但他警告說，成功與否，主要決定於美國怎麼對待盟邦。他主張要找到一條讓美國和中國都能繁榮的戰略，但不能依照北京的條件。「如此」，他寫道，「這個戰略如果能夠執行，將與中國達成可長可久的相互理解，讓雙方都受惠。不管這個戰略成不成功，中國都會持續強大。但若失敗，輸的是美國」。

這份文件呼籲，當美國政策制定者在想到中國時，他們應該「想到木星，而不是想到太陽」。博明把這個區域的國家視為美國與中國競逐的前線，摩擦也會最嚴重。這些國家容易被影響，所以我們要更關注。「中國不該是此區域外交繞著轉的『太陽』，博明闡釋道。「它應該被看成和我們打交道的各個政府構成的太陽系中的一顆行星——雖然是很巨大的行星」。

博明也呼籲要有強力的方案來反制中國對美國社會各層面的影響和介入。他寫道，當北京抗議民主國家的公民、媒體、企業的觀點和活動時，美國不能讓中國施以恐嚇、審查和懲罰的手段。他還說必須阻止中國宣傳媒體的擴張，要盡可能做到「互惠」——也就是要求北京以美國對待中國的方式給予平等對待。如果中國限制美國記者的人數，又整天騷擾他們，那美國為什麼要允許中共派「記者」到華府呢？北京已經把不平衡的關係視為他們的特權，這就必須平衡回來。

博明主張要全面重置美中關係，其基本原則是認清美國無法從根本改變中國的體制——也不該嘗試。他的想法是去面對中國的現實，在保護美國價值與利益的同時，專注心力去阻止其最壞的行為，並對其他行為建立抵抗力。

博明主張，中國的惡行有簡單的模式可循。例如，為什麼中國會對歐巴馬政府謊稱不會把南中國海軍事化呢？因為美國沒有講清楚這種侵略行為要付出代價。而在北京真的幹了之後，要它付出代價已經太遲。中國的模式是「切香腸」，切了一片又一片，直到切完為止，博明警告說。中國的策略是緩步把戰略環境朝自己有利的方向推動，有時會動作太大引起區域緊張，但又不致過度侵略招來鄰國或美國反制。如果踢到鐵板，中國會放慢動作，等到世界不再關注，然後又重複循環，重塑對自己有利的亞洲大陸秩序，一次只搞一個小地震。

博明認為，唯有了解這一點，阻止我們在亞洲的相對力量和影響力被侵蝕，美中關係才能走上既能避免衝突、又不會整個輸掉戰略競爭的道路。「中國前總理朱鎔基曾在二〇〇一年說，美中關係不會很好，但也不需要很糟糕[7]……這個目標不太浪漫，卻是我們雙方都要有智慧追求的」，他寫道。

「比爾文件」將成為兩份機密對中戰略文件，以及公開的《國家安全戰略》*中關於中國部分的基礎，並寫入川普高層官員的數項倡議和演說之中。博明將這些概念化為實際政策的努力在這幾年開花結果，但其種子在新政府上任第一天即已埋下。

最大的親中派

班農、博明和納瓦羅在為長期鬥爭做壕溝戰。與此同時，川普最初中國團隊一員的白邦瑞則在外圍當顧問，成為兩國政府的重要秘密渠道。他在川普就職前幾天造訪北京。他遇到許多中國官員和專家，急切地在評估到底現在是什麼狀況。白邦瑞又到北京去了五次，讓中國領導人了解川普政府是怎麼回事。他慢慢成為川普和副總統潘斯在中國問題上信賴的顧問。

其他鷹派在川普心目中起起落落，其影響力也或升或降。商務部長威爾伯・羅斯在第一年深度介入對中國的辯論，他和梅努欽合作，力圖實現川普誓言要矯正的嚴重失衡的貿易關係。但羅斯漸漸失去總統的歡心，這是他幾十年的朋友。他喜歡獨立運作，經常在會議時睡著，最終讓川普覺得他不適合這份工作。不過，他的商務部確實數度在梅努欽的財政部拒絕作為時對中國採取強硬行動。

比較親北京的官員也在打長期消耗戰。梅努欽這位前投資銀行家暨電影製片成為財政部的頭頭，聯同賴海哲率領官員和北京貿易談判。但他也在玩複雜秘密的遊戲，幾年來都在體制內阻擋對中鷹派，保衛其華爾街同事和華府親中遊說團的利益。「我不懂為什麼你們要說中國是威脅」，梅努欽曾在橢圓形辦公室一次會議中說。「你們都活在華府的小圈圈。出了華府，沒有人認為中國是威脅」。

川普是否認為中國是威脅？在經濟上，這是一定的。但在國家安全上，卻絕不是最重要的威脅。他只想和中國達成一個交易。在這一點上，他和梅努欽有總統女婿賈瑞德．庫許納助陣，庫許納成為政府中最大的親中派之一。

庫許納的中國顧問角色幾乎立即和他的商業利益發生衝突。早在一月初，也就是就職前不到兩個星期，他和一名中國商人在紐約碰面，商量讓中國安邦保險集團投資四億美元到庫許納在第

＊　譯註：國家安全戰略是美國行政部門定期準備的文件，其中列出了國家安全問題以及政府計劃如何解決這些問題。川普在二〇一七年十二月十八日公佈了其政府首份國家安全戰略。

五大街六六六號的大樓。

庫許納和安邦集團董事長吳小暉*於十一月十六日在華爾道夫酒店的會面被洩露得很詳細，一定是餐桌上某個人講的，甚至還提到一瓶兩千一百美元的羅斯柴爾紅酒。[8]庫許納的公司解釋說，這個交易是在大選前幾個月就開始商議的。無論如何，由於大選後明顯的利益衝突，談判取消了。

然而，庫許納的損失沒有他錯失的生意夥伴那麼嚴重。在這則報導四個月後，中國政府逮捕了吳小暉，以貪污罪判刑十八年。不管川普圈子的派系傾軋有多嚴重，和當時的中共內部相比都相形失色。或許吳小暉和庫許納接觸被視為在弄權，對北京領導人構成威脅，所以整肅了他。也或許他是因為交易失敗才被懲罰。我們永遠不得而知。

但可以確定的是，有一段時間，庫許納及其親中觀點占了上風。川普在二〇一七年一月二十日就任後，庫許納是能直通北京的官員，影響力最大。他愛聽季辛吉、梅努欽、柯恩和一些億萬富豪的話，這些人教他要從兩國政府的最高層下手來搞好關係。他們向他保證，這樣才能拿到川普想要的交易。

為了這個目標，庫許納全力安排在海湖莊園的川習高峰會。他覺得，這次峰會對兩位領導人建立交情、讓雙邊關係穩定發展至關重要。如果庫許納的岳父要和中國做交易，這看來是必要的一步。

但習近平要等美國總統彌補與台灣通話的錯誤之後，才願意和川普通電話。「中國人為那通電話懲罰川普，要等總統澄清後才願意進行高峰會」，白邦瑞在幾年後回顧說。「但他的做法為之後三年定了調」。[9]

叫黃之瀚滾回來

習近平要到海湖莊園與川普鞏固關係。但他不能失了面子。台灣那通電話必須有個說法，要不然，習近平會被認為在中國核心議題上對川普妥協。

川普也要修補和習近平的關係。他這通電話不是刻意要冒犯習近平。川普把兩個國家看成兩間大公司，而習近平是對手公司的執行長。你得和對手的執行長搞好關係才能好好談判，至少在

---

* 譯註：安邦集團董事長吳小暉是鄧小平的外孫女婿，董事會成員陳小魯是已故中共元老陳毅之子。

一開始的時候。川普也敬重習近平這種強人領導：他嫉妒習近平的權力，也尋求習近平的認可。但對川普最重要的是，只有和習近平套近乎才能拿到他想要的東西——一筆交易。

於是庫許納和中國大使合作，想出一個打破僵局的辦法。二月九日星期四，當多數白宮幕僚都下班回家後，庫許納打電話叫班農和提勒森到總統的起居室。在那裡，川普接了習近平打來的電話。在庫許納安排下，他的岳父承諾以後不會再接台灣領導人的電話。

在白宮對這通電話的官方聲明中，博明獲得一個小小的、象徵性的勝利。原來的草稿是寫川普將遵守「一個中國政策」。但博明把聲明改成，「川普總統同意，在習近平主席的要求下，遵守我們的一個中國政策」。[10]這種說法維持了美國一貫的立場，對美國是否同意北京把台灣認定為叛亂省分保持模糊。

無論如何，這通電話表示川普已向習近平的立場讓步：與台灣通話是錯的，以後不會再發生。「這就移除了到海湖莊園峰會的障礙」，白邦瑞說。庫許納達成了川普想要的會談，總統女婿牢牢掌握了美國的對中政策。

不是每個人都對這個結果感到高興。例如，班農就怒不可遏。他認為這通電話是庫許納天真的讓步，川普走錯了步。「我們為什麼要接習近平的電話？籌碼都在我們手上。習近平超想來海湖莊園的」，班農後來告訴我。「他們去找庫許納。這是庫許納搞的。從那時起，川普就不想再聽到台灣的事」。

在這兩通電話後，川普對台灣的態度就是蠻不在乎或不尊重，整個總統任內都是如此。由於政府中每個人都知道總統的態度，所以儘管川普政府的官僚層級充滿親台灣的鷹派，但在前三年中，大家都避免公開顯露對台灣的同情或支持。美國確實稍稍有加強對台灣的支持，但大部分都不敢敲鑼打鼓，有時甚至連川普都不知情。例如，雖然馬提斯用薛瑞福這個親台鷹派當五角大廈亞洲政策最高官員，也要努力兩年之後才能賣新的F－16給台灣。國防部也不曾派軍事將領到台北公開活動。在川普政府第一年，沒有任何高層官員到台灣。

當川普政府官員到台灣引起北京抗議時，川普都會站在北京這一邊。二〇一八年三月，副助理國務卿黃之瀚造訪台北，與台灣高層官員會面，在演講中稱讚台灣是這個區域的民主典範。[11]黃之瀚曾是參議員湯姆．柯頓（Tom Cotton）的對外政策助理，之前待過米特．羅尼（Mitt Romney）二〇一二年總統競選陣營。「過去、現在和未來，美國都是台灣最親密的朋友和夥伴」，他在訪問台北時說。

中國政府向白宮抗議。當川普得知北京對黃之瀚在台灣的講話很不滿，他暴怒。

「誰他媽的是黃之瀚？」他大吼道，在場一名人士說。「為什麼沒人告訴我他去台灣？叫他滾回來」。

黃之瀚沒有被炒魷魚，但其他政府官員都聽懂了意思——而台灣政府在接下來幾個月和幾年中也聽懂了。二〇一九年初，美國在台協會準備慶祝台灣關係法四十週年，美國政府內部討論是否要派出內閣級官員。高層官員都不想去，於是就派了退伍軍人事務部長戴維・舒爾金（David Shulkin）。但慶祝儀式前一個月，川普炒了舒爾金，因為他以政府公務當幌子帶老婆到歐洲血拼觀光。當蔡英文抵達接待會場時，最高層級的美國貴賓只有助理國務卿和前眾議院議長保羅・萊恩（Paul Ryan）。川普高層官員都沒來。

台灣距離中國兩英尺

川普在二〇一七年二月與習近平通話是兩大領導人互動的開始，深刻影響了此後三年的美中互動。習近平學習到，如果他真想要川普做什麼事，只要請他做個人情就行了。習近平也很恣意地請他做人情，要川普不要插手一些中國認為敏感的議題，讓川普去反對他自己的政府。

結果就是造成寒蟬效應，新政府最高層的官員都能感受到，而這個效應也不只是在川普剛當總統的幾個月。「川普有一次告訴我，我不要再聽你提到台灣、香港或維吾爾族」，國家安全顧問、強烈支持台灣獨立的約翰．波頓在二〇一九年回憶說，「我連西藏都不跟他提了」。

在波頓講這些話的同一年，一位共和黨參議員試圖說服川普要盡全力勸中國不要鎮壓香港的示威抗議。如果北京橫暴地對待香港，這位參議員認為，那麼中國下一步就會拿下台灣。這會在川普的紀錄上留下污名，他警告說。

這位參議員對我承認，他是故意誇大中國入侵台灣的可能性，好讓川普能對北京強硬一點。在我和政府消息人士的談話中，這種做法相當平常：每個和川普說話的人都要設法迎合他的虛榮、自大和政治嗅覺，不能從國家安全利益出發。但總統的回答令人不寒而慄。「台灣距離中國只有兩英尺」，川普對這位參議員說。「而我們在八千英里之外。如果他們入侵，我們他媽的什麼都做不了」。

如果川普公開說這些話，等於是放棄美國四十年來保衛台灣、維持現狀、確保台海和平的承諾，而這項承諾是明定在美國法律中的。這位參議員無話可說。**這是川普真正的想法。他根本不在乎**。雖然在他當總統時沒人知道這一點，但可能也沒人會感到驚訝。

第三章

海湖莊園之後——川普身邊的億萬富翁

剛開始，新政府中只有少數官員在關心中國問題。但突然間，大家都關心起來。因為習近平要到海湖莊園來了。

美國總統和中國國家主席的高峰會定在二〇一七年四月七日，這顯然是川普新任總統以來最大的對外政策考驗。媒體和全世界都在關注。一個毫無經驗、難以預測的總統，要怎麼應付這個威脅要把美國從世界霸主拉下馬的老練獨裁領袖？

在川普這邊，有兩大問題要解決：首先，他得做到一舉改變美中貿易關係的承諾；其次，他要處理北韓核子飛彈威脅。然而對川普身邊許多人來說，只有一個簡單的目標：讓川普和習近平打好交情，越穩定越正面越好。

據我們所知，習近平出席峰會是為了避免關稅或貿易懲罰。他也想說服川普別聽那些鷹派顧問的話，重回美中關係長久以來的模式，也就是一直搞對話，卻只達成模糊的承諾——讓中國可以不用改變行為。

這個週末的交手明顯是中國代表團勝出。他們成功延緩了任何針對中國的貿易懲罰措施，讓川普自以為他和習近平建立了交情。在未來四年中，北京將利用川普這種自以為是向川普討人情。而美國總統這邊則宣稱，他成功地讓複雜的外交互動獲得實質進展，暫時把他團隊中的鷹派晾在一邊。

但鷹派雖然輸了這場戰役，卻沒有對政府內部更大的戰爭投降。事實上，海湖莊園高峰會的結果為他們瞄準的目標及習近平最害怕的東西設好了舞台：世界兩大經濟體的貿易戰。

黑石集團的蘇世民

習近平不是第一位來到川普在棕櫚灘豪華私人俱樂部的外國領袖。日本首相安倍晉三在一個月前才來吃過飯，和川普打了二十七洞的高爾夫。這次造訪留下了一張有名的照片：川普和安倍在眾目睽睽之下，在俱樂部餐桌上大談有關北韓的機密情報。

安倍不只是第一個到海湖莊園，也是第一個在大選後造訪川普大樓的外國領袖。在道賀電話中，川普向日本首相提出模糊、隨性的邀請——有點像是說「嗨，如果你有到附近，就過來坐坐吧」。安倍抓住機會，三天後就出現在紐約。對日本人來說，安倍和川普的關係至關重要。日本的對外政策依賴美國，安倍不得不盡量和川普套近乎。

由於對日本實在太重要，而安倍也很擔心川普的不可預測性，首相及其幕僚做了大量工作讓這些會議能順利進行。安倍身邊一名官員告訴我，首相辦公室有一組人負責記錄川普和安倍在海湖莊園互動的所有細節，就川普對哪些字眼、話題、姿勢有什麼反應建立了資料庫。他們是要搞清楚川普會對什麼東西感到高興、生氣或無聊。

安倍的努力有所回報——至少是暫時的。川普和安倍一直處得不錯，他們的融洽關係讓日本不至於像其他盟國被川普在推特上不斷炮轟和威脅。但後來，在討論到日本的頭號恐懼（北韓核武化）時，安倍和川普的好關係卻沒有實質的好處。日本與川普誓言會採取強硬路線，不會放鬆壓力，不會相信金正恩。但川普做的完全相反。

在川普和習近平峰會時，海湖莊園的安全警戒是場惡夢。會員要被秘勤局先過濾，但會員的賓客卻沒有。他們要在大門口接受安檢，但沒有背景查核。在俱樂部內，每個人都可以靠近總統，聽到他的談話。川普在主宴會廳的桌子只有一條絨繩與別桌相隔。當他坐在那裡，無論什麼人都可以靠近絨繩和他聊天，或偷聽他的談話。

川普的商界友人會濫用他們的接近權。例如，當習近平走進俱樂部時，黑石集團執行長蘇世民就在他身邊晃來晃去，好像他也是官方代表團的成員。川普不得不把蘇世民推開，告訴他在這種重大時刻出現是不得體的。「習近平到場，蘇世民就在大廳門口走來走去」，一名白宮高層官員回憶說。「這傢伙出現在招待酒會。但這傢伙到底他媽的怎麼進來的？」

蘇世民是少數和川普在中國問題上走得很近，長年和總統熟識且是好友的億萬富豪，也是川普在棕櫚灘的鄰居。他是華爾街和中國大公司最高竿的交易專家，這表示他和中共領導人關係深厚。身為黑石集團執行長，他在二〇〇八年把他公司百分之九點九的股份，以三十億美元賣給了中國政府控制的萬得福投資公司。[1]後來人家問他是怎麼辦到的，他說「必須經過總理親自批准」。[2]

蘇世民捐了一億美元讓美國學生到清華大學（習近平母校）唸書，喜歡吹噓自己是中國的「非官方大使」[3]。蘇世民在中國的生意讓他能直通最高層。在安邦集團董事長吳小暉——也就是庫許納在交接期間見到的高管——被整肅之前，他和吳小暉走得很近（黑石集團在二〇一六年大選前一個月，賣了七億五千八百萬美元的房地產給安邦集團）。蘇世民和海航集團董事長陳峰也走得很近。黑石和海航有很多生意來往，而海航是個所有權結構複雜的巨型中國企業，明顯和中共最高層有關。黑石在大選前一個月也賣了希爾頓酒店百分之二十五的股份給海航，價格是六十五億美元。

更重要的是，蘇世民還是梅努欽的好朋友。他們的公寓在紐約同一棟大樓，有時會一道渡假。他們在貿易戰中結為盟友，聯手勸川普和他們站在一起對付鷹派，同時又在北京運作。在《蘇世民：我的經驗與教訓》一書中，蘇世民描述了他如何反對對中國施加貿易關稅，試圖在幕後達成協議。他宣稱他曾在二〇一八年多次到北京，告訴中國高層官員說川普「並不想打貿易戰」。[4]

但北韓問題要比貿易問題更緊迫，川普需要習近平幫忙。提勒森在海湖莊園想的就是這件事。他和習近平在機場會面，告訴記者說川普政府要和中國政府聯手，「找出方法來影響北韓撤銷核子武器和飛彈科技計畫」。國務卿一心想拿到川普和貿易協議一樣想要的或更想要的東西：與北韓的和平協議。「中國將成為這個新戰略的一部分，以終止北韓的魯莽行為，確保東北亞地區的安全、穩定和經濟繁榮」，提勒森說。

在高峰會之前，川普依然在貿易上維持強硬論調。「我們被不公平對待，我們和中國做了很多很爛的貿易協議，這已經很多很多年了」，他在高峰會開始之前說。「這是我們要討論的一件事」。

川普一些顧問擔心，他們的老闆會太急著想達成貿易協議。在高峰會前，博明和國安會國際經濟事務主任肯尼斯・傑斯特（Kenneth Juster）寫好一份備忘錄給川普，警告他不要掉入習近平的陷阱。不要談太大的交易；不要同意搞戰略對話；不要掉入和習近平的個人關係。這只是偽裝的友誼，只是為了讓川普不要讓美國對中國強硬。

就算川普有讀這篇備忘錄，他也視而不見。因為海湖莊園高峰會標誌著他和習近平長期調情的開始。

高唱茉莉花

四月七日，唐納和梅蘭妮亞．川普滿臉笑容地走下紅毯，迎接中國國家主席及夫人在海湖莊園門口步出禮車。川普和習近平與彭麗媛握手時熱情地點頭——但沒有彎腰——謝謝他們來訪。彭麗媛是知名的中國現代民歌手。他們在門口階梯上擺好姿勢要拍照，階梯下的記者互相推擠，爭奪最好的拍照位置。川普對習近平做個手勢，小聲和習近平說了句話，只有習近平聽得到。習近平點頭笑了。他的英文不是很好，川普似乎不曉得。

他們第一次正式會談原定是三十分鐘，結果長達兩個半小時。習近平又長篇大論講歷史，教導川普中國的百年恥辱，講他家庭在內戰中受苦受難。習近平也對川普多所奉承。此舉奏效。

「我們已經討論了很多。到目前為止，我什麼都沒得到，一點都沒有」，川普在第一天的晚宴說。「但我們已發展出友誼。我看得出來。我認為長此以往，我們的關係會非常非常好」。

在晚宴快結束時，川普俯身靠近習近平——習近平正在享用川普所謂「你見過最棒的巧克力蛋糕」——美國總統告訴習近平說，美國已經對敘利亞阿薩德政權發射五十九枚飛彈，美國民眾還不知道。中國沒有捲入敘利亞的衝突，但川普的攻擊當然違反了中國的立場：威權政府有權殺害反抗政權的人民。這是刻意向習近平展示川普願意用武力解決問題，懲罰流氓國家嗎？並不盡然。川普只是在炫耀，炫耀飛彈和蛋糕。

川普後來告訴《華爾街日報》，他對習近平說如果能多合作對北韓施壓，他就會在貿易上寬大一些。「你要搞一項大交易嗎？那就來解決北韓問題」，他這樣描述自己的邏輯。「這樣就值得貿易赤字。這樣就值得一個我通常不會想要的貿易協議。」[5]

在鷹派看來，這樣的連結不僅違背競選承諾，也非常莽撞。川普先在貿易問題上讓步，交換中國之後在北韓問題上幫忙，這是掉入舊圈套。習近平基本上是說，「你先給我漢堡，我很樂意在星期二付你錢」。川普提出這種連結，興高采烈地掉入他的顧問們警告過他的陷阱。川普等於是在明示習近平，他可以利用北韓問題來逼川普讓步，他也的確再三這麼做。川普實際上是給了習近平永遠不要幫忙解決北韓問題的動機。

會議結束時，川普確實「什麼都沒得到，一點都沒有」，習近平卻在海湖莊園拿到了一堆讓步。關稅威脅被擱置。美國和中國同意在接下來一百天進行貿易談判，目標是增加美國出口、減少貿易赤字。談判由史蒂芬・梅努欽和威爾伯・羅斯領軍。川普也違反競選承諾，同意不把中國列為匯率操縱國。他還同意和北京進行「全面經濟對話」（Comprehensive Economic Dialogue，簡稱ＣＥＤ）——這是廣泛冗長的系列會議，討論所有美中關係的重大經濟議題。這是小布希和歐巴馬團隊的翻版。這種會議在歐巴馬時代叫做「戰略與經濟對話」（Strategic and Economic Dialogue，簡稱ＳＥＤ），在華府叫做「自舔的冰淇淋筒」（self-licking ice cream cone）：一種除了延續自己的生存之外，別無其他目的的系統。這也是史提夫・班農、彼得・納瓦羅和博明等人警告過的。新的「全面經濟對話」乃是舊的「戰略與經濟對話」的縮小版。這對習近平再好不過。

川普的家人也一如慣常，不能不插上一手。伊凡卡在推特放上一段影片，她兩個小孩阿拉貝拉和約瑟夫對習近平和他夫人用中文唱〈茉莉花〉。[6]他們的中文歌怎麼唱得這麼好？多數觀察家當時只能猜測。

北京也帶來伴手禮：當習近平在渡假村時，中國政府批准了伊凡卡公司的三個臨時商標，允許她在中國賣珠寶、手提包和SPA服務。[7]

沒有證據有對價關係，伊凡卡的商標被批准也沒有具體理由。北京只是要討好伊凡卡而已。送她一份大禮，她也接受了，這在中國是很普遍的家族對家族的生意優待，在美國亦然，而北京不用花一毛錢。在往後幾年，每當川普和北京有重大貿易爭端時，中國就會批准伊凡卡的商標。[8]

川普家人很高興，蓋瑞・柯恩很高興，川普本人很高興。習近平也興高采烈。只有一群人不高興。對鷹派和強硬派來說，那個週末糟透了。

然而，班農一票人還是從高峰會中看到一線希望。川普已經給華爾街幫機會，趕快和中國簽個還算不錯的協議。如果北京又走回老路，談不出任何實質性的東西——鷹派早就預料到了——那梅努欽和羅斯的計畫就失敗了，川普可能又回到強硬路線。

「我們輸了一仗，但只是暫時性和戰術性的」，博明後來告訴我。「還有一個百日談判計畫。但我知道一定一事無成，當然中國人也會證明一事無成」。

我的彼得在哪？

那個週末結束時，川普在習近平和代表團都離開後召集全體美國團隊，在海湖莊園主建物的後花園開「檢討會」。在整個團隊面前，柯恩簡報了美方和中方貿易談判的現況，吹噓已有的進展和未來的方向。

白宮後來發出的聲明說，除了「全面經濟對話」之外，還有三個同樣高層次的「對話」，「外交與安全對話」、「司法與網路安全對話」及「社會與文化議題對話」，不知道具體是什麼意思。根據白宮的說法，這些對話不只要處理中國的貿易行為，還要處理中國在工業、農業、科技和網路的不當行為。[9]

柯恩講完後，川普環顧四週，找一個他整個週末都沒看到的人。「我的彼得在哪？」。他問道，指的是納瓦羅。「你們都對他非常非常不公平」。

納瓦羅穿著黑色運動鞋站在房間後頭。川普叫他過來。他走向前。他整個週末都想對整個團隊講些話——他不想錯失良機。

納瓦羅並沒有被正式邀請來參加海湖莊園的高峰會，是班農在最後一刻把他拉來的。美中代表團開會時，納瓦羅連個座位都沒有。在某些會議中，他可以和低階官員一塊坐在後排。但庫許納、梅努欽、柯恩和羅斯盡力不讓中國賓客隔著桌子直接看到他。

現在，納瓦羅直接打臉梅努欽和柯恩。他說中方在過去兩天講的都是謊言。

「你們他媽的是在開玩笑吧？我們是蠢蛋嗎？」，他說。「我們真的又要搞SED，只是換了名稱叫CED，就假裝我們做的事和前幾任政府不同嗎？」

川普只是點頭，指著納瓦羅，彷彿在說「聽這傢伙怎麼說」。川普表明他已經給梅努欽、羅斯和柯恩機會去證明，他們可以說服北京簽個重大協議來處理川普最不滿的東西，無需真正對中國施壓。但川普也讓他們知道還有個B計畫，也就是納瓦羅的計畫——如果他們失敗，他就會動用。

「大家那時就曉得了，別惹納瓦羅」。一名與會者告訴我。「不要以為你可以把他趕走，因為他的觀點和總統的觀點比在場任何人都接近」。

軍令狀已經立下。如果納瓦羅、班農和博明是對的，那麼中國人除非被強迫，否則是絕不會讓步的。而如果鷹派是對的，他們不久後就可以主導川普的中國政策。但目前，他們必須坐在後排，讓梅努欽、羅斯和柯恩去證明他們是錯的。

「他們這麼努力說動了川普」，班農說。「我們只能先枕戈待旦」。

老鼠肉

團隊一回到華府，梅努欽和羅斯就努力要在川普和習近平同意的一百天內達成貿易協議。他們心想，只要他們能給總統一個政治上說得過去的貿易協議，就不會有關稅和貿易中斷的問題，股市會創新高，美中關係也可以保住了。

但他們一開始就遇到麻煩。五月份，羅斯宣布雙方已達成里程碑式的協議——中國可以賣雞肉到美國，而美國牛肉可以重返自二〇〇三年就被關閉的中國市場。該協議還承諾會開放中國市場給美國金融服務業和天然瓦斯出口。但雖然的確出口了一些牛肉，其金額和一年幾千億美元的貿易赤字根本無法相比。中國雞肉在美國沒什麼需求，部分原因是中國出口食物長期發生醜聞：把老鼠肉當羊肉賣、把地溝油當食用油、奶粉中含有會導致腎結石的三聚氰胺。[10]

美中關係的「互惠」是川普政府的重要立場。這聽來很容易：中國買美國牛肉，美國買中國雞肉。但在這件事情上，如同其他許多事情，互惠這個概念是行不通的。美國人要向中國買的貨品和服務與中國人要向美國買的並不相同。用牛肉換雞肉並不合理。當然，不顧市場供需的力量，隨意設立指標要減少多少貿易赤字，也同樣不合理。但商務部長以為川普和民眾會買單。「這項成就在整個美中貿易關係史上前所未有」，羅斯在五月十二日告訴記者說。「一項貿易協定通常要花上幾年，而非幾十天。」[11]

儘管自吹自擂，但以雞肉換牛肉無法滿足川普的胃口，高關稅才能讓北京真的在乎。最明顯的關稅目標是鋼鐵和鋁製品。以鋼鐵關稅來對付北京，這種事羅斯並不陌生；事實上，羅斯的公司就是小布希政府同樣策略的獲益者。但羅斯在中國豐富的生意經驗是兩面刃。二〇〇八年，他和國有的中國華能集團搞合資公司，華能的領導是前總理李鵬的兒子，而李鵬因其在天安門屠殺的角色被稱為「北京屠夫」。國家主權基金中國投資公司也投入五億美元到羅斯投資、位於康乃狄克州的鑽石S航運。[12]

在加入川普團隊之前，羅斯經常警告不要妖魔化中國，也公開就中國操縱匯率等議題與川普唱反調。但他加入競選陣營後，就迎合川普的論調。羅斯還和納瓦羅在二〇一六年九月合寫了競選貿易白皮書，主張用關稅及其他強硬手段對付中國。

「我們認為，中國領導人很快會了解到，他們在貿易問題上將面對川普的強硬，而不是歐巴馬—柯林頓時代的軟弱。」[13]

羅斯的經驗及其與川普長久的友誼，讓他自信有權和中國領導人做交易。但他很快就痛苦的發現，在這個政府裡，就算是川普的哥兒們也會變成他發飆的對象。

威爾伯．羅斯被羞辱

四月份，川普啟動調查，要確認美國是否能用貿易擴張法第二三二條，以國家安全為由對鋼鐵和鋁施加關稅。美國總統上一次用這條法律徵關稅是一九八六年的事。[14]這項調查讓關稅威脅變得迫在眉睫。

隨著一百天即將結束，羅斯和梅努欽準備公布一項與中國代表團所簽訂的協議：中國承諾要減少鋼鐵出口，以交換美國不施加關稅。羅斯預定在中國代表團來訪的最後一天召開記者會。還預定前一天晚上在他家舉辦慶功宴。但他們忘了做一件事。

「晚宴預定好了。他們第二天就要公布了」，班農說。「但他們沒讓川普主導。」

晚宴前幾個小時，羅斯被電召到白宮見川普。納瓦羅沒有參加雙邊談判，他聽到要公布的消息，告訴川普說這是在示弱。

羅斯到了橢圓形辦公室，幾位高層幕僚都在場，川普對羅斯大發雷霆。據一名在場官員說，川普說羅斯「軟弱」、「完蛋了」，他「為羅斯的太太感到可憐」。協議作廢，川普宣布。

川普對協議的內容不滿，更不滿羅斯沒有事先問過他。川普要讓所有人都知道，只有他才能同意任何協議。他授權給人去談判，不代表談回來的東西他都會接受。

川普對羅斯的羞辱傳遍了整個政府。商務部長家裡的晚宴照常舉行，但協議和記者會都取消。羅斯再也沒重獲川普的歡心，貿易談判的棒子交給了梅努欽和羅伯．賴海哲，他在五月份被任命為美國貿易代表。「威爾伯會把我們都賣掉」，一名白宮官員批評羅斯的豪賭說。「但川普說話了，這件事結束了。」

郭文貴險被送中

在海湖莊園高峰會之後幾個月，川普的億萬富豪朋友在測試他是否願給他新朋友習近平做人情，居中想把聲量最高的中共批評人士從美國遣返回去。

習近平和川普一對一互動了很多次，兩位領袖之間有超過三十封信和四十通電話的聯繫。利用這些聯繫，習近平對川普置入親北京的觀點，川普的團隊要與之對抗。但習近平會運用有力人士的人脈把美國政府官員撇開，尤其是當他要的是上不了檯面的事。川普的幕僚得對這類事情做損害控管，但他們未必察覺得到。

六月九日早上，白宮發生了一件事。在純粹巧合之下，班農當時在橢圓形辦公室。總統大概在十點鐘走進來，他下一個行程是一小時後的情報匯報，班農趁空檔想和川普討論一堆議題。但班農還沒開口，總統就打斷了他。

「等等」，川普說。「我們要抓到那個強姦犯」。

「什麼？」班農說。

「那個強姦犯」，川普重複了一遍。「我們要抓到那個強姦犯……那個強姦所有人的傢伙。我們一定要抓到他」。

眼見班農一臉迷茫，川普打給他親信秘書瑪德琳．威斯特霍（Madeleine Westerhout），叫她拿進來一封信。這封信是川普的朋友、賭場大亨史提芬．永利昨晚在共和黨全國委員會募款餐會時給他的，餐會就辦在川普位於華府的國際酒店。這件事本身就透著奇怪：許多白宮官員都記得，永利在競選時說過川普壞話，但這個生意人在選後一百八十度大轉變，又變成川普的哥們，經常跑到海湖莊園，還當上共和黨全國委員會的財務長。向來把忠誠度擺第一的川普並沒有對他懷恨。

威斯特霍走進橢圓形辦公室，交給川普一個大信封。「我要把這傢伙趕出這個國家，就是現在」，川普強調。

「總統先生，你在說什麼？這是什麼信？」，班農問道。

「這是永利交給我的習近平的來信」，總統回答說。「這是習近平要討的人情」。

川普似乎認為永利給他的信是直接來自中國政府。《華爾街郵報》後來也是這麼報導的。[15]在川普看來，中國國家主席真的透過一個在中國有大量投資的賭場大亨，帶了一封信給美國總統。永利告訴川普說，習近平要他遣返一個叫郭文貴的中國人。郭文貴又叫邁爾斯・郭（Miles Kwok），他是和中國國安部關係匪淺的富豪，尤其是和國安部副部長馬建。馬建最近被起訴向郭文貴收賄，郭文貴在中共完成對馬建的調查前逃到了美國。兩年後，郭文貴聲稱他改變立場，現在要努力揭穿中共高官的腐敗——包括中國國家副主席王岐山。

但這其實不是習近平的信。永利拿給川普的是關於郭文貴的檔案，編輯者是一群富豪和嫌疑犯，他們在幫中國政府說服川普交出郭文貴。這份材料列舉郭文貴各項罪狀，並說國際刑警組織已對這名中國富豪發出「紅色通緝」，要以貪污罪逮捕他。永利是在幫外國政府跳過美國的司法系統，要美國總統交出批評中共政權的人。這不僅明顯違反美國法律和所有外交規範——中國透過賭場大亨傳訊，因為中國領導人知道此人很好用，他一定會在美國政府官員或專家介入之前，盡全力說服川普。在正常狀況下，這種操作不可能成功。但川普很願意配合。

川普不知道郭文貴是誰，也不在乎。北京說——透過永利——這個「強姦犯」是罪犯，應該送回中國接受懲罰，川普就信了。（郭文貴否認中國政府對他所有指控）。*

然而，班農是知道郭文貴此人的。郭文貴不僅強烈批判中共，FBI和CIA也在評估他能否提供關於中國政府、中共及其領導人的重要情報。

「等一下」，班農請求道，這時蒲博思正好走進橢圓形辦公室。班農跑到通訊聯絡主管霍普．希克斯的桌子，拿起她的電話打給博明。博明的辦公室在白宮旁邊的舊行政大樓。

「你他媽快點過來」，班農對博明說。

---

* 譯註：二〇一七年，郭文貴被其女助理在紐約控告強姦，求償一點四億美元。中國也以強姦罪對郭文貴發出通緝令。

博明跑到西廂。班農把永利那份資料拿給他看。博明說郭文貴可能已申請政治庇護，沒辦法直接把他遣返。他也指出美國和中國沒有引渡條約。他們請求川普讓他們處理此事。

終於，川普答應了，但他還是強調，最後一定要把郭文貴交給習近平政府。

「我們一定要把他趕走，他什麼人都強姦」，川普堅持。

班農找了一組FBI和其他情報單位的人馬來報告郭文貴的事。情報圈還在審查郭文貴和他提供的資訊，但他顯然是個值得來往的人。他們也害怕，如果不經司法程序就把高價值的反政府叛逃者交給北京，這會設下先例。

班農把永利關於郭文貴的資料塞進辦公室保險箱，再也不提這件事。他猜想川普會忘記北京的要求。

班農猜對了。最後，司法部長傑夫．塞森（Jeff Sessions）同意把郭文貴列入政治庇護的申請程序。「我們要確保這傢伙被法院保護，就連川普也不能把他送走，」班農對塞森說。

這件事讓白宮所有人都了解到，習近平玩的是和以前的中國領導人不同的遊戲。中國國家主席利用川普對其密友的信任，直接找上川普。習近平利用永利這種美國生意人，試圖撇開川普身邊的國安與政治顧問，因為這些人不會同意這種過分的要求。對這個總統來說，私人利益的影響力絕不亞於政府官員。

賭場大亨永利

永利否認他有把關於郭文貴的「信」交給川普，但他從未否認有代習近平向川普說項。確實，永利討好習近平的金錢利益是非常巨大的。二〇一七年，永利渡假村擁有四個賭場：兩個在拉斯維加斯，兩個在澳門，但公司主要收益來自澳門的賭場。根據《商業內幕》（*Business Insider*）報導，在二〇一七年最後一季，「永利的營收成長了百分之三十，完全是靠澳門的永利皇宮和永利澳門兩間賭場，分別成長了百分之六十五點五和百分之二十四點一」。[16]

但他在澳門半島的投資一直很不順，因為澳門是中國人貪污錢財的洗錢中心。習近平在二〇一二年上台後，大搞反腐敗以重振中央權力、限制資本外逃、關押政治對手。在這波整肅中，有超過百萬黨員被抓。賭客心生恐懼，永利的生意一落千丈。他在澳門的營收一季就掉了百分之三十五。「幾乎少了一半的VIP業務，還可能再減少」，他在二〇一五年告訴股東說。「在我四十五年的經驗中，還沒碰過這種事」。[17]

一年之後，史蒂夫．永利向中國政府示好。在二〇一六年二月與股東的電話會議中，他不再像二〇一五年那樣，抱怨中共的政策讓「計畫和調整幾乎無法按程序進行」，反而大讚中國的經濟管理「在文明史上無出其右」。他還告訴股東說，「要記得中國共產黨是中國的選賢與能」，「雖然領導人可能比前任保守一點或開明一點，但總的來說，他們都是要讓中國人和香港人與澳門人過上好生活」。[18]

永利渡假村的股價隨即大漲。[19]他的財富取決於中共的態度，他並不是特例。

川普在二〇一六年十一月勝選後，永利被任命為由二十人組成的總統就職委員會的副財務長。二〇一七年一月，他又當上共和黨全國委員會的財務長。他在一年後下台，因為《華爾街日報》揭露他有幾十件性醜聞，有多名前員工指控說自己被迫和永利發生性行為。[20]這則報導後，永利渡假村的股價掉了百分之六點五。然而，共和黨還是繼續接受永利的捐款。二〇一九年就有至少四十萬美元。[21]

一年多以後，班農離開白宮，郭文貴回報他的人情。兩人聯手對抗共同的敵人：北京現任領導人。郭文貴——許多官員相信他是和中共黨內與習近平敵對的派系聯手——用一億美元成立了法治基金會，調查習近平和他的一幫人。郭文貴後來又聘請班農來主持他的GTV傳媒集團。

首份合約是一百萬美元。[22]

郭文貴的故事有如一團迷霧。在接下來三年，他又捲入好幾件公私醜聞。他花了九百萬美元請「戰略觀點」這家私人徵信社監視幾個在美華人。郭文貴說這些人和中共高層有關連。後來他控告「戰略觀點」，「戰略觀點」又反控郭文貴才是中共的間諜，是為北京查找異議分子的雙面諜。[23]在與「戰略觀點」的官司期間，記者比爾．戈茨（Bill Gertz）承認郭文貴的夥伴給了他十萬美元。華盛頓自由燈塔網站因此解雇戈茨。戈茨在該新聞網和自己的書中寫了很多郭文貴的事。郭文貴又控告《華爾街日報》、CNN、華人富豪吳征、川普密友羅傑．史東（Roger Stone）、前川普競選顧問山姆．南伯格（Sam Nunberg）。在本書寫作期間，這些官司都在不同的訴訟階段，郭文貴正在出售他在荷蘭雪梨酒店的豪華公寓。他是否為海湖莊園的會員則不明。

外國代理人註冊法

顧問和遊說的界線是很模糊的，端看怎麼解釋。美國法律規定，任何美國公民企圖為外國政府或外國政府官員影響政府政策或公眾輿論，就算是外國代理人，就必須按照外國代理人註冊法到司法部註冊，揭露其活動。在近幾十年來，這項法律很少被執行，也不曾以重罪起訴——直到川普政府上台。

雖然在川普時代，因為未註冊外國代理人被處罰的人增加了，但卻標準不一。前川普競選總部主委保羅・馬納福特（Paul Manafort）因為幫烏克蘭的親俄前政府做事，被起訴違反外國代理人註冊法，判刑很久，但同案的歐巴馬白宮律師克萊格・克瑞格（Greg Craig）卻被無罪釋放。麥可・佛林在競選期間未經註冊幫土耳其政府做事，透過土耳其生意人洗錢，他卻從未被起訴。大多數違反規定的人都被允許去補註冊，幾乎沒有影響。

在與中國有關的案件中，外國代理人註冊法的執行也是一樣隨便和不一致。班農認為司法部應該調查永利違反外國代理人註冊法，因為他在郭文貴一事為中國政府說項。FBI不評論正在進行中的調查。在本書寫作期間，永利尚未被起訴。但司法部確實在二〇二〇年八月起訴了另一個要把郭文貴遣返的美國人。妮奇・戴維斯（Nickie Lum Davis）被控幫助和教唆違反外國代理人註冊法，她的同夥有前共和國全國委員會副主席埃利奧特・布羅迪（Elliott Broidy）；饒舌歌手、難民營樂隊成員普拉斯・米歇爾（Pras Michel）；還有馬來西亞製片人和金融家劉特佐，他也因為涉入前總理納吉盜取馬來西亞主權基金一馬公司的案子被起訴。[24]

根據起訴書，戴維斯、布羅迪和劉特佐是在二〇一七年於深圳與中共高層官員會面，商討如何把郭文貴遣返回中國。布羅迪承認收了劉特佐超過八百萬美元，但多年來都不承認有違法。在戴維斯認罪並同意合作後，司法部向布羅迪施壓。二〇二〇年十月，司法部公布一份三十一頁的犯罪資料，指出布羅迪和這個遊說案有關。[25]在本書寫作期間，他預計會認罪。與此同時，紐約聯邦檢察官也在調查郭文貴和班農GTV傳媒集團的財務。紐約聯邦檢察官在二〇二〇年八月起訴和逮捕了班農，罪名是詐欺和挪用要在德州邊境建圍牆的私募基金款項。沒有證據顯示這兩件調查有關連，但至少是非常奇怪的巧合。*

納瓦羅相信，約翰·桑頓、蘇世民、永利、季辛吉等人的穿梭外交即使沒有違反外國代理人註冊法的法條文字，也是違背了這部法案的精神。因為這些人不只影響決策過程，還影響媒體輿論。納瓦羅有一個檔案，專門追蹤財經新聞媒體的報導，尤其是《華爾街日報》和《彭博新聞》。他認為他可以證明，這些美國人從北京帶回特定訊息和貿易談判的內幕，再透露給信賴的記者。其目的是洩露對北京有利的東西，影響公眾討論。然後梅努欽等人就把這些文章拿給川普

---

* 譯註：馬納福特和班農都在川普要下台時被特赦。

看，以支持他們當時提出的建議。

「作為中國政府影響力運作的一環，這些遊走全球的富豪在阿根廷G20高峰會之前在白宮搞全場緊迫盯人」，在海湖莊園峰會一年半後，川普和習近平將在布宜諾斯艾利斯碰面之前，納瓦羅在戰略與國際研究中心（CSIS）演說時說。「這些未註冊的外國代理人——他們就是這種人，是沒有註冊的外國代理人——他們的任務就是施壓總統去簽協議」。[26]

紅頂商人桑頓

川普有很多富豪朋友在居中傳訊，但其中有一人特別重要。前高盛共同主席約翰·桑頓是美中貿易關係的幕後影武者，經常帶著一團美國大企業領袖穿梭在北京和華府之間。

桑頓細心經營著一個最可靠、最高層的與中共權貴家族的人脈網絡。中共的運作方式就像卡特爾，其貴族色彩完全不像是社會主義組織，更別說是共產主義。他在川普時代的門路和影響力來自他與中國國家副主席王岐山的私交。桑頓在一九九〇年代就認識當時是中國建設銀行官員、也是桑頓在高盛客戶的王岐山*。王岐山的任務是建立中國政府和美國金融機構的關係。他在二〇一二年進入政治局常委會。二〇一八年，他成為中華人民共和國的國家副主席。

桑頓主張華府和北京應該以經濟整合和相互投資來達成水乳交融。他是主權基金中國投資公司的顧問委員。[27]他也是絲路金融公司董事長，這家公司成立是為中國的「一帶一路」提供資金。他還是清華大學自中華人民共和國成立以來第一位全職西方人教授，在最高層對美中政商關係運籌帷幄。他在布魯金斯研究所捐助成立約翰・桑頓中國中心，和該中心主任、美籍華裔學者李成是好友。習近平的姪子習明正在喬治城大學唸書時也在這裡實習過。桑頓在巴里克黃金公司的董事長職務也是一張讓他能悠遊在紐約、華府和北京權力殿堂的履歷。

作為回報，桑頓經常把中國領導人和他們的意圖講得很美好。二〇〇八年，他在《外交事務》撰文，預測中共會走向民主道路（根據他與中國高層領導人的談話）。[28]二〇一三年，他又預測中共領導人會專注加強法治，以回應老百姓對更多權利的要求。[29]結果正好相反——但這都沒有動搖桑頓對中國領導人的信心。

諷刺的是，桑頓能打入川普政府是透過公開說要打倒中共的班農。桑頓代表了班農所要打倒

---

* 譯註：王岐山在一九九四至九六年間任中國建設銀行行長、黨組書記。

的一切：美國菁英和中共勾結換取企業利益，把美國工人棄之不顧。但正是班農把桑頓帶進川普大樓和白宮，讓他得以建立川普和中共最高領導人的秘密管道。班農本來想拉桑頓加入他，但桑頓卻去幫忙班農要打倒的那些傾向交往的人士。

班農在一九八〇年代曾在高盛為桑頓工作。他們不常來往，但川普勝選後，班農電郵桑頓請他來川普大樓。「我需要你協助中國問題，因為中國就是全部」，班農告訴桑頓說。桑頓回答說，「史提夫，我等這個位置的人說這番話已經等了三十年了」。班農問桑頓他要政府裡的哪個職務，桑頓說他在外頭以私人身分行事，對班農——還有對川普——比較有價值。

桑頓在就職之前和班農與庫許納見了幾次面。十二月時，他們帶他到川普大樓的辦公室面見川普。

這場二〇一六年末的會面可能對川普如何看待習近平產生重大影響。「為了兩個國家和全世界的利益，而想重寫美中關係的總統，這樣的總統是很偉大的」，桑頓告訴總統當選人說。「附帶一提，總統先生，如果你不做的話，相信我，下一任總統也會做，因為這件事太明白了」。桑頓告訴川普說，隨著時間過去，美國和中國應該成為「戰略夥伴」。他說川普需要和習近平有堅強的信賴關係。他告訴川普說，他認識習近平二十五年了，習近平是川普會處得來的好人。

最關鍵的是，桑頓建議川普要邀請習近平來海湖莊園，在高峰會時只要專心搞好兩人的私交。川普轉頭向班農說，「我喜歡這個點子，就這麼做吧」。

桑頓接下來跑到北京，在一月份見了習近平和王岐山。他把同一番話告訴中國領導人，告訴他們川普想和習近平發展緊密的私交，以引導美中關係走向戰略夥伴的目標。

桑頓自認為他已得到川普授權，用這個概念來指導管理雙邊關係。但真是如此嗎？是，也不是。川普經常在開會時同意了，事後卻不認帳。川普的確花時間建立他和習近平的「友誼」，這也造成很多後果。但川普真的對桑頓的「戰略夥伴」概念買單嗎？不見得。

桑頓的介入有時會碰壁。在海湖莊園高峰會前幾天，桑頓到白宮面見川普，然後飛到北京，和中國領導人商量能展現美中合作精神的聯合聲明的文字。桑頓把他們提出的聯合聲明文字傳給班農和庫許納，希望川普認可。但當國務院和國安會負責官員看到時，他們拒絕讓中方的文字變成聯合聲明。由於雙方期待差距太大，聯合聲明失敗了，最後也沒有發出。北京想利用桑頓撇開美國政府其他官員，但這次沒有成功。

無論如何，桑頓還是在川普和庫許納，以及習近平和王岐山之間，開了一條直接的秘密渠道。班農在二〇一七年八月被免職後，桑頓和庫許納還是密切聯絡。庫許納有時會把美國貿易代表賴海哲傳來的訊息交給桑頓傳給中國領導人。官方的渠道要經過太多人，很難不洩密。在接下來幾年，雙方都會叫桑頓用他的渠道來傳訊或解決問題。班農離開白宮後，桑頓在二〇一七年九月安排他和王岐山在北京見面。三個人相談甚歡。

大限將至

海湖莊園高峰會後的幾個月中，川普的富豪哥兒們四處活動，但貿易談判還是沒有進展。七月份的百日談判期限快到了，還沒有看到任何有意義的解決方案。

羅斯和梅努欽失敗了。川普相信除非他先動手讓北京在經濟上覺得痛——而不只是威脅要讓人痛——北京絕不會真正讓步。

諷刺的是，如果當時中國領導人有給羅斯和梅努欽較具體一點的東西，川普可能就會接受，自稱勝利。北京似乎並不知道，他們本來有機會讓鷹派消風。不然他們是不會錯失良機的。

「中國在百日期限內沒有給我們任何東西。他們承諾了很多，但根本不會給」，一名白宮高層官員說。「他們太傲慢了，根本連做都不做」。

第四章

走向戰爭——緩慢鞏固陣線

二〇一七年夏末，海湖莊園的愉快回憶已經褪去。貿易協議還看不到影子，這表示川普團隊面臨另一個交叉路口。他們要按照準備好的法律和政策方向往前走，升高貿易衝突，真正給北京壓力嗎？還是再拖延下去，換取更多的談判和承諾？

貿易戰是史蒂芬．梅努欽和蓋瑞．柯恩極力想避免的——但準備打貿易戰不代表真的要發動貿易戰。有些官員想避免正面衝突，希望用備戰來讓北京更嚴肅看待川普的要求。而鷹派則把握時間，迎接川普醒悟到他又被耍了的那一天，為實施關稅備好紮實的論據。他們在賭那一天遲早會到來。

當為期百日的貿易對話以失敗告終，川普在橢圓形辦公室召集高層團隊，宣布他要採取更強硬的手段。總統已經不相信有理由再延遲施加關稅了。

政府對北京升高壓力的最重要一步——這一步將開啟一系列關稅和懲罰措施——乃是對北京的經濟侵略啟動貿易法第三〇一條調查。這是川普在二〇一六年六月賓州莫內森的競選演說中談到的法律武器之一。依據該項法律，如果三〇一調查證明總統應該動用懲罰手段（例如關稅）來保護美國經濟，他可以獨自採取行動——不用經過國會，不必談判，沒有問題。

因為川普在競選期間說過這些話，華府的知識分子們都很害怕，好像美國政府從來沒這麼做過。但動用關稅對付中國並非沒有先例。例如，歐巴馬就曾在二〇一六年夏天對中國的軋鋼施以百分之四百五十的反傾銷稅，和關稅沒什麼不同。他也在二〇一六年十二月對中國的鋁施以百分之一百五十的反傾銷稅，這實際上就是關稅。

柯恩、梅努欽以及四星海陸上將約翰・凱利（他已接替蒲博思當白宮幕僚長）等川普近身人士，拚命阻止關稅成真。梅努欽和柯恩想用關稅威脅為籌碼，逼中國簽個協議。但鷹派警告，威脅只能逼北京讓步到足以避免關稅為止。老布希政府第一任時，曾用三〇一調查逼北京談判竊取智慧財產權的問題，結果簽了一個理解備忘錄，但北京從未執行，華府也沒有強迫要落實。那時是一九九一年。到了二〇一七年，美國還在處理同樣的問題。

關稅若要有效果，鷹派相信，美國就得先對中國動手。他們認為在完成三〇一調查並施加關稅之前，任何談判都是沒有用的。到時候，談判就是要談中國要怎麼做才能把負擔拿掉。關稅讓雙方在經濟上都會痛，但中國會更痛，這會讓北京有時間壓力，因為拖得越久，中國的痛越大。若沒有真正的壓力，時間只會站在北京這一邊。

啟動三〇一調查

三〇一調查要在八月十八日宣布啟動，但內部派系鬥爭依舊，不同的官員有不同的優先事項。班農策劃了一場大秀，凱利卻把它取消了，害怕惹惱北京。班農邀來一群企業CEO，要開記者會慶祝啟動調查。這些人的公司都是中國經濟惡行的受害者。這場秀的明星級人物是甲骨文執行長薩伏拉．凱芝（Safra Catz）。班農曾力推她出任好幾個職位，包括國家情報總監和國家安全顧問。

凱芝和其他CEO都到了華府，但記者會前幾小時，凱利打電話到班農辦公室，說要和詹姆士．馬提斯與雷克斯．提勒森開個會。兩位內閣級部長都反對宣布三〇一調查，因為聯合國安理會正在辯論譴責北韓最近發射彈道飛彈的決議文，美國需要北京支持。

班農被激怒了。他說，這又是一個例子：對中國的惡行退縮，以交換北京本來就應該支持的東西。班農主張這應該由川普本人來決定，他要求面見總統。其他人離開房間，只剩下班農和凱利。

「這個決定已超出你的職權」，班農對凱利說。「我不是為你工作。這是錯誤的。他會簽的。

這件事一定會發生。火車已經開動了。我們要一起往下走」。

凱利對班農說，不允許他去見總統。凱利的工作是掌控程序。他沒有理由不站在國務卿與國防部長那邊，畢竟大家都知道這位「首席戰略家」很快就要走人。川普這時已對班農厭煩，主要是因為班農和庫許納公開衝突，川普認為是班農的錯。

「我已經決定了」，凱利說。記者會被叫停。CEO們打道回府。但川普在兩週後依然簽署了三〇一調查，只是沒有啦啦隊在旁。凱利、提勒森和馬提斯拖延了貿易戰，但沒有拖多久。

納瓦羅和班農心知肚明三〇一調查會有什麼結果，他們希望調查能儘快完成。但羅伯・賴海哲是專業人士——他是律師——堅持要把事情做對。他要向總統和國人提出完整詳實的報告，為關稅和其他措施提供無懈可擊的論據。

於是賴海哲和博明的團隊聯手解密文件，搜集政府各單位所有情資，展示中國不公平貿易手段的範圍和規模。調查預計進行六個月，這表示至少要等來年春天才能施加關稅。

美國秩序的守衛者

白宮內部對貿易的辯論不限於實際談判的範圍。這其實是在辯論美國要對全世界第二大國採取何種態度。華爾街幫認為，貿易戰會掐死市場、傷害經濟、毀掉川普連任的機會。強硬派則警告說，這是川普阻止中國侵略的最後機會，浪費此一良機就只能走入歷史垃圾堆。個中利害無比巨大。

每個禮拜二早上，白宮的羅斯福廳都會上演關於貿易議題的激烈爭辯。這裡是白宮西廂橢圓形辦公室走廊對面的小會議室。在這裡，梅努欽、威爾伯．羅斯、納瓦羅、班農（在他離去之前）等高層經常會互相吼叫和辱罵。這其中當然有個人恩怨，但其核心是對美國貿易政策和美中關係未來的嚴肅辯論。「這些會議攸關我們政策的靈魂」，一名固定出席者說，「也攸關我們能否兌現承諾，不讓中國繼續對我們搞經濟侵略」。

中國不是唯一被討論的貿易議題。川普還想重談北美自由貿易協定，威脅要對許多歐洲和亞洲盟國發動貿易戰。每個議題在團隊內部都有爭議和分歧。但辯論中國問題的方式是最粗魯的，因為利害關係最大。其他內閣成員有時也會出席會議。提勒森、馬提斯和麥馬斯特等人就是在這個平台開始涉入對中貿易戰。

提勒森從不自詡為中國專家。「中國又沒有石油」，他喜歡說。馬提斯的軍旅生涯是在中東和阿富汗，沒有真正的亞洲經驗可言。麥馬斯特也是。這位陸軍將領沒有直接涉入貿易談判，但經常出席這個會議。他們都是把中國看成威脅的國安專家，但他們出身的體制信仰自由貿易勝過保護主義、穩定與北京的關係穩勝過破壞關係。

對這三個人來說，中國對美國國家安全的威脅越來越大是很明顯的事實。他們也同意中國正肆意駭走資訊，大口侵吞南中國海。但他們不懂得可以用國家安全為由，用經濟工具來反制這些行為。為了保護美國的鋼鐵業和鋁業，竟然要動用國家安全的法律來施加關稅，對兩位職業軍官和來自威奇托福爾斯的石油業主管來說，這種想法實在太遙遠了。

當然，這正是川普的競選承諾。但提勒森、馬提斯和麥馬斯特自視為秩序的保護者，要保護川普並不在乎、甚至要破壞的秩序。他們的預設立場也是華府人士的共識。當時的傳統智慧就是，關稅會掐死經濟和市場。班農和納瓦羅算是怪咖，是班上被討厭的小孩。這兩人很容易打發，除了川普似乎在這個議題上同意他們的看法。這些會議變成雙方互嗆的平台。

「彼得，你真的不懂全球貿易的供應鍊是如何運作的」，提勒森有一次用濃厚的南方口音對納瓦羅說。

「國務卿先生，它運作的方式就是把工作機會都從這個國家吸走，所以我想我非常懂」，納瓦羅回嗆。

「經濟安全就是國家安全」，這是華府國安圈的標準說法。但大多數華府官員對這句話的理解，是要有強大的國內經濟才能支持強大的對外政策。但對納瓦羅、班農和史蒂芬·米勒來說，經濟安全完全是另一個意思——要保護對國家安全關鍵的國內產業，去除對中國製產品的依賴，因為一旦情況惡化，中國會利用這些產品來對付我們。中國的「二〇二五中國製造計畫」、推動「自主創新」等等，也正是在追求這個目標，

白宮主秘羅伯·波特是會議主持人，力圖做一個公正的觀眾。但鷹派一直認為他是梅努欽—柯恩那邊的人。凱利和波特試圖控制能上呈給總統的資訊和文件。這表示納瓦羅和班農都無法上達天聽，他們對官僚程序沒有耐性，和波特不斷起衝突。鮑布·伍德華有一則出名的報導：波特和柯恩曾經偷走總統桌上要把美韓自由貿易協議作廢的文件，希望川普會忘記這件事——或至少拖延川普簽署的速度。[1]

其他官員告訴我，這種事天天都在發生。堅持程序就等於操控了資訊。凱利與波特控制了流

程，這表示他們也控制了哪些資訊是適合給川普看到的。

預期中的失敗

強硬派從來不相信中國會改變其產業政策，不管壓力有多大，談判了多少次。但透過關稅和施壓，至少能讓中國感受到行為的代價。而如果關稅導致美國和其他國家的公司離開中國，最終對我們也是好事。「我們必須假設他們不會改變」，在川普政府國務院任職副助理國務卿的強硬派大衛．費斯（David Feith）後來說。「他們是列寧主義政黨。他們會在意識形態上對我們歇斯底里。他們會敵視我們。而我們要讓自己和社會抵擋得住他們的惡行，也要幫助其他國家這麼做」。

當然，這不是貿易對話的前提，至少不能公開說出來。貿易對話的公開目標是說服或迫使中國根本改變其產業戰略，修改中國法律以符合西方的管制標準，停止其在各層面的經濟惡行，放棄其擴大創新與科技發展的二〇二五中國製造戰略。

這是川普、賴海哲、梅努欽甚至納瓦羅公開陳述的目標。強硬派阻止不了，因為川普很想拿到協議。但他們可以將之運用在與中國相關的其他政策目標。三〇一調查著重在科技產業並非偶然。把與中國的對話鎖定在科技產業，等於是把貿易協議的標準拉高，讓北京無法達到。這是刻意的嗎？有些人說是的。無論如何，議題就這樣設定了，不能只談黃豆。

博明的兩份機密文件

博明與其他國安會幕僚涉入三〇一調查很深。他也利用這個過程搜集和解密了一系列文件，用在他另一個計畫上：制定對抗中國的秘密戰略。

博明在二〇一七年夏天和秋天草擬了兩份機密的對內戰略文件，希望能成為政府進一步行動的基礎。一份是關於如何對抗中國經濟侵略的戰略，其中引用了許多三〇一調查的資料。這份經濟戰略呼籲要處理美中關係中更加廣泛、當時還無人公開談到的議題。它談到要反制中國從美國大學和研究機構竊取科技，反制中國的海盜式購併、出口管制、半導體產業與電信產業。

博明還主導撰寫一份名為「印太戰略框架」的秘密戰略，比較著重在區域形勢。博明擴大了美國應該加強和前線國家——地理上鄰近中國，最容易受中國崛起影響的國家——交往的概念。

他分析，這些地方將是新的大戰略競逐的第一階段，所以美國應該將注意力和資源放到這些地方。

這兩份戰略文件都汲取了「比爾文件」的元素，放入一個更詳細而機密的計畫，重新指引美國對中國和亞太其他地區的策略。這些文件要為整個政府的國安和亞洲官員提供方向和架構，明確允許他們加強對抗中國各種惡行，並圍繞著這個任務把政府各部門統整起來。結果比博明原來想像的要好——但還要好幾年才顯現出來。

二〇一七年十月，麥馬斯特把博明的機密對中經濟戰略上呈給川普，川普簽署了。二〇一八年一月，總統公布了「印太戰略」。強硬派以十年來最具指標性的方式——白紙黑字的文件——成功改變了美國官方對中政策。想對中國強硬的政府官員現在都有了明確的指導，各部門都開始主動作為。

這些主動作為在接下來三年間的不同時點進入公共視野，通常是當貿易談判的風向不好時。而在體制內部，各個單位開始認真處理這些議題。如果你在任何政府單位中負責中國事務，希望上級能罩你去做一直想做卻不能做的事，這就是你大顯身手的時機。遊戲開始了。但當貿易談判還占據舞台中央時，這些都必須在幕後進行。

每當貿易對話不順利，川普就會把閥門打開一點，讓反制中國惡行的主動作為躍上檯面。而當貿易對話進行得不錯，尤其是快有突破之時，川普就會停掉反制中國的措施，有時還會蓄意破壞或往後退步。習近平比誰都了解這個動態，他也會在關鍵時刻讓川普和鷹派反目。

澳洲教美國的一課

博明的機密戰略文件成為川普政府第一年所產出的幾份非機密政策文件的基礎，包括「印太戰略政策檢討」，以及博明和薛德麗（Nadia Schadlow）合作撰寫的「國家安全戰略」關於中國的部分。薛德麗是學者和歷史學家，在麥馬斯特接替佛林當國家安全顧問時當他的副手。

「國家安全戰略」把中國和俄國視為「修正主義國家」，要把世界朝向與美國價值與利益相反的方向改造。如此一來，「國家安全戰略」等於是宣布要扭轉美國自九一一以來專注於恐怖主義和中東的國家安全政策。政府更斬釘截鐵的宣布，中國和俄國是美國的敵人，兩國聯手要削弱美國的領導權，改造世界秩序以符合其威權、不自由的政府體制。

「比爾文件」的幾個主題都被寫入美國官方對外政策。博明要大家注意中國的影響力運作、海盜式的產業政策、濫用新科技為鎮壓和控制的工具。現在，他有了他想要的平台。「中國想在印太地區取代美國，擴展其國有經濟模式，朝對自己有利的方向重塑區域秩序」，「國家安全戰略」說。「幾十年來，美國政策的根本信念是，支持中國崛起並參與戰後國際秩序將導致中國走向自由化。但與我們的希望相反，中國正犧牲其他國家的主權以擴張力量」。

這不只是紙上作業而已。博明及其團隊也利用為川普政府撰寫亞洲政策的過程，在政府各部門普及其理念。

博明請來專研中國影響力運作的澳洲專家約翰·加諾（John Garnaut）與美國官員會談，教育他們澳洲如何處理中國共產黨對澳洲政治、學校、經濟和媒體的干預。有一群澳洲記者和學者，多年來努力揭露中國代理人滲透澳洲社會的腐敗、秘密行徑，加諾就是其中之一。中共當年就是用這些手法和「朋友」的人脈網絡，在內戰中奪取中國。中共現在又把毛澤東所稱的「法寶」用在全世界。* 這在澳洲尤其明顯，中共代理人和澳洲政治人物走得非常近，試圖改變澳洲在南中國海等議題上的政策。

* 譯註：毛澤東曾說統戰工作是中國革命成功的三大法寶之一。

由於加諾等人的努力，澳洲已經很了解中共無所不在、經費充裕的統戰工作──中國領導人到現在還是用毛澤東的術語來形容這項工作，也就是動員黨的朋友來打擊黨的對手。加諾是在當澳洲政府對外政策顧問以及前總理麥肯・滕博爾（Malcolm Turnbull）的演說撰稿人時，開始研究中國的干預行為和統戰工作。記者尼克・麥肯錫（Nick McKenzie）和學者克萊夫・漢密爾頓（Clive Hamilton）的工作是喚醒公眾、製造政治壓力，加諾則是在澳洲政府內部對外國干涉進行機密研究，最終促成「反外國干預法」的立法。*

博明現在要讓美國也經歷一次覺醒。在整個二〇一七年，他和加諾以政府對政府的形式互通文件──用這些文件來警醒川普的政策。「這是要向美國官員介紹統戰的概念，什麼是統戰，這東西到底是啥玩意？」，博明後來談到他和加諾的合作時說。「這是美國人從來沒想過的東西」。

中共中央統戰部

外國政府在美國的影響力運作是很難討論的議題，因為它的目的就是讓人很難討論。它處於公開的軟實力、宣傳和間諜活動之間的灰色地帶。它有公開活動的部分，也有掩藏在背後的企圖。它以不現身、不必發言的方式影響國內政治人物和菁英對外交政策的討論。這就是它利害和危險之處。

俄國干預二〇一六年美國總選舉一事，讓美國人大致了解到莫斯科影響力運作的方式——用推特網軍和臉書假帳號在網路上散布由國家製造的宣傳內容。莫斯科的主要目標是盡可能在我們的政治討論中製造混亂，對民主過程搞分化和煽動，破壞我們體制的完善。在二〇一六年，支持川普、攻擊希拉蕊是俄國達到這些目的的最好方式。但事實是，莫斯科多次在不同的時機玩弄兩邊，只是為了取樂。

中國政府在美國的影響力運作則是完全不同的東西。這是一個長期的工作，靠的是長時間發展與菁英和利益團體的關係。這是沉默而緩慢的運作，埋下千百個日後會開花的種子。它的規模非常大，有龐大的代理人網路把數十億美元流入世界各國的政治體制中。它也具有高度統合性，由一個從毛澤東時代就有的黨的部門來領導：中共中央統戰部。

中共中央統戰部負責掐熄批評聲浪、在國內外促進黨的利益的工作。毛澤東在一九三九年寫

---

* 譯註：二〇一八年六月二十八日，澳洲國會通過「反外國干預法」。

道：「十八年的經驗告訴我們，統一戰線和武裝鬥爭，是戰勝敵人的兩個基本武器」。[2] 在二〇一五年中央統戰工作會議上，習近平也引用毛澤東的比喻說：「統一戰線……是鞏固黨的執政地位的重要法寶……是實現中華民族偉大復興中國夢的重要法寶」。[3]

統戰部這個「法寶」只是推展中國國際影響力的一部分。實際上，中共黨內和中國政府有許多機構都在從事「統戰工作」，CIA在一九五〇年代對其下的定義是「一種控制、動員和利用非共黨群眾的技巧」。[4] 對黨來說，光是鎮壓自己人民的異議分子是不夠的。凡是屬於黨外的輿論都要盡可能去影響，不管是在哪一個國家。

統戰工作會在中國境外進行，這表示中國領導人所謂不干預其他國家內政都是騙人的。中國的統戰系統在全球幾十個國家都有勢力運作。和中國比較鄰近的國家如澳洲，幾十年來都在偵察和反制中共的統戰。

澳洲研究者比美國同儕先開始挖掘統戰如何運作，以及它為何危險。「統戰系統把手伸出中華人民共和國的國境——外國政黨、華僑團體、跨國公司——是中共政治體系的延伸」，澳洲研究者容安瀾（Alex Joske）在澳洲戰略政策研究所關於統戰工作的報告中寫道。「這會破壞凝聚、激化種族緊張、影響政治、傷害媒體的公正性、幫助間諜活動、加強未受監管的科技移轉」。[5]

容安瀾表示，統戰團體也涉入科學研究、在外國大學開設孔子學院，統戰部還負責統合中共在新疆的政策——新疆是中國西北部一省，中共在這裡惡意鎮壓各個少數民族，讓國際社會感到震驚。這些統戰團體的工作對象是非中共黨員，不管是中國公民、海外華人，還是你我。

中共透過龐大的「民間」團體網絡，在美國大學、美國媒體、華爾街、華府智庫進行統戰工作。這些團體都有中國政府背後出資，卻假裝是草根組織。這就是為什麼ＣＩＡ局長克里斯多福．瑞伊（Christopher Wray）二〇一八年在參議院情報委員會說：「我們必須試著把中國的威脅不只看成是整個政府的威脅，還要看成是整個社會的威脅。我認為我們也要用整個社會來加以回應」。

一邊造飛機一邊飛

藉由草擬美國如何對抗中國的新政策文件，博明逼著官僚體系各部門去反思自己長期以來對中國和雙邊關係的假設。每一份機密文件的開頭都有一節去檢討這些舊的假設，如果必要就換成新的假設。美國的目標是吸引中國去模仿美國的政治制度嗎？博明相信這顯然不是中國會走的方向，美國領導人要承認這個事實來做決策。「官僚系統許多部門的思維都僵化了，不只是國務院」，他說。「我們試著打破美國人這種自戀、自我中心的想法，自以為每個人都想變成我們，而我們也有力量讓他們變成我們」。

有些記者會告訴你，在川普政府中，官方文章和戰略文件不具任何意義。川普根本不會看。大的決策都是在政治層級決定的，「戰略」只是蛋頭學者在裝忙而已。但這種說法沒看到重點。在華府和全國各地，每天都有基層官員在為中國政策爭辯，但從未上達白宮，也沒有上過新聞。在這些國安體系鮮為人知之處，有許多整個職業生涯都鬱鬱不得志的對中強硬派。藉由重寫官方政策文件，並讓川普簽署，博明是在給這些官員授權，給他們彈藥去打仗。

博明試圖把高層政治和中層政策連結起來。和所有人一樣，他知道川普政府會重設美中關係的方向。但他不知道會往什麼方向。沒有人知道。他後來對我說，「我們是一邊造飛機，一邊飛」。

這架飛機的成敗仰賴一件事，但這件事博明等人沒辦法說服川普：更積極的對外政策需要聰明的外交、慷慨對外援助及苦心建立同盟。

川普對盟國和敵國一起亂打。他拒斥多邊主義，把很大的空間讓給了北京。博明對這種態度提出警告，但那位最重要的人物幾乎充耳不聞。

納瓦羅出奇兵

白宮內部此時積蓄的能量，導致納瓦羅和柯恩在川普面前大吵一架。

在一次週二的貿易會議後，團隊到橢圓形辦公室向總統簡報。納瓦羅帶著一張很大的彩色圖表，列出他認為要對中國和全球貿易做的事情。這張圖描繪了中國的「七大結構性死罪」，包括網路駭客、竊取智慧財產、強逼科技移轉、政府補貼、傾銷、芬太尼外銷*、匯率操縱。納瓦羅知道川普喜歡花花綠綠的圖表。這張圖描繪出整個貿易戰及納瓦羅的作戰計畫，包括用關稅等手段來使經濟脫鉤，還有新的產業政策，都以易懂的圖表顯示。

在展示給川普之前，納瓦羅沒有提過這張圖，也沒有照程序先送波特批准。柯恩氣炸了，對

---

* 譯註：芬太尼（fentanyl）屬合法的強效類鴉片止痛劑，其效力比嗎啡高出五十到一百倍。由於芬太尼在中國未列管，美國消費者大量從中國網購。有專家指出，在二十一世紀中國對美國的「鴉片戰爭」中，芬太尼充當著「化學武器」的角色。

納瓦羅吼道他給總統很糟糕的建議、他老是這麼幹、他怎敢這樣跳過大家，等等。「柯恩和梅努欽沒看過這張圖」，班農後來回憶道。「他們很不爽，這張圖沒有被批准過。說實話，他們的確有道理」。

他們不爽不只是因為不符合程序。川普喜歡這張圖，也喜歡納瓦羅對於如何打貿易戰的建議。

「就這麼幹吧」，總統說。在三〇一調查完成之前，川普就決定要出手懲罰了——至少在那個當下。

官員們回到羅斯福廳繼續爭吵。納瓦羅像個在酒吧裡挑釁的老頭，對柯恩和梅努欽說既然總統已經說出真心話了（或者是納瓦羅所認為的真心話），沒有人能阻止他實行貿易戰的計畫。「你們這些傢伙被停工了」，他對他們說。

「這是第一次，彼得有機會在橢圓形辦公室對川普講了二十分鐘」，一名會議出席者說。「他講的的確是接下來幾年逐步發生的事」。

另一位川普政府內部人士則用比較哲學的方式回憶起當時。「二〇一七年是兩國註定要打經濟戰的一年」，一位白宮高層官員說。「但最大的戰爭是在我們體制內部」。

缺席的亞洲大使

在川普政府第一年，與亞洲相關的重要外交、專業職位都沒有派任，許多使領館和單位都缺人，沒人在處理中國的挑戰、管理與該區域盟國的關係。這除了明顯的疏忽和運作失調，以及某些白宮官員根本看不起官僚系統之外，沒有其他原因可以解釋。

納瓦羅和班農本來想推外交關係協會的學者阿什利・泰利斯當美國駐印大使，但被退票，因為在總統人事處負責找瑕疵的人發現他曾經撰文批評川普。負責人事任用的比爾・海格提（Bill Hagerty）提名自己去當駐日大使，因為他一九八〇年代在日本當過律師。K・T・麥克法蘭兩度被提名當駐新加坡大使，她第一次提名因為參議院沒有審議而過期。她最後知趣地放棄。

在川普勝選之前，中國政府就很怕鷹派的哈利・哈里斯上將——納瓦羅和班農想讓他去駐澳洲——會成為負責中國事務的美國高層官員，甚至對他抹黑，說他反華是因為有日本「血統」（他的母親是日本人）。[6]北京的確有理由擔心由這位前太平洋司令負責美國和此地區最重要盟國的關係。哈里斯在中國圈子出名，是因為他在歐巴馬政府時代曾說，中國在南中國海蓋的人工島礁和其他設施是「沙土長城」。他在國會中受到兩黨高度支持。

北京對華府的官僚亂象一定很樂見。哈里斯還要再一年後才被正式提名為駐澳大使，此時班農早就離開。但龐培歐接任提勒森之後，哈里斯又和坎培拉失之交臂。龐培歐重視和北韓的核子外交，需要派特使到尚處空缺的駐韓大使館。於是龐培歐撤回哈里斯駐澳洲的提名，改派他去首爾。澳洲人覺得被羞辱了，的確也是如此。他們在川普勝選後，整整兩年都沒有常駐美國大使。和北京較勁需要盟國協助，這是川普惡待盟國的又一例子。

駐南韓大使也空缺很久。白宮本來要提名備受尊重的前國安會資深亞洲主任車維德（Victor Cha），卻在幾個月的人事審查後，在最後關頭撤銷。白宮本來已告知首爾的青瓦台要提名車維德，青瓦台也同意了。但這項提名遲未定案，最終又毫無理由的取消。當時的媒體都報導說，車維德被捨棄是因為他反對把北韓「揍出鼻血」（bloody nose）的戰略。[7]所謂「揍出鼻血」，是有媒體爆料說白宮正在考慮施以有限打擊，讓金正恩知道誰才是老大。這是瘋狂危險的想法，從未真正被考慮過，但車維德本人似乎認為這就是他丟掉位子的原因。[8]但他從未聽到真正的解釋。當時的白宮官員告訴我，車維德的安全調查顯示，他的岳父在南韓有生意關係，所以有疑慮。但沒有人提出過證據。也許以挑剔多疑聞名的白宮人事處是看到他曾在小布希政府工作，就從原則上封殺他的提名。這是川普宮廷眾多陰謀故事中的一個，當事人都不知道是怎麼回事。

國務院的東亞太平洋事務助理國務卿也空缺超過兩年，部分原因是提勒森堅持要提名專業外交官董雲裳（Susan Thornton）。但對班農來說，董雲裳是錯誤中國政策的典型代表，是愛去中國、執意維持現狀的人。

進入川普政府不到八個月，班農就和他拚命幫忙選上的總統疏遠了。他在媒體上自吹自擂惹惱了川普，他公開批評庫許納，逼得總統得在幕僚和女婿之間二擇一。班農被炒魷魚之前的最後動作之一，就是公開批評董雲裳。

班農叫來自由派《美國展望》（*The American Prospect*）的記者，嘲笑川普想和金正恩進行外交談判。在這篇訪問中，班農還誓言絕不會讓董雲裳在國務院主管亞洲事務。[9]班農喜歡打給記者，透露和中國經濟戰的消息。我自己也接過他的電話。對班農來說，這是最後一根稻草。但他堅稱他本來就打算辭職。

班農在二〇一七年八月離開後，提勒森親自力保董雲裳，白宮在十二月提名了她。班農繼續指揮Breitbart新聞網對董雲裳和其他官僚開戰。但董雲棠最後還是被參議員盧比歐（共和黨籍，佛羅里達）封殺。盧比歐先是在幕後運作，讓他的幕僚先拖延提名。等到提勒森二〇一八年三月被炒魷魚，盧比歐才正式宣布他反對董雲裳。[10]龐培歐不想為董雲裳出頭，於是她在夏天辭職，從外交部門退休。

麥馬斯特下台

與此同時，派系內鬥無日休止。從二〇一七年秋天起，親川普勢力開始抹黑博明的老闆麥馬斯特。許多不具名的文章說，麥馬斯特不夠挺以色列，不夠挺川普，甚至指控他有酗酒的問題。他的敵人散布謠言說，他和一名白宮高層幕僚有婚外情。但酗酒和婚外情都沒有證據，認識他們的人都說絕不可能。但謠言傳到川普耳朵，川普信了。

「有聽說麥馬斯特和誰上床嗎？」，川普在一次橢圓形辦公室滿是幕僚的會議中問道，他沒有特定問哪個人。「他會讓我們大家陷入麻煩，如果他管不好自己的小弟弟」。

沒辦法確定這些抹黑來自何方，但麥馬斯特知道敵人是誰。他先是得罪了班農，在接任佛林時把班農排擠出國安會。後來又開除了班農的盟友以斯拉・科恩—瓦特尼克（Ezra Cohen-Watnick）。此人是國安會資深情報主任，在通俄門調查中涉案。科恩—瓦特尼克在八月離開白宮，對麥馬斯特的抹黑就出現了。他轉到甲骨文上班，為執行長凱芝工作。凱芝是億萬富豪及共和黨大金主，曾出現在川普的權力交接團隊。

十一月，BuzzFeed報導說，麥馬斯特在七月份和凱芝共進晚餐時，罵川普是「傻瓜」和「蠢材」，還大大污辱了庫許納。[11]但那次晚餐是庫許納安排的，是為了讓麥馬斯特認識凱芝。麥馬斯特沒理由在凱芝面前講庫許納是非，因為他知道他們是好友。那次晚餐據說是麥馬斯特和白宮高層幕僚緋聞的起源（她也有出席），八卦說他們一走出白宮就狀似親密。同樣的，這種說法也沒有事實根據。

凱芝對這次晚餐的事全盤否認。但無止境的謠言和爆料終於發生作用，讓川普與麥馬斯特反目。他在二〇一八年四月辭職。他曾被承諾授予四星將領和陸軍要職，但情勢轉變超乎他的想像。科恩—瓦特尼克後來又回到川普政府，在川普政府最後兩個月當上國防情報部長。

第五章

川普家族在亞洲

當貿易調查還在進行，美國國安官員悄悄準備相應的計劃和戰略時，川普已準備要繼海湖莊園高峰會之後，再一次和習近平互動。這一次是在習近平的地盤。

二〇一七年十一月，川普首次展開為期十三天的亞洲行，北京是最重要的一站。在夏威夷、日本和南韓短暫停留後，川普到了北京。習近平給了川普想要的所有排場，兩位領導人的互動大致友善。對於貿易和北韓問題，雙方只照本宣科的聲明說將努力尋求解決，沒有任何具體細節。在整個訪問中，川普努力維持正面的氣氛，和習近平套近乎。「我對你的感覺非常溫暖」，川普在十一月九日的北京記者會上對習近平說。這場記者會不接受記者提問。「我們有很好的化學作用。我認為我們可以一起做大事，中國和美國。」

在出訪之前，有正式的跨部門流程來訂定這次訪問的目標和川普該如何與習近平互動。結果是決定政府要採取堅定立場，避免做任何具體的貿易妥協，也不能同意北京的「大國關係」或「大交易」*的概念。川普大致上遵循了這些建議，但他照樣三不五時洩露訊息。在雙邊會談時，他指著每一個幕僚，叫他們說說自己在美國政府中負責的議題，這讓中國人很意外。

麥馬斯特講了關於南中國海的問題。賴海哲講了關於貿易和竊取智慧財產權的問題，提勒森講了北韓問題，如此等等。海湖莊園峰會沒有達成聯合聲明，雙方決定這次要發一個大致友善的共同聲明。聲明中用對川普來說還算溫和的語氣提到了貿易問題。雖然整份聲明是協商好的，但兩位領導人各自講一半內容。川普那一半沒有提到人權，也沒有提到中國在新疆對維吾爾人的鎮壓。[1]

約翰．波頓在他的書中說，博明說川普在這次出訪時說他認同新疆再教育營（這次出訪時，波頓還沒有進入政府）。這是事實——川普沒有對中國官員說，只有對自己的幕僚說——他們聽到後都非常震驚。

商務部長威爾伯．羅斯帶了一群美國CEO代表團。白宮說這次訪問為美國企業達成了兩千五百億美元的「交易」。但有許多根本沒實現。例如，其中有八百三十億美元是西維吉尼亞政府與神華集團簽訂，要發展西維吉尼亞州的頁岩油產業。神華集團是國有礦業集團，後來被併入中國國家能源投資集團。這項倉促的協議沒有顧及會讓中國控制美國能源資源的國安問題，到目前為止都在調查和訴訟中。[2]

* 譯註：川普的戰略顧問、前中央情報局局長伍爾西（James Woolsey）在川普出訪前曾公開提出建議美國應與中國達成一個「大交易」（grand bargain），美國承認中國在亞太地區的利益，而作為交換，中國也應接受該地區的現狀。

但因為沒有公開鬧出什麼風波，北京之行被認為是成功的。川普還有幾天行程要走，還要和其他世界領導人會面。但他不感興趣。

東亞峰會匆匆走人

離開北京，川普繼續剩下的行程。他要到越南峴港出席APEC高峰會，到河內做國是訪問。然後到菲律賓會晤杜特蒂，出席「美國—東協高峰會」和「東亞峰會」。行程排滿了和區域國家領導人的雙邊會談。

美國領導人多年來已學習到，要在亞洲搞好外交，很大一部分就要靠基本功，要出席這些活動來展現美國的存在，表示美國關心這個地區的議題。APEC年度峰會是各國CEO齊聚一堂談生意的場域。東亞峰會也是每年舉辦，較注重區域的外交。即便在歐巴馬時代，總統到亞洲參加這些活動都是一件大事，只有少數幾次沒能成行。歐巴馬政府在二〇一一年加入東亞峰會，歐巴馬自己每年都出席，除了二〇一三年政府關門之外。

在十一月十二日峴港的APEC企業領袖高峰會上，川普發表了重大經濟演說，宣布美國絕不會回到TPP。他在十個月前讓美國退出TPP，其他十一個國家在沒有美國的情況下繼續往前進。美國此一作為強化了中國所提出的、在勞動標準和遵守法治的要求上比較低的「區域全面經濟夥伴協定」（RCEP）。北京急著填補川普留下的真空。

在演講中，川普說他樂於和任何「遵守公平互惠貿易原則」的國家簽署雙邊貿易協議。他還說，「我們不會再做的，是加入會讓我們自縛手腳、犧牲主權、無法有效執行的大型協議。我們只會在互相尊重和互相受惠的基礎上做協議。我們會尊重你們的獨立和主權」。[3]

離開越南，川普到了菲律賓。他於十一月十二日抵達，十一月十三日在馬尼拉與杜特蒂會面。在記者會上，川普讚美了菲律賓的天氣（「非常棒」）、感謝杜特蒂在昨天晚宴上安排的音樂和舞蹈（「好棒的人才」）。當菲律賓強人說在場記者都是「間諜」時，川普哈哈大笑。這對記者來說一點都不好笑，因為杜特蒂公開主張記者活該被殺，他的「反毒戰爭」已經非法殺害了幾千人。

第二天的東亞峰會在鄰近城市安吉利斯舉辦。川普不想去。在他離開華府之前，我就得到消息說他會跳過這個行程。川普在出訪前就抱怨過行程太長，白宮不敢強迫他。我在十月二十七日的專欄文章寫到川普不想去這個行程，文章中引述前美國駐緬甸大使米德偉（Derek Mitchell）的話說，「多邊主義在亞洲多半是有出席就可以了，但這對他還是太困難」。[4]

第二天，白宮宣布川普改變心意，要去出席峰會。我又寫了一篇專欄談這次逆轉，稱讚川普做了對的事情。「這個逆轉告訴我們一件很重要的事：川普有在學習，把亞洲放在前面了」，東南亞專家歐內斯特．鮑爾（Ernest Bower）告訴我說。「這次調整，他和他的國安團隊做對了」。[5]

鮑爾說得太快了。川普一行人的確在十一月十四日到安吉利斯出席東亞峰會，這是他飛回華府前最後一站。但峰會的全體領袖會議延誤了一個小時。「媽的，咱們走吧」，川普對助理說。他上了空軍一號，下令機師起飛，留下提勒森在座位上。

川普總統任內再也沒有出席東亞峰會。他顯然開夠了在亞洲的外交會議。但他沒忘記在北京的美好時光。

一年之後，川普還在講述他在北京稱讚習近平取消國家主席任期限制，稱呼他是「國王」。「他說，『我不是國王，我是主席』。我說，『不，你是終生主席，所以你是國王』」，川普回憶說。「他說，喔。他很喜歡。我和他處得非常好」。[6]

大使館內的富豪會議

川普代表團在北京期間，賈瑞德・庫許納在美國駐中國首都大使館召開了一場和美國政府無關係的會議。和附近正在進行的川習會不同，這場會議從未公開。到今天為止，庫許納也從未正面談過這件事。他的沉默是可以理解的，因為這其中有明顯的利益衝突，非常不適當。

這場「簡便的午餐」是由布蘭斯塔德大使作東，有一堆中國私募基金主管出席。其中一人是知名的中國風險投資家熊曉鴿，他在事後有向CNBC證實自己有出席。[7]但他當時並沒有提到庫許納正在為他的多項事業尋求中國投資者，包括他家族的房地產事業。他沒有必要講。

總是在尋求投資者的庫許納應該知道，利用大使館開這種會是很明顯的利益衝突。庫許納沒有從他在交接期間和安邦集團領導在紐約會面的事件學到教訓。《華盛頓郵報》曾在二〇一七年五月披露，庫許納的妹妹妮可・庫許納・邁爾斯（Nichole Kushner Meyers）在北京推銷紐澤西的建案，承諾中國投資者可以拿到特別的EB-5簽證移民美國，但這件事也沒讓庫許納學乖。[8]「投資五十萬美元移民到美國」，她的廣告小冊子大剌剌寫著。證管會後來對此事進行調查。[9]

庫許納一家可能是向川普學到政府有拿錢換簽證的方案。川普在二〇一六年競選時，把冠名權賣給了澤西市灣街的一棟大樓。據報導，他的合夥人向一百名中國投資者募到五千萬美元，也就是每人五十萬美元，這是申請EB-5簽證的最低投資金額。[10]

伊凡卡的利益倒是很清楚：她多年來都想把她的品牌打入中國。二〇一二年，伊凡卡說川普機構在上海有一個團隊。「品牌在這裡利潤豐厚」，她對《華爾街郵報》說。「我們正努力尋找對的合夥人和對的機會」。[11]

北京這場會議並不是庫許納家族把他們在川普與中國關係的特殊地位轉化為商機的開始，也不是結束。二〇一七年六月，伊凡卡向中國申請的一些商標獲得批准，這是她父親當選以來第三次獲批。她的個人品牌也仰賴中國勞工。根據PBS報導，在她網站上列出的八百三十八種商品中，有三百六十四種是在中國製造。[12]同月，她又被目擊到和阿里巴巴總裁馬雲在喬治城海邊的高檔義大利餐廳吃飯。[13]

馬雲是最有辦法打入川普政府高層的中國企業家。他與羅斯和蘇世民合作，舉辦美中商業人士會談，而蘇世民會為中國頂級企業家舉辦非正式的沙龍，故意模糊正式與非正式的界線。馬雲在和伊凡卡吃飯時，同時也在遊說美國政府，允許他的投資公司螞蟻金服併購美國第二大連鎖匯款公司速匯金（MoneyGram）。這筆交易後來被外國投資委員會擋下來。該委員會有九個國安單位審查外國併購案，擔心中國公司會取得幾百萬美國人花費習慣的資料。

但馬雲不是唯一幫北京接近美國第一家庭的關係良好人士，他也未必是最成功的。例如，當庫許納和伊凡卡在北京與中國投資人秘密聚會時，幫他們列賓客名單的據說是梅鐸的前妻鄧文迪。[14]她是庫許納和伊凡卡多年好友。她也是FBI很有興趣的對象——而且已經很多年。

神秘的鄧文迪

鄧文迪是美中關係中最神秘的人物。超級鷹派史提夫·班農相信她是中共的特工。但幫她講話的人則說，她只是一位關係和人脈無人可及的成功移民。無論如何，她和川普家族的關係也近乎無人可及——這讓一些人非常擔心。

鄧文迪在一九六八年出生於山東省會濟南。她的本名是鄧文革，表示她出生於文革高潮。[15]她在山東南邊的江蘇徐州長大。她曾說自己家裡很窮，但事實上她的父母都是工程師。在她青少年時期，全家搬到廣東去經營工廠。[16]

一九八七年，鄧文迪遇到來自洛杉磯的傑克與喬伊絲·切利夫婦（Jake and Joyce Cherry）。

傑克在廣州工作，喬伊絲當她的英語家教。第二年，他們回洛杉磯，幫她申請學生簽証，住他們家並完成學業。但她不久就和傑克．切利有染。傑克和喬伊絲分手後，和她結婚。但她到加州州立大學唸書後又離婚，開始和商人大衛．吳爾夫約會。[17]

她在加州州大的經濟學教授查普曼後來回憶說，鄧文迪在加州生活奢華，「她的電腦比任何人看過的更先進」。他還說她經常當中國貿易代表團的英文翻譯，吹噓她接待中共高官。[18]但更大的事情還在等著這位年輕學生。

加州州大畢業後，她轉到耶魯，一九九六年拿到MBA，到梅鐸在香港的星空電視工作，據說是負責幫公司在中國找合夥人。她也負責鳳凰衛視，這是星空電視在香港的中文台，其親北京立場、幫北京喉舌眾所周知。

在一次去香港星空電視時，她認識了梅鐸。兩人很快就結婚，十四年後在二〇一三年離婚。據說她和許多人有染，包括東尼．布萊爾和Google的艾瑞克．施密特。梅鐸曾經暗示，至少她和布萊爾的緋聞是真的。[19]《浮華世界》在二〇一四年刊出一篇據說是鄧文迪寫的日記，她在日記中承認愛上布萊爾。「我怎麼會這麼想東尼。因為他好有魅力，穿衣服好好看。他身材好好，腿和屁股都很漂亮……他很苗條，皮膚又好。我愛他深邃的藍眼睛。愛他的眼睛」。布萊爾全盤否認。[20]

鄧文迪認識庫許納和伊凡卡，是因為住在紐約同一棟大樓。兩對夫妻成為密友。

二〇一三年三月，有一個中文部落格宣稱，她是為解放軍總政聯絡部的宣傳部門工作（二〇一六年改為解放軍政治工作部聯絡局）。這篇文章說她是在一九八六年被吸收的，第二年遇到一對美國夫婦，和丈夫有染，在他們幫助下移民美國。這個部落格說，她在一九九六回國那年「正式成為總政治部的間諜」，也就是認識梅鐸的前一年。[21]

這篇貼文被異議媒體網站轉發，但可信度不明，作者只說關於鄧文迪的消息來自「北京內部人士」。但這仍是對庫許納這位朋友不利的證據之一，而且很快又有其他東西冒出來。

因為鄧文迪的神秘色彩，ＦＢＩ反情報處在二〇一七年初曾向庫許納簡報說，她可能在利用她的關係「促成中國政府的利益」。[22]反情報評估特別擔心的是，鄧文迪正在遊說要在華府國家植物園蓋一座一億美元的中式花園。ＦＢＩ會緊張，是因為該項目是由中國政府出資，要蓋一座七十呎高的白塔，官員害怕會被用來做間諜活動。ＦＢＩ的顧慮公開後，這個項目被擱置。鄧文迪則透過發言人對《華盛頓郵報》否認說，她從沒聽說有人擔心她在中國的關係或那個花園的事。[23]

庫許納和伊凡卡當時發聲明說，他們「和鄧文迪及梅鐸在來華府之前就已來往十年，他們的關係和政治或中國無涉」。他們無疑是好朋友。麥可・沃夫（Michael Wolff）在其《圍城：被圍攻的川普》一書中說，是鄧文迪把庫許納介紹給吳小暉，就是那個在交接期間和庫許納在紐約會面，後來被整肅的安邦集團董事長。鄧文迪和庫許納夫婦在二〇一六年到克羅埃西亞渡假。伊凡卡還一度是鄧文迪和梅鐸子女信託基金的受託人。

當庫許納夫婦開始有小孩，他們聘用了鄧文迪的長期保姆，一個稱為「西西」的中國人。事實上，這個保姆是反情報官員對鄧文迪和庫許納夫婦關係另一擔心之處。

庫許納家族很少承認家裡有西西這個中國保姆。伊凡卡在二〇一二年《南華早報》的專訪中初次披露她的存在，她說她家有一個保姆在教她女兒阿拉貝拉中文。[24]而在她二〇一七年出的書《工作的女人》中，只有在謝詞中才提到西西和另一名保姆麗莎。

但西西的存在還是以其他方式讓人察覺到。在海湖莊園高峰會時，阿拉貝拉和弟弟約瑟夫對習近平夫婦表演中文。一年後，川普在北京和習近平會面，他播放阿拉貝拉唱中文歌的影片，獻給「習爺爺」和「習奶奶」。[25]但川普沒說他外孫女的老師就是她的中國保姆。伊凡卡也帶阿拉貝拉去中國駐華府大使館唱中文歌，影片在中國瘋傳。

一名白宮高層官員告訴我，ＦＢＩ對庫許納夫婦和鄧文迪關係的安全顧慮，就包括西西這個人。具體的說，如果鄧文迪是為中國政府工作，那麼西西在庫許納夫婦身邊及其與鄧文迪的長久關係，就是多了一個風險因子。FBI沒跟庫許納和伊凡卡提到對西西的顧慮。也沒有和他們分享任何引發顧慮的情報。

當《華爾街日報》首次披露FBI警告過庫許納關於鄧文迪的事，中共黨媒《環球時報》在其官方微博為她辯護，說鄧文迪別有圖謀乃是「美國式妄想症」。[26]沃夫則在推特回應說，梅鐸逢人就說他相信她是中國間諜——而且是在整個婚姻期間。[27]

據那位高層官員說，庫許納和伊凡卡根本不理會FBI對鄧文迪的顧慮。他們不想聽到自己的好友是中國政府特工，而且FB1也沒有或不想提出鄧文迪有不當行為的證據。在本書寫作時，鄧文迪為中國政府工作一事依然沒有堅實的證據。她和庫許納夫婦依然是好友。西西還是在他們家工作。鄧文迪依舊是未解之謎。

西藏最後的希望

亞洲有一個地方是川普從來不提，更不想去的——事實上也沒有美國總統去過——那就是西藏。中國在一九五〇年代占領了這個自治區。雖然有堅強的藏人自治運動，國際上也廣受同情，但北京把西藏當成核心問題，也就是像台灣一樣不准討論的議題。在當地，北京花了幾十年鎮壓藏人的政治、文化、宗教自由，全境高度戒備，讓所有藏人生活於監視和恐懼之中，把任何膽敢抗議的人打入大牢。藏人的精神領袖達賴喇嘛從一九五九年就流亡在印度達蘭沙拉。藏人領袖在這裡建立流亡政府，宣稱代表幾十萬海外藏人和六百萬住在西藏的人民。

從老布希開始，每一位美國總統在任時都見過達賴喇嘛好幾次，所以在一開始，沒人認為川普會有不同。達賴喇嘛在競選期間對川普的評論很謹慎，大選結束不久，這位宗教領袖就表示他希望能在川普就任後與他會面。[28]由於川普在競選時對中國的敵意，以及他剛上任時與台灣總統通電話廣受報導，達賴喇嘛可能受到鼓舞，終於又有一位美國總統願意為西藏挺身而出。

當川普政府上台時，藏人追求有限自治和基本人權的運動正遇到交叉路口，努力在一個混亂而充滿苦難的世界維持能見度。中國當局正逐漸緊縮對藏人的控制，奪取西藏的資源，消滅西藏的文化。在華府，西藏議題日漸被淹沒，和十年前截然不同。

在小布希時代，西藏是最受關注的人權議題。二〇〇七年，小布希、南西・裴洛西（Nancy Pelosi）、米契・麥康諾（Mitch McConnell）攜手在國會圓頂大廳頒發榮譽獎章給達賴喇嘛。中國政府當然有抗議，但沒人在乎，也沒人退卻。

但美國人對西藏的支持逐漸退潮。歐巴馬上任後，派出他的頭號顧問瓦萊麗・賈勒特（Valerie Jarrett）到印度面見達賴，禮貌性告訴他說第一年不會邀請他到白宮。歐巴馬在二〇一〇年終於接見了達賴，但作法是取悅北京、犧牲達賴。這場會面是在地圖室，而不是橢圓形辦公室。為了不讓達賴在大門口被拍到，他被從後門送走，記者還拍到他經過一堆垃圾袋的照片。

北京並沒有回報歐巴馬的順服，事實上還正好相反。一旦中國領導人得出美國願意把西藏和其他人權問題降格的結論，中共就立刻切斷與達賴代表的對話。而在小布希時代，這種對話是常態性的。

西藏在國會和華府還是享有跨黨派的支持與關注，但川普政府完全是另一回事。川普從不假裝美國的角色是在海外促進人權和民主。在川普於交接期間與台灣總統通話的災難事件後，政府裡關注西藏問題的人——有很多人——都不敢建議要和達賴喇嘛會面。誰知道川普會說出或做出什麼。畢竟，他曾多次承諾要調停以巴衝突和印巴爭端，他也可能想解決這個問題。如果他把西藏當籌碼，他那粗手大腳的介入可能會讓整個藏人運動倒退幾十年。

川普政府甚至直到二〇二〇年十月都沒有任命西藏問題特別協調員，即使這是二〇〇三年西藏政策法所規定的。*駐聯合國大使妮基・海莉告訴我，她在二〇一八年六月訪問印度之前，曾親自詢問川普是否允許她去見達賴，川普回答說不。「有些事我贏，有些事我輸」，她說，「這次我輸了」。

到了二〇一七年底，西藏領導層雖然擔心川普和達賴見面會太冒險，但他們無法等到川普任期結束。中國的力量不斷成長，對西藏的鎮壓在加強，達賴喇嘛在老去，藏人追求生存、尊嚴和自治的奮鬥逐漸失去國際能見度。他們得想出新策略，為他們的奮鬥注入新動能。

於是乎，在川普亞洲行之前，西藏流亡政府決定要在喜馬拉雅山的達蘭沙拉鎮舉辦自二〇一七年十月以來第一次國際會議。我問我的老闆佛瑞德・希特（Fred Hiatt），我能不能去一趟。他點頭說，「我希望你能找到啟示」。

達賴喇嘛當時八十三歲，看起來很健康，永遠精神煥發。但他不會長生不老。在他死後，中國政府會宣布自己的達賴人選，流亡政府則宣布他們將會在印度「找到」他的繼承人，也就是第十五轉世靈童——到時就會有兩個達賴。這件事是有前例的：北京在一九九五年曾綁架西藏排名第二的轉世精神領袖、當時六歲的班禪喇嘛，用冒牌貨替代，再把冒牌貨強加給中國境內的藏人。

達賴喇嘛在會議上發表演說，我問他對川普的看法，以及美國是否會繼續擔任自由世界領袖的角色。「一開始，〔川普〕就提到『美國優先』，讓我聽來不太舒服」，他笑著說。「美國這個自由世界的領袖國家，變得自私、民族主義了。但當然，美國人民和兩院還是非常支持。所以我想他們是願意表達關注的，我想這會繼續下去」。

這場會議由洛桑森格主持，他是西藏流亡政府的民選總統，稱為「司政」。森格將近五十歲，在哈佛受教育，會說英語，他是達賴喇嘛決定交出藏人社區政治領導權、將其正式與第十四世活佛的精神領袖地位分開之後，第二個坐上這個位置的人。達賴自一九五九年就在印度同時領導藏人運動的精神和政治兩個組成部分，他試圖為這個世界留下可持續的政府模式。

但不是所有人都像達賴這麼樂觀。這場會議叫做「五—五〇論壇」，意思是藏人運動將再花五年時間，尋求和北京談判解決爭議的渺茫希望，達成達賴所說的「中間路線」，也就是在西藏獨立和中國殘酷統治西藏之間的中間方案。如果此路不通，藏人運動就要轉向，再繼續鬥爭五十年。

五十年看來比五年的可能性要大。在川普政府期間，華府的非政府組織「自由之家」把西藏

* 譯註：直到二〇二〇年十月，龐培歐才任命民主、人權和勞工局助理國務卿德斯特羅（Robert Destro）出任西藏事務特別協調員。

列為全世界第二不自由的國家，比敘利亞更不自由，只比北韓稍微自由一點。[29]但這兩國的慘況比較受到國際媒體關注，因為他們的衝突是流血或危險的。在一九七一年之前，CIA支持過一支小部隊的西藏民兵。但當季辛吉在一九七二年去到北京，援助就被切斷，民兵被屠殺。到了二〇一七年五—五〇論壇召開之時，西藏的中國當局正在剷除藏人的廟宇；引進幾百萬漢人改變人口結構；在西藏高原搞工業化，危及當地的儲冰，這些儲冰是亞洲幾十億人口所仰賴的十條主要河川的源頭。

在上台之前，習近平就在二〇一一年誓言要「徹底粉碎一切破壞西藏穩定、危害祖國統一的圖謀」。[30]他掌權後，北京把整個地區變成一個開放式的監獄，雇用幾萬名公開和秘密警察，以利誘和坐牢的威脅逼迫左鄰右舍互相監視舉報。習近平對中共西藏黨委書記陳全國的表現非常滿意，二〇一六年調他去當新疆黨委書記，在那裡對少數民族和幾百萬維吾爾人建立了歐威爾式的壓迫體制。維吾爾人是說土耳其方言的少數民族，自清朝在十八世紀掌控新疆之後，斷斷續續受中國統治。中共在二次大戰後拿回新疆，在新疆發現了大量石油、天然氣和稀土礦，此後便加強入侵和鎮壓以剝削這些資源。在二〇一七年底，已有報導說新疆出現了一系列新型監獄，關押了幾千名維吾爾平民。還有其他穆斯林和少數民族也被大規模監禁，整個族群瀕危的證據。有關這些新監獄刑求和政治洗腦的報導令人心碎，但世界都沒有反應。

西藏流亡政府——正式名稱是藏人行政中央——為西藏與世隔絕的六百萬藏人發聲，他們在中國當局殘酷和系統性的鎮壓下受苦，生活的每一個層面皆受到控制。在達賴喇嘛堅持下，藏人運動還是維持非暴力形式，但一旦達賴離世，藏人可能會得出結論說，他們堅守非暴力只是讓世界得以無視西藏人民所受的極端暴力鎮壓，沒有終結的一天。「暴力才會有更多人報導，更多關注。非暴力少有人關心和支持」，森格告訴我。

建立西藏流亡民主政府，部分原因是為了讓下一代藏人相信在達賴死後，他們還是有其他選擇。他們唯一的希望是撐得夠久，撐到中國的集權控制倒台。而他們相信終有這麼一天。「在短時間內，控制是有效的。但有你無法以懷疑和恐懼無止境的控制人民。它終究會失效」，森格說。「如果你要了解中國，你就要了解在西藏發生的事」。

中國緊迫盯人

從達蘭沙拉的會議回到華府幾個月後，我又遇到那位西藏流亡總統。洛桑森格來到華府，到眾議院外交委員會的聽證會作證。國會山莊對藏人運動依然有跨黨派的支持，經常辦聽證會，也推動立法讓國際社會有更多方法進入西藏，以此為中國官員進入美國的條件。這是雙邊關係互惠的另一個嘗試。森格來到華府支持此法案通過。

我們聊天，森格告訴我他剛從瑞典回來。他和瑞典官員的重要會議在最後一分鐘被取消了，因為有一團中國官員也在同一天出現，施壓瑞典不要見森格。這種事越來越頻繁，他說。中共官員到哪裡都跟著他，施壓每一個他到訪國家的政治人物不要見他。有時候，他們還會在他所到的城市舉辦反制活動，淹沒他的消息。

我問森格中共官員是否也有跟他從瑞典來到華府，他說是的。他說事實上。中共負責西藏的官員現在就在美國國會山莊的大樓裡舉辦反制活動。我這才知道中共是如何在華府內部運作，攏絡美國菁英、改變美國對中國的討論、轉移任何對北京的批評。

這些影響力運作無處不在，但政府內部無人負責反制。於是就有人採取非官方的暗中回應之道。

第六章

賓果俱樂部——無孔不入的中國滲透

隨著川普任期從第一年進入第二年，美中貿易談判占據媒體頭條，也占據美國總統的注意力。但在美國政府表面之下，板塊正在移動，美中貿易關係重新調整只是其中一部分。

對於這段時期，在川普政府國務院服務的大衛．費斯提出一個很好的比喻。你可以把貿易談判想像成天氣，他說，而美國政府的戰略和美國人民對中國挑戰的覺醒則是氣候。媒體要報導天氣，因為最多人關心，但長期來說，氣候變遷才是更重要的。「『氣候』是指中國在各領域排山倒海而來的敵意和惡行，而我們已從二〇一七年開始覺醒」，他說，「並且慢慢把美國這艘航空母艦轉向重要目標。『氣候』則是指某一天的貿易談判是好是壞」。

在政府內部為改變中國政策而戰鬥，必須注意天氣，因為它決定了什麼可以做、什麼不能做的政治環境。它也會大大影響川普的態度，影響他會允許激怒北京到什麼程度，也決定了其他與中國相關議題的天花板。每當北京在貿易談判中不乖，川普就會把天花板拉高，讓政府去做更多中國不爽的事。而當談判緊張或即將達成協議時，天花板又會降低。

在白宮西廂，傾向貿易、反對關稅的官員如梅努欽、柯恩和波特，還有自視為成人監督者的凱利、提勒森、馬提斯、麥馬斯特等人，在政府最初八個月期間比對中鷹派得勢。他們控制了流程，比較能接近總統，而且坦白說，他們的職位和權力也比對手來得大。

但在對街的舊行政大樓中——以及華府其他政府大樓——對中鷹派正在長期作戰。納瓦羅，以及還沒離職前的班農，開始召開自己的中國戰略研究會議，地點在納瓦羅舊行政大樓辦公室旁的會議廳。他們開始串連，邀請政府各部門中對中國有志一同的官員：例如哈利·哈里斯及空軍准將羅伯·斯伯丁（Robert Spalding）

斯伯丁是在四月份進入國安會，此前四個月在駐北京大使館當國防部武官。但在第二年，他因為個性衝突，以及他認為政府應該協助建構安全的5G網路，而被企業遊說趕出政府。他在第一年是超級鷹派的一員，表現相當積極。

其他國家安全機構也有組成類似團體。在政治人物之下的兩三個層級，在國務院、國防部、司法部、情報報單位等，都有官員多年來想推動與中國相關的行動，但都碰壁。他們觀察政治局勢，心知終於有機會讓各單位聯手對中國強硬起來。但他們也清楚，在每個層級和每個階段，都會有官僚和體制的阻力。

在下面兩三個層級工作的國安單位、國會辦公室、司法部門、情報部門的中國事務官員，他們並不專注於貿易問題。他們專注的是國家安全。更具體的說，他們在乎的是中國在美國肆無忌憚的影響力運作。問題是，政府內部沒有平台讓他們可以討論問題，更別說處理問題。所以他們自己（非正式的）建立起一個平台。

小馬提斯的戰鬥團體

這個要和中國在美國影響力運作對抗的秘密團體，開會地點是一間距離國會山莊幾條街的紅磚別墅。參加者都不是因公而來。他們聚在這裡是為了一項共同使命：讓全國人民對新的威脅有所覺醒，並制定反擊計畫。

此處的主人是劉迪孟（Dimon Liu），她因為長期在《美國之音》——美國政府出資的國際廣播電台——而知名，私底下則是華府中國異議人士運動的領導者之一。劉迪孟是在幾十年前從中國移民美國。她出生在文革中被打倒的權貴家庭，在華府和殘餘的中國大陸境外民主運動之間扮演重要橋梁。劉迪孟深愛她出生的國家，但痛恨現在的統治者。她比絕大多數人都清楚他們能幹出什麼事。她在孩提時經歷過大躍進的饑荒。她決心要盡一切力量，讓美國人知道中國共產黨的本質、中共安全機構的兇殘無情、以及中共統治下的中國對美國造成的威脅。一九八九年的天安門大屠殺讓她決定放棄教職和在香港的建築師事業，移民美國。如果這個世界還有人願意為了中國人民挺身對抗中共，那將從華府開始。

她家裡有很多在香港生活和到亞洲各地旅遊的紀念品，標誌著她兩個不同的人生階段。我在二〇一八年中某個星期二晚上去到她家，她為客人準備了很多廣式和客家點心。現場約二十人在聊天吃東西。我認得其中一些人——兩位白宮官員、國會幕僚、一位智庫專家、一位科技業、一位FBI探員。有些人會自我介紹——但通常不會說自己白天在哪個單位。雖然這是劉迪孟的家，但主持人是彼得・馬提斯（Peter Mattis），他沒有正式職稱，也不代表哪個政府單位。

馬提斯正好是國防部長詹姆斯・馬提斯的姪子，是這個團體的發起人和領導人。他身材高瘦，戴副眼睛，將近四十歲，在到私人部門工作前是CIA針對中國的反情報分析師。馬提斯雖然離開了CIA，但他沒有離開戰鬥。

馬提斯和我認識超過十年。我們當時只有二十幾歲，都屬於一個叫「青年對外政策專家」的團體，就是那種你可以在星期二晚上去華府交換名片，或尋找一段羅曼史的東西。彼得從來不是我的消息來源，但我們成為朋友。十五年後，這段友誼讓他足夠信任我，邀請我參加他的秘密聚會。

我後來戲稱這個團體是賓果俱樂部，這是借用一九八〇年代末為了對付迫在眉睫的中國間諜威脅，在舊金山一個由警察、間諜、專家組成的秘密團隊的名稱。但這個新一代的賓果俱樂部是為了對付新的挑戰。

「首先，感謝你們一起討論中國共產黨在美國內部的勢力，以及該如何面對」，馬提斯在開場白說。

馬提斯語調溫和，只講事實，把問題鋪陳出來。中共在美國建立政治勢力，為中國的崛起做準備。北京的活動是由中國政府最高領導層推動的，這些活動很複雜、極有組織、資金充沛，每天都在成長。

他解釋說，中共正在發動一種政治作戰，包括操作資訊、拓展影響力、搞宣傳，以及有高科技輔助的間諜活動。美國社會各個層面都成為目標：教育機構、科技實驗室、媒體、產業、股市，當然還有政治。藉由在軟實力和硬實力之間的灰色地帶，以及檯面上和檯面下的運作，中國領導人可以精準打擊美國社會那些支撐我們國力和國家認同的支柱，那些我們的民主制度用來對抗威脅的抗體。中共不只在和美國競爭誰的全球秩序才是好的秩序。北京還試圖從內部改變我們的觀念，利用美國的體制來促進中共的利益。而我們的政府無計可施。

「北京是動員整個社會在搞這件事」，馬提斯告訴出席者。「這就是黨幹的事。黨就是幹這種事。問題只是我們要怎麼對付這些侵略行為」。

北京的目標是促進中共的利益，讓黨不會受到美國和其他國家批評，更不會受到抵抗。為了服務這第一個目標，第二個目標就是削弱美國的體制，弱化美國的民主。

當然，中國在美國搞影響力運作早就不是什麼秘密。但華府和大多數國家都很慢才了解這種新挑戰的規模有多巨大。華府是有一些醒悟的跡象。這裡推一個法案，那裡開一個智庫研討會。但這就像一個交響樂團要演奏，樂團成員卻一個個姍姍來遲。很多樂器都不在場。沒有講好要表演什麼曲目，也沒有指揮。

馬提斯在做的是這個賓果俱樂部每個人都認為該做的事。他做的是美國政府早該做的。他聚集最好的人才來制定反擊方案。而我們的領導人還不能公開討論這些問題。

「現在要思考，我們要解決的政策問題是什麼」，他說。「接著，再思考我們需要什麼」。

在場人士輪流說出他們看到或聽到的中國影響力運作的醜陋故事，眾人才知道美國完全被蒙在鼓裡。這些故事中，有的是在美國大學唸書的中國留學生因為中國代表處的介入，或被其他學生舉報，而無法完成學業。我也聽到聯邦調查局在調查一些國會議員涉嫌收受中共外圍組織的政治獻金。我還聽到中國公安來美國，在大街上綁架中國公民押回中國，有時還有當地警察協助。

這個團體要突破的第一個問題是，要如何和政府內部其他人及社會各階層討論中國影響力的運作？如果美國人根本不知道有威脅存在，又如何期望他們會挺身對抗？賓果俱樂部的共識是，必須把這些威脅教育給美國的機構和人民——所以才邀請我來參加。

每當有這些議題出現，中共就會說這是「麥卡錫主義」或冷戰心態，好像中國才是受害者。中共試圖以政黨或種族來分化美國人，轉移注意力。華府所有重大辯論都深陷兩黨傾軋，但中國議題必須跳脫出來。「這是全美國的議題。我們應該團結在一起」，一名賓果俱樂部的成員說。「我們不該拿來當政治武器攻擊對手。因為它太重要」。

多數華府人士都已認識到，在可見的未來，美國和中國的戰略競爭將是對外關係的頭等大事。但他們還沒認識到，競爭早已先在我們國內開打。「這是在我們眼皮子底下發生的事」，另一名賓果俱樂部成員說。「我們不能把問題留給子孫。該我們挺身而出了」。

在接下幾年，我看到這群年輕、愛國的美國人如何與中共的影響力運作做鬥爭。有時候，我會把他們成功鬥爭的故事寫在《華盛頓郵報》的專欄。有些故事將在本書首次披露，有些故事則永遠不能寫出來。劉迪孟對我說，她之所以成立這個團體，是因她對老一輩中國事務專家早已絕望，這些人已經定型了。她只能說服年輕一輩美國必須改變其中國政策，不然就來不及了。

「我在廚房請他們吃東西來建立這個團體。傳統沙龍的作法就是有好的食物和好的談話，這在十八世紀很受歡迎，今天也行得通」，她說。「一次拉一個人，直到建立一個能夠分享資訊的團體。彼得就是我第一個拉到的人」。

在這次聚會後不久，有一天，我接到一位亞洲專家朋友的電話，他曾在軍方工作，現在是私人企業的顧問。他也有自己的秘密聚會，匯集華府志同道合人士來討論另一個與中國相關的問題——有國家在背後支持的科技巨頭華為。在不到十年間，這家公司用偷拐搶騙的手法主宰了全世界的行動網路。

統戰團體入侵海湖莊園

賓果俱樂部在聚會和不聚會的時候，大部分都在分享資訊，拼湊出中共用哪些外圍組織在美國境內搞影響和情報。例如，大約在我第一次參加賓果俱樂部聚會的一年之後，有一名這類組織的人士闖入海湖莊園被抓到，身上有四支手機、一台筆電、一個硬碟、九個隨身碟、五張記憶卡、一台偵測隱藏式攝影機的儀器。[1]賓果俱樂部的成員很快就拼湊出她是誰、在中國影響力運作的網絡中是什麼角色。她的上司是個叫查爾斯博士的中國生意人，成立了一個「聯合國華人友好協會」。他的真名叫李偉天，是中國對共和黨高層搞統戰的重要人物。[2]

在美國商業資訊網二〇一二年的一篇貼文中，聯合國華人友好協會自稱成立於二〇一一年，該協會「秘書長」查爾斯博士與幾十名中共高幹合影，包括統戰部副部長尤蘭田。查爾斯博士還見過川普及聯合國秘書長安東尼歐・古特瑞斯（António Guterres），自稱可以安排人參觀美國軍校，會見歐巴馬、巴菲特等許多名人。[3]《華盛頓郵報》報導說，這個協會其實和聯合國沒有關係，記者拜訪網站上的地址也沒有辦公室。[4]

與中國政府有關的統戰團體遍布全美，有些直接涉入政治。《華爾街郵報》報導過一個叫「北美華人川普助選團」（Chinese American for Trump）的組織，創辦人是持有綠卡的王湉。中國領事館官員和王湉接觸，吸收他來向川普政府遊說。然後王湉登記為一家顧問公司的執行長，向「川普勝利基金會」（Trump Victory Fund）捐款十五萬美元。他後來在中文電視台吹噓說，他利用自己的管道，勸川普團隊不要在南海問題上與中國對立。他沒有按照外國代理人註冊法註冊為說客。這種結合了兜售影響力、詐欺和宣傳的手法，正是統戰工作的標記。[5]

查爾斯博士不是唯一利用統戰團體進入海湖莊園的可疑中國人士。辛蒂・楊（Cindy Yang）

聲名大噪，因為新英蘭愛國者隊老闆羅伯・克拉夫特（Robert Kraft）到她開的色情按摩店召妓。事發後她把店賣掉。在南佛羅里達經營色情帝國多年之後，她們一家成為政治大金主，得以和川普家族（例如超級盃時在海湖莊園）、佛州州長榮恩・德桑提斯（Ron DeSantis）、參議員瑞克・史考特（Rick Scott）、莎拉・培林（Sara Palin）、總統的競選總幹事布拉德・帕斯卡爾（Brad Parscale）等人共聚一室。辛蒂・楊的顧問公司GY US公開承諾能讓客戶會見總統和其他高官。[6]根據《瓊斯媽媽》（*Mother Jones*）報導，辛蒂・楊涉入中國和平統一促進會佛羅里達分會和中國科學技術協會邁阿密分會很深。[7]這兩者都是中國統戰組織，不然還有誰會在佛羅里達創立一個要逼台灣與中國統一的團體呢？這就是統戰網絡長期以來在美國境內的運作方式。

「面對中國挑戰的持久、長期性戰略，有賴於美國政府和政策制定過程的完善」，馬提斯二〇一九年五月在眾議院外交委員會作證說。「中共介入我們的政府和內部事務，圖謀影響美國，我們必須與之鬥爭。美國的政商菁英、思想家、華僑社群，早就被中國共產黨長期鎖定」。

董建華的錢

馬提斯和容安瀾——最早開始研究統戰的澳洲學者（也是本書的研究人員）——都認為，中國政治協商會議是最重要的對黨外統戰機構，和黨分工合作。

中國政協既有黨員，也有重要的黨外人士。每年政協會議有超過兩千名由黨挑選的、來自中國社會各階層的代表出席。政協負責協調和監督全世界的統戰組織。「那些號稱代表不同利益的團體，例如中國科學技術協會和全國僑聯，都是政協正式的一員」，容安瀾寫道。「而實際上，這些組織都由中共控制」。[8]

歷任政協主席有毛澤東、周恩來、鄧小平和李先念等人。在本書寫作期間，政協主席是汪洋，他是負責統戰工作的政治局常委。政協副主席是董建華。

董建華的資歷耀眼，在美國及其盟國也有豐沛人脈。他是一九九七年英國交還香港後第一任特首。董建華也是船運大亨，他的家族和趙小蘭家族有幾十年生意往來。趙小蘭是川普的交通部長，也是參議院多數黨領袖米契．麥康諾的妻子。

董建華也領導著美國境內最重要的統戰組織之一，中美交流基金會。二〇一七年，中美交流基金會要在一間重要大學設立中國研究課程失敗，此乃賓果俱樂部成功阻止統戰勢力運作的戰績之一。

德州大學的攻防戰

當前職業外交官大衛．費爾斯坦（David Firestein）初次向同事們提出，想在德州大學奧斯汀分校知名的林登．詹森公共事務學院設立一個中國研究中心時，他並沒有告訴他們說，他計畫用中共勢力團體的錢作為第一筆資金，也沒有說這筆錢會用來邀請中國情報機關的人員。

華府對他的朋友兼贊助人董建華並不陌生。董建華的中美交流基金會在華府重要智庫捐錢、補助研究案，包括布魯金斯研究所、卡內基和平基金會、戰略與國際研究中心、美國進步中心、太平洋會議等等。中美交流基金會也在約翰霍普金斯大學高等國際研究所的中國研究系捐助講座教授，支持一個叫「太平洋倡議」的研究計畫。[9]歐巴馬的首席亞洲顧問傑佛瑞．貝德（Jeffrey A. Bader），也在他一本關於歐巴馬和亞洲的書中感謝中美交流基金會。[10]

費爾斯坦之前在東西方研究所就和中美交流基金會合作過，他提議要接受基金會捐助幾百萬美元，在林登・詹森學院設立新的中國研究中心。這對中美交流基金會來說也是第一次。它通常是資助學程或研究案，這一次卻要贊助該中心的日常運作。在學校先投入兩百萬美元創立之後，基金會將成為這個中心最大的金主。如果成真，這項計畫將讓中共在美國頂尖公立大學的圍牆內建立勢力。

由中共富豪出錢成立新的中國研究中心，這讓林登・詹森學院幾位教授感到很擔心。在二〇一七年十一月的教職員會議上，專攻中國政治和國際關係的年輕助理教授約書亞・艾森曼（Joshua Eisenman）提出了疑慮。結果爆發對立，並成為阻止中國在美國境內影響力運作的關鍵第一戰。

艾森曼在十一月去了華府，到賓果俱樂部餐會見他的老朋友彼得・馬提斯。他請馬提斯幫忙，讓德州大學校方了解中美交流基金會及其任務是什麼。馬提斯寫了一篇關於中美交流基金會的備忘錄給艾森曼，還有他新書中關於中國如何透過中美交流基金會搞影響力運作的草稿。幾天後，馬提斯聯絡了德州參議員約翰・康寧（John Cornyn）及泰德・克魯茲辦公室的專業幕僚，告訴他們德州大學奧斯汀分校中的爭議，並把那篇備忘錄寄了過去。

資深教授威廉・英伯登（William Inboden）博士在國會和國防部都任職過，他也與康寧辦公室聯絡，並警告了德州大學校長古格里・芬維斯（Gregory Fenves）。芬維斯啟動調查後，英伯登安排美國反情報官員來向芬維斯簡報中美交流基金會和中國的影響力運作。

二〇一七年十二月初，艾森曼在教職員會議上質疑中美交流基金會捐錢給林登・詹森學院成立新的中國研究中心後不久，教職員的電子郵件信箱就成了爭辯中國在美國影響力運作的戰場。我拿到這些電郵的檔案。艾森曼認為，人們已越來越意識到統戰勢力在美國各類機構的運作，他還引用盧比歐在聽證會上的話說，「我們對俄國介入我們選舉討論了很多，但中國影響我們的公共政策和基本自由的程度之大，超出我們絕大多數人的理解」。

費爾斯坦為中美交流基金會辯護。他承認董建華是中國政協副主席，但沒有證據顯示中美交流基金會和統戰有關。艾森曼則舉出一堆證據證明有關，開頭就是一篇中國政協官網上的英文文件，日期是二〇一二年七月三日。文件上面說：「中國人民政治協商會議是中國人民的愛國統一戰線機構」，而且是「由中國共產黨領導」。[11]

> 「問題只在於，我們是否要讓中國共產黨負責認知管理和影響力運作的臂膀，來捐助我們的中國研究中心?」，艾森曼寫道。

事情變得越來越糟。院長安吉拉・伊凡斯（Angela Evans）也介入，指責艾森曼做「不實指控」（她沒有提出哪裡不實），使用「不專業和煽動性的語言」。傑雷米．蘇里（Jeremi Suri）教授站在艾森曼這邊，要求安吉拉向艾森曼道歉，不然就辭去院長一職。前海軍上將、國安局局長羅比．瑞伊（Robby Ray）同意艾森曼對中美交流基金會的看法。

當芬維斯的調查還在進行中，費爾斯坦就在林登．詹森學院與中美交流基金會合辦中國研究中心的第一場活動，還請來前中國外交部副部長當來賓。[12]第二場活動辦在紐約，請來幾位人民解放軍將領。第三場辦在林登．詹森學院，請來中國現代國際關係研究院的代表，這是隸屬中國國安部——中國的ＣＩＡ——的智庫。[13]這些活動引來當地ＦＢＩ的注意，不但派員出席這些活動，事後還訊問了出席人士。

「中國研究中心和費爾斯坦所辦的每一個活動，都是在重述北京的立場」，德州大學一位終身職教授告訴我。最糟糕的是他請來的那些人（中國現代國際關係研究院）。「他沒有揭示他們的真實身分。我們得警告學生，『你們要小心』」。

十二月中，克魯茲致函芬維斯，要求他駁回費爾斯坦拿董建華的錢來資助該校的中國研究中心。克魯茲辦公室把這封信給我，我致電芬維斯，限他兩天給我回覆。在期限之前，芬維斯辦公室告訴我他已決定德州大學不會接受中美交流基金會的錢，費爾斯坦的計畫取消。

伊凡斯指責艾森曼發起運動，扼殺了這次捐款。艾森曼當然扮演了一定的角色，但完全歸功於他則忽略了英伯登、羅比・瑞伊、馬提斯、康寧、克魯茲的貢獻，更別提芬維斯，是他做到了伊凡斯不想做、而費爾斯坦強烈反對的盡職調查。伊凡斯拒絕再撥任何研究經費給艾森曼，很多教授認為這是在報復。電子郵件顯示，她還停掉了艾森曼的太太在歷史系博士後研究的經費。伊凡斯否認有報復，說艾森曼和他太太還是有從大學拿到經費。結果他太太是從別的管道拿到經費。

艾森曼離開學校，在聖母大學拿到終身職教席，他太太現在也是聖母大學的助理院長。而在德州，費爾斯坦還在繼續活動。他把中共的經費轉去給新成立的機構——老布希美中關係基金會——並在幾個月後當上該基金會執行主任。他和志同道合的尼爾・布希（Neil Bush）搭上線，而尼爾・布希是中共在美國權貴家族中最好的朋友。*

* 譯註：尼爾・布希是老布希第四個小孩，老布希基金會由他掌管。

布希與卡特

賓果俱樂部持續拼湊中國在美國的影響力運作，發現一些模式。其中一個模式是，中共外圍組織最喜歡和一聽其大名就會心生敬意的機構拉關係。在美國，名氣最大的莫過於頂著前總統招牌的組織。所以中美交流基金會才會找上老布希基金會和卡特中心這兩個非政府組織，利用其光環在美國促進中國的利益。

老布希總統當過美國駐中國大使。以後見之明來看，他在一九八九年天安門屠殺後對北京過於仁慈，六個月後就重啟關係，還派秘使去緩頰。這些都是不對的。但沒有人會說老布希總統是徹底親中派，因為在他總統任內，確實有跡象顯示中國有可能走向進步和改革，成為一個尊重國際體系和自己人民的國家。這些跡象也許本就是假象，也可能是強硬派後來在北京勝出，端看你喜歡哪一種理論。

但他的兒子尼爾．布希完全是另一回事。自從他當上布希中國基金會主席後，他就成為北京信賴的喉舌，和董建華這類統戰人物直接合作。二〇一九年七月，他在示威抗議聲中來到香港，在董建華舉辦的研討會上發表演講說，「中國不是美國的經濟敵人，也不是國家安全上的威脅……中國被妖魔化是因為民族主義在美國興起，表現在反移民、反華、支持美國優先等言論」。

尼爾．布希在媒體上一直很支持中國。和費爾斯坦一樣，他的言論經常被中國官媒引用。他主張經濟合作，反對關稅[14]，把美中關係搞壞怪罪給「美國政治的宣傳和煽動」[15]，而他的言論都代表他已故的父親，也就是前總統的基金會。

尼爾．布希在中國的金錢利益可以解釋為什麼他對中共俯首聽命，為什麼和中共的權貴朋友如此交好。他自稱從一九七五年訪問中國上百次。二〇〇三年，他和愛德華．李曼（Edward Lehman）在中國創立投資公司。李曼—布希公司為一流跨國公司、高資產個人戶、中國國有企業、中國新創企業家、新崛起的中國跨國企業做境內外投資的諮詢業務。在北京、上海、烏蘭巴托、廣州、休士頓和香港都有辦公室。

有令人擔憂的跡象顯示，中國手上有尼爾．布希的把柄。在二〇〇三年的離婚官司中，尼爾．布希承認曾在出差時，在香港和泰國的酒店中和突然出現在房門口的多名女性發生性關係。這就是一般所稱的「美人計」，用性來處理受監控的目標。「布希先生，你必須承認，一個男人只要打開酒店房門，門口就有女人可以上床，這是很不尋常的」，他太太的律師說。「確實不尋常」，布希回答道。[16]

另一位自己有基金會、也成為北京喉舌的總統，乃是吉米・卡特。卡特是一九七九年美中關係正常化時的總統，完成了從尼克森和季辛吉開啟的旅程。自那時起，他的基金會卡特中心就成為親中影響力在美國運作的重要前哨站。卡特中心和隸屬中國國安部的察哈爾學會有夥伴關係。[17]自二〇一二年起，該中心也和統戰組織中國人民對外友好協會（對外友協）合作舉辦論壇，這個半官方組織乃是中國外交系統的重要組成部分。該論壇也受到中美交流基金會贊助。[18]

對外友好協會特別積極和地方政府建立關係。二〇二〇年二月，龐培歐在全國州長協會發表演說對此發出警告。「我在當ＣＩＡ局長時，就很了解這個組織」，他說。[19]龐培歐還特別提到由對外友協和全國州長協會合辦的「中美省州長論壇」，這是希拉蕊在二〇一一年與中國政府簽訂協議成立的。[20]

這兩個深受中國影響的組織有時會密切合作。二〇一九年六月，布希基金會頒發第一屆老布希美中關係卓越領袖獎給吉米・卡特。卡特當時剛動完手術，由他的兒子代表領獎。中國大使崔天凱出席了活動，並警告說：「有人鼓吹兩國脫鉤，宣揚所謂新冷戰。這不僅是質疑過去四十年我們取得的成就，挑戰我們合作的實際成果，也將危及中美關係的未來，以及全球穩定和繁榮」。對於他們的弟弟讓中共把父親的基金會當成宣傳平台，不知道前總統小布希和前州長傑布・布希會怎麼想？

趙氏家族

對於想要了解北京和華府如何權錢交流的人來說，參議院多數黨領袖米契・麥康諾之妻、交通部長趙小蘭家族的故事是最大的謎團。此事過於高層和敏感，以賓果俱樂部成員的情報和管道也無法調查清楚。但我每次參加賓果俱樂部聚會，這個名字都會被提起。

美國政府官員要進政府服務時，都要同意揭露和去除任何有個人利益衝突的事情。這不是因為懷疑他們要搞貪污腐敗，而是這種衝突有被人懷疑貪污腐敗的風險和觀感。但在川普政府中，利益衝突無所不在。在對於美國政府的義務和她家族的商業利益之間，趙小蘭有明顯的利益衝突。她任內的行為顯示，她對利益衝突或不得體的行為幾乎不屑一顧。

二〇一九年二月，趙小蘭和我在大都會俱樂部同桌，出席哥倫比亞總統伊萬・杜克・馬奎斯（Iván Duque Márquez）的貴賓晚宴。這次晚宴是由非政府政策機構康科迪亞舉辦的。在晚宴結束時，我禮貌性的向趙小蘭自我介紹，遞上名片。她說她看過我對中國的報導，問我是否願意和她一對一談個話。

在她和十幾個來我們這桌致意的人握手之後，我們談了大概十分鐘。她沒有要求「不做紀錄」。她問我，「喬許，如果你要就貿易談判給中國領導人建議，你會怎麼做？」。我心想，真是有趣的問法。趙小蘭居然要我幫忙北京和華府打交道，而不是問我川普政府（她是交通部長）應該怎麼和中國打交道。我就直話直說。

「我想我會告訴他們，這是他們最後機會去做出符合華府要求的改變。如果他們不做，華府會失去耐心，事情只會更糟」，我說。

我試圖讓她傳達華府真實的情緒，如果真能傳達的話。但我懷疑就算趙小蘭有傳達，北京也不會理會。她似乎把話聽進去了，我們又聊了幾分鐘。她的態度非常好。

當《紐約時報》刊出其對趙小蘭家族生意的爆炸性調查，以及她家族和中共最高層的關係時，她的妹妹趙安吉直斥此報導是出於種族主義。[21]但如果你細讀這篇報導，就很清楚為什麼趙小蘭的故事很要緊。趙小蘭家族是唯一被認為在美國和在中國都是權貴的家族。他們的商業利益和政治活動緊密交錯，要說沒有利益衝突是完全說不過去的。

光是看那些沒有爭議的事實，就足以令人震驚。在任第一年，這位美國交通部長接受中國官媒二十一次專訪，卻沒有受過一次美國媒體專訪。在其中兩次訪問中，趙小蘭都和她父親趙錫成——家族企業福茂集團創辦人——坐在一起，背景是美國政府和交通部的旗幟。她預定要到中國做官方訪問，要求國務院允許她家族成員出席正式會議，為他們出訪提供協助。但在電子郵件曝光後，她取消了行程。[22]

她的父親贈與趙小蘭和她丈夫麥康諾約五百萬到兩千五百萬美元。趙氏家族對麥康諾競選參議員也捐了超過一百萬美元。趙小蘭的妹妹趙安吉現在掌管福茂集團，也是中國銀行的董事。根據該銀行的資料，福茂集團向中國輸出入銀行貸款了三億美元。

趙氏家族的故事是兼具中國人、台灣人和美國人的成功故事。趙錫成在上海長大，和前中國國家主席江澤民是同學。他在國民黨於內戰中敗給共產黨後到了台灣，在一九五二年生了趙小蘭。後來全家移民到美國，成為美國公民。一九七二年美中關係解凍後，趙錫成回到大陸和老朋友連繫，創立了船運事業，成為華僑成功的典範。

「我的家人都是愛國的美國人，我們生活得有目標，對這個國家貢獻良多。他們體現了美國夢，我父母也鼓勵所有女兒要回饋我們所愛的國家」，趙小蘭對《紐約時報》說。

這都是好事。但趙小蘭幫忙她家族事業的事蹟實在斑斑可考。這就令人質疑，為什麼交通部要在她任內刪減美國政府造艦計畫的預算？這和趙安吉與趙錫成是中國船舶集團控股公司的董事有關嗎？福茂集團的船都不掛美國國旗以避免營運和勞工支出，但美國交通部長不是應該推動美國船掛美國國旗嗎？這就是難怪讓人質疑有利益衝突。因為一個人的頭腦和錢包裡有兩種利益在競爭。

趙氏家族和董建華家族幾十年來往密切。趙錫成曾為董建華的父親董浩雲——中國航運的創辦人——工作。五十年後，這家公司改名為東方海外，由董建華主掌。兩個家族和兩個公司一直很密切。在他們的關係出現新事證之前，賓果俱樂部的成員都會繼續追查。任何人如果相信美國官員應該把國家利益置於家族財富之上，更別說是其他國家的利益之上，都會追查這件事。

第七章

磨犁成劍——對抗中國資金的收買

當賓果俱樂部在幕後追查和反制中國在美國的影響力，但他們在政府中的同胞不但對這些議題視而不見，甚至有時還放任讓問題惡化——散播中國的影響力，或據稱是為了美國的利益而睜一隻眼閉一隻眼。的確，當白宮在二〇一七年末到二〇一八年初暗中對中國經濟侵略進行調查，川普政府中具有國安意識的官員正在準備好與中國攤牌時，他們有時會發現，敵人並不總是在太平洋對岸，有時候是在波特馬克河此岸。

中國政府要美國政府人物配合做什麼事，通常是早早就投資布局。中國共產黨的影響力運作系統和全美各州、各地方的組織早有連繫。這是很簡單的算術問題。有些市長會當上州長、眾議員或參議員。在較為特殊的情況下，中國政府也可以在中央政府高層找到願意配合的朋友，例如蒙大拿州參議員史提夫．丹恩斯（Steve Daines）。

新科參議員丹恩斯來自商界，中國經驗豐富。他曾在寶潔工作，在香港和中國待過六年。他選上議員後，自然就開始用他在中國的人脈為蒙大拿的牛肉打開出口市場。他在二〇一七年四月率團訪中，在北京送了一個保溫箱的冷凍牛排給總理李克強。

他們一團人也訪問了西藏和新疆。西藏當時是外國人的禁區。回國後，丹恩斯當然不提他曾和負責鎮壓兩地的中共官員會面——他也幾乎不提藏人的苦難。[1]

這樣做是有回報的。二〇一七年九月，丹恩斯在蒙大拿的牧場招待中國大使，討論牛肉出口。蒙大拿的牧場主拿到出口牛肉到中國的兩億美元合約。[2]

但電話來了。中國請丹恩斯接待一團負責西藏的中共官員，這些人正好在眾議院外交委員會邀請西藏流亡總統洛桑森格出席西藏聽證會的前一天來到華府。丹恩斯照辦。

丹恩斯和參議員約翰・貝拉索（John Barrasso，共和黨—懷俄明州）在丹恩斯的辦公室接待了這個中共代表團，還給群集現場的中國媒體拍照。沒有美國媒體被邀請或告知。中國媒體大肆宣傳這場會面。官媒《人民日報》報導，丹恩斯稱讚中國西藏官員「在保護環境和保存傳統文化上做得可圈可點」。[3]

丹恩斯真的在這場會面講了這些話嗎？這不重要。北京已拿到照片，已有頭條可做。中國媒體報導這場會面，就是要對正在國會山莊另一邊召開的聽證會搞泥巴戰。中共已經用美國參議員的嘴巴幫忙做宣傳。傷害已經造成。

我在十二月十七日《華盛頓郵報》的專欄披露了丹恩斯被中共攏絡的事，震驚了國會山莊，但丹恩斯不痛不癢。[4]那年稍早，澳洲參議員鄧森（Sam Dastyari）被報導和一個中國生意人兼金主來往密切，為中國喉舌。這件醜聞讓他立刻下台。但當我披露丹恩斯的事，他的辦公室卻否認他有做錯什麼。丹恩斯還對地方報紙說，那個「華盛頓專欄作家」並不了解他為蒙大拿的牧場做了什麼。

丹恩斯還幫北京做了別的事。二〇一七年夏天，他在幕後阻擋參議員泰德．克魯茲推動的法案，該法案要求把中國駐華府大使館那條街改以死於監禁的諾貝爾和平獎得主劉曉波為名。中國領導人曾告訴提勒森，阻止這個法案通過是他們前三大優先議題。

丹恩斯用政治人情交換北京經濟回報的行為，「印證了中國人對美國和全世界的人的看法，那就那是任何人都可以被買通」，前美國駐緬甸大使米德偉告訴我。「我們的強弱是由最薄弱的環節決定的。丹恩斯的做法只會鼓勵他們繼續下去。」[5]

中國的手法並非永遠奏效。參議員大衛．珀杜（David Perdue）也來自商界，和丹恩斯一樣有豐富的中國經驗，也和丹恩斯一樣不時會幫中國大使館做事。當參議院外交委員會計畫要為天安門屠殺紀念日辦公聽會時，中國大使館找上珀杜，要珀杜在委員會的會議室接待中共官員。這又是一個反制活動，中國人這一次要用可以識別的委員會會議室來當照片背景。但值得讚揚的是，委員會主席、參議員詹姆斯．里施（James Risch）斬釘截鐵的拒絕了。

免費招待的旅遊

中共不只投資政治人物，還和國會各層級幕僚培養關係，主要手法是帶國會助理到中國豪華旅遊，此事中美交流基金會參與很深。這類行程是由各種和中國政府有關的組織所舉辦的，用的是政府和黨的經費。這種做法是合法的，卻違背了「相互教育文化交流法」的精神和原意。該項法律讓國務院可以批准聯邦雇用人員受外國政府邀請出訪。

「相互教育文化交流法」在一九六一年立法時，原意是為了培養相互親善，不是要對敵對政府的大規模影響力運作門戶洞開。近年來，根據「相互教育文化交流法」到中國訪問的次數，遠遠超過到所有其他國家加起來的總和。幾乎任何層級的國會幕僚都能申請，從助理到新聞秘書都可以。很多幕僚一再到中國訪問，等於收受了價值數百萬美元的禮物。「有的幕僚長一年去中國一兩次，連續好幾年」，一名資深共和黨參議員助理說。「中共這些年花了很多錢請人去中國。然後他們會叫所有去過中國的朋友還人情」。

中國政府會叫這些五星級遊客還各種人情。中國大使館曾要求一名去過免費旅遊的國會辦公室幕僚長幫忙辦反制活動，故意在國會大樓走廊上辦照相展，干擾旁邊正在舉辦的人權公聽會。還有一名根據「相互教育文化交流法」去過中國的參議員新聞秘書告訴我，對方曾帶她去維吾爾人的村子，在拘留營被「改造」過的維吾爾人告訴她他們都愛習近平——而中共官員就在一旁監視。「重點是，從助理到幕僚長都要透明化」，這位共和黨官員告訴我。「他們搞的規模太大了。每個人都知道有問題，但沒人願意承認」。

重修海外投資審查法案

國會山莊有各種團體和派系。在各黨黨內，有時會跨黨派，人們為了各種理由加入各種不同陣營。在中國問題上，一直有許多熱情而涇渭分明的陣營。有人權鼓吹派、有國防鷹派、有質疑貿易派、有財經商業派。每當中國議題成為熱點，這些陣營就全部加入鬥爭。第一次大鬥爭，是關於要以國家安全還是商業利益來決定中國能不能在美國投資。

當國會在一九九九年辯論是否要給予中國最惠國待遇，在二〇〇一年辯論是否要准許中國加入WTO時，傾向商業往來的人站在一派，其他人則合為一派反對。當時是親商派贏了。但二十年後要修改中國投資對國家安全影響的法規時，動力已經改變了。

中國二十年來的惡劣行為——竊取智慧財產、搞間諜、駭客、攻擊美國產業——讓親商派的立場越來越站不住腳。習近平的「軍民合一」戰略消除了中國企業和解放軍本就薄弱的界線。根據中國法律，任何中國公司都有義務協助政府，在任何時候交出手上的資料。中國購併各產業的速度之快讓人難以追蹤。中國公司拿到的科技必然會交給中共做內部鎮壓和軍事之用。

當然，並非所有中國投資都是壞事，只是法規過於陳舊。新科技造成無人能預見的新的國家安全挑戰，而中國必然加以利用之。政策已大大落後科技的發展。

負責審查中國投資對國家安全影響的美國海外投資審查會（CFIUS），它所依據的都是上個世代的法規。海外投資審查會由九個單位組成，包括國務院、國防部、司法部等等。這些單位有不同的利益，對同一議題關注的面向也不同。要面對威脅，就要重寫海外投資審查會的運作規則，而由誰來寫就是一場鬥爭。

還在二〇一六年川普當選之前，國會就有改革海外投資審查會的呼聲。參議員約翰．康寧請資深情報幕僚戴夫．漢克（Dave Hanker）著手撰寫新法案。康寧是情報委員會成員、共和黨參議院領導人之一，他對中國早有興趣，主張採取更強硬的立場。他以其資深地位主導了海外投資審查會的改革，推動更強硬的投資限制。漢克與各國會辦公室、情報單位代表、企業相關人士等召開了幾十場會議。他們很快就發現，購併美國公司只是中國影響美國經濟的一個環節而已。

中國政府強迫美國公司要和中國公司合資，才能進入中國市場。這些公司慣常地竊取美國公司的智慧財產，再反過來對付美國公司，先是在中國，然後在全世界。最重要的是，美國的出口管制法規有很大的問題，這些法規當初在撰寫時，根本沒想到有現在這些科技。美國出口到中國的高科技項目經常被用於軍事用途，許多項目沒有被限制出口，因為在當初撰寫法規時根本還不存在。

歐巴馬時代的財政部根本不想改革。他們認為修改法規只會讓海外投資審查會有更大的權力，讓財政部的工作做不完。除此之外，眾議院和參議院的金融委員會和銀行委員會都認為，改革海外投資審查會只會讓國安單位侵犯美國商界的利益。「我們一直都很清楚，一些重要的委員會和單位並不贊同我們的意見和結論」，漢克回憶說。「金融委員會的人只看見他們自己的利益。這是資本主義的美妙和薄弱之處」。

在川普勝選、梅努欽接任財政部長後，事情有了變化（梅努欽曾是投資銀行家，上任的時候是親商派）。在梅努欽支持下，改革海外投資審查會突然成為優先議題。然而，對於重視美國國家安全甚於商業利益的人來說，梅努欽的介入並不是好兆頭。

康寧在辦公室召集了一場會議，請來梅努欽、參議院銀行委員會主席麥克・柯瑞柏（Mike Crapo，共和黨—愛達荷州）、眾議院金融委員會主席傑布・亨薩林（Jeb Hensarling，共和黨—德州）。他深知任何改革都要這三個人同意，所以策略是讓他們一開始就參與。這些議員並不特別關注中國議題，有關心的話也只是從經濟和商業的角度。但他們扮演守門員的角色，因為改革法案必須通過他們的委員會。而這意味企業遊說會在中途介入。

梅努欽聲稱他會和康寧配合通過法案，改革海外投資審查會的運作規則，前提是康寧接受他的大原則。梅努欽說，新的法律必須讓財政部有運用法規的彈性。財政部也需要更多資源才能多做這麼多工作。他沒有透露他支持這項改革法案的真正意圖：阻擋川普用行政手段來限制中國投資。康寧和梅努欽達成了交易。

柯瑞柏和亨薩林只能跟著走。這兩位共和黨的委員會主席都認為，身為相關法案權管委員會的主席，應該由他們來撰寫草案。但他們很快就不爽地發現，康寧和財政部早就在暗中對草案交換意見幾個月了。柯瑞柏和亨薩林很生氣，這部法案最後要由金融委員會和銀行委員會通過，但居然是由情報委員會的幕僚在負責協商。

他們很快又發現更不爽的事。當康寧提出海外投資審查會新法案時——稱為「外國投資風險評估現代化法案」——該法案已有梅努欽、馬提斯和傑夫・塞森支持。

在梅努欽堅持下，「外國投資風險評估現代化法案」並未指名中國。但在二〇一八年一月該法案首次公聽會上（由柯瑞柏主持），康寧明確讓大家知道這次立法針對的是哪一個國家。「這次立法的脈絡是重要而相對明確的，那就是中國」，他作證說。「中國不只造成威脅。而且，這種威脅是美國從未遇到過的——一個強大的經濟體採用強迫性的、國家發動的產業政策來扭曲和破壞自由市場，再加上侵略性的軍事現代化計畫，以及主宰該區域及區域之外的野心」。[6]

梅努欽曾多次反對對中國採取國家安全作為，他居然願意和康寧合作通過一項以國家安全考量來限制中國投資的法案，令人很是驚訝。但對梅努欽來說，這只是一場大戲中的一個環節。因為當「外國投資風險評估現代化法案」的戲碼正在上演時，他和賴海哲正在為賴海哲負責的三〇一調查做鬥爭。三〇一法案終於要在二〇一八年三月出爐。

賴海哲報告

二〇一八年二月，賴海哲準備要公布他對中國經濟侵略的三〇一調查結果。這項調查是川普政府對中國施壓的一環，為施加關稅鋪路。白宮許多人認為，迫在眉睫的貿易戰將逼北京做出足夠的讓步以避免關稅風險。在這個意義上，三〇一調查的結果是白宮所有人——不管贊成或反對關稅——都應該支持的。但要公布結果，也和二〇一七年八月公布要展開調查時一樣，陷入了派系鬥爭。

二月十六日，威爾伯・羅斯的商務部搶先賴海哲一步，公布他們自己為鋼鐵和鋁製品加徵關稅的調查結果。[7]這項關稅是依據一九六二年貿易擴張法的第二三二條，是基於國家安全考量而非經濟考量，這是很罕見也備受爭議的作法。而且這些關稅中只有百分之六在對付中國，其他則是對付加拿大、墨西哥、南韓和歐盟。「如果把時間分開實施，會比較好」，一名白宮官員後來反省說。「事情全混在一塊，每個人都做自己想做的事」。

無論如何，賴海哲的三〇一調查報告還是在二〇一八年三月末公布了，其效果是致命的。賴海哲的報告說，中國的非法行徑——竊取智慧財產、強迫科技移轉、不公平的補貼——每年造成美國經濟至少五百億美元的損失。他的診斷和處方讓鷹派有很多事可做。

納瓦羅和班農本希望賴海哲能調查得快一點，班農一定更加希望，因為他在中途就離職了。但對納瓦羅陣營的人來說，三〇一調查的結果證明是值得等待的。它呼籲要採取更強的反制措施：加強出口管制、施加關稅、廣泛禁止中國投資美國公司。

賴海哲的報告讓川普身邊主張關稅的人有了強力彈藥。他的團隊提出，第一步——對五百億美元的中國輸美產品課徵百分之十五的關稅——就要針對習近平標舉的「二〇二五中國製造」的科技產業。他們的理論是，如果把關稅瞄準那些未來的科技，就不會對現在的經濟造成太大影響。他們認為，這樣子川普比較能接受，對美國經濟的附帶傷害也比較小。「科技也許是我們經濟最重要的一部分」，賴海哲在公布報告時說。「我們的結論是，中國確實有強迫科技移轉的政策；有以低價取得技術許可的政策；有用非經濟的手段購併美國科技的國家資本主義政策；有網路竊盜的政策」。

四月三日，美國貿易代表辦公室公布一份一千三百三十三項中國產品、價值五百億美元的清單，把川普到目前為止還只是威脅的關稅給具體化。第二天，北京也公布一份一百零六項美國產品的關稅清單，針對了運輸和農業部門。川普第二天憤怒的回應，宣布考慮再對一千億美元的中國產品課徵關稅，警告中國不要傷害美國農民。

川普團隊中的高盛幫很清楚，川普現在是要打貿易戰了，而這是他們從第一天開始就反對的。他們各自用不同的方式回應。蓋瑞・柯恩心知自己已輸掉內部鬥爭，選擇辭職。梅努欽還想繼續作戰，他相信可以在貿易戰開打之前剎住車子。在川普和習近平互相威脅之際，他準備到北京快速談出一個協議，避免關稅真正實施。

鷹派和強硬派則志得意滿。他們已經說服總統對中國施壓。他們也證明了，就算川普使出強硬手段，中國領導人還是想繼續談判，市場也不會崩潰。「要記住，中國原來的立場是不會在關稅正在實施時談判」，前川普國安會中國事務官員馬修・杜爾賓後來說。「很清楚，事情不是這樣。那種只要你採取行動天就會塌下來的想法是錯誤的。可接受政策選項的奧弗頓之窗*必須移動了」。

奇異公司洩露航空電子科技

賴海哲的報告提出三大建議：加強出口管制、施加關稅、廣泛禁止中國投資美國公司。對梅努欽這種親商派來說，關稅和禁止中國投資再令人厭惡不過。沒錯，他是有支持「外國投資風險

* 譯註：奧弗頓之窗是指在一段時間內大多數人在政治上可以接受的政策範圍。

評估現代化法案」，在可能危及國家安全時禁止中國投資。但對他來說，修改新的海外投資審查會的規則是為了繞過賴海哲，讓白宮不要採取更強硬的措施。「梅努欽支持外國投資風險評估現代化法案，是為了擋住他更不喜歡的東西」，漢克後來說。「我不認為他相信中國投資是個大問題」。

當然，新的中國投資限制會造成很多利益人士損失。他們無法像梅努欽那樣用「外國投資風險評估現代化法案」耍花招，但他們可不會放棄遊說。柯瑞柏和亨薩林被反對這項立法的利益團體猛烈轟炸，包括商會、華爾街和產業協會。但康寧的幕僚從產業內部運作、拉攏盟友來削弱反對派的批評力道。

這種策略必然需要妥協，這讓國安鷹派感到不滿。最終通過的法案沒有授權海外投資審查會去決定應該審查的新興基礎科技項目，也就是不讓它自己決定管轄範圍。這給了北京一個必然會利用的大漏洞。

法案要通過，還得做另一項妥協。「外國投資風險評估現代化法案」最讓美國公司詬病之處，是該法案禁止與中方合資——雖然中國公司經常利用合資來竊取美國公司的智慧財產，但美國公司也因此得以進入中國市場，在短期間大發利市。為了讓法案能在委員會通過，並最後併入

「國防授權法」，這些限制都被拿掉了。

這麼重大的改革能通過是很罕見的，但沒有人知道它會如何改變局勢。但至少有一點可以確定：若沒有更強硬的法規來管制美國公司和中國公司合資，北京就能繼續用施壓來移轉科技和知識——某些美國人也能繼續從中獲利。美國國會中有人知道做中國的共犯有利可圖，某些美國公司亦然。例如奇異公司（GE）。

在軍民合一的時代，奇異公司的案例最能突顯與中國合資的問題。奇異在二〇一一年與中國航空工業集團合資，搞噴射引擎和航空電子。當時的中國商務部長陳德銘和美國商務部長駱家輝，都在芝加哥出席了公開簽約儀式。[8]

五角大廈每年都會發布中國軍力報告。在GE與中國航空工業集團搞合資之前，噴射引擎和航空電子都被報告列為解放軍在技術上的弱項。在GE和中國搞合資以後，航空電子就不再被五角大廈列為中國的弱項。GE基本上解決了解放軍在航空電子上的問題。

中國航空工業集團也是中國商用飛機公司的大股東。根據資安公司CrowdStrike的報告，這家公司的C919噴射客機用了許多從外國公司偷來的科技。偷這些科技的人，和二〇一五年從美國人事管理局偷走兩千兩百萬名美國人（包括我）的個人安全資料的人，是同一批中國政府駭客。[9]凡是中國政府不能要我們自動交出來的東西，他們就自己拿。

斯卡拉姆齊與海航的談判

「外國投資風險評估現代化法案」在二〇一八年四月才簽署為法律，但海外投資審查會的專家不等法律正式生效就開始出手。幾乎在川普就任之後，對於中國投資的整個氣氛就改變了。一月份，海外投資審查會擋下了馬雲的螞蟻金服對美國第二大匯款公司速匯金的購併案。三月份，海外投資審查委員又擋下了新加坡博通購併美國高科技巨頭高通的案子，因為博通和中國的關係很深。[10]

海外投資審查會的行動很能反映川普時代的美中關係。對於美中競爭的現實，美國社會不同部門產生覺醒的速度不同，時間也不同。當其中兩個部門發生衝突時，就要一番鬥爭才有結果，而美國人民經常夾在中間。

美國政府對中國投資的態度急速轉變，讓華爾街人士大出意料，尤其是川普政府中任期最短的白宮高層官員安東尼．斯卡拉姆齊（Anthony Scaramucci）。*此人綽號叫「揩油者」（the

Mooch），他沒想到自己會成為國安幫與華爾街幫在中國問題上角力的試金石。當他意識到自己淌入渾水時，為時已晚。

二〇一八年四月二十八日下午，我在CNN的休息室等著錄節目，斯卡拉姆齊走了進來，用手機大聲講話。他是在和海航集團的代表講話。海航集團在二〇一七年一月同意要買下斯卡拉姆齊的組合型基金SkyBridge，當時他以為自己馬上就要進白宮了。

當時房間裡有六、七個人，都在聊天、等人叫到自己，沒人注意到斯卡拉姆齊告訴電話對方說，他知道海航集團要取消交易，因為美國海外投資審查會對此案的國安審查似乎沒完沒了。斯卡拉姆齊說此事要有個解決。如果海航集團不肯按他的價格來取消交易，他說他會找川普介入。

「如果你們想要終止這筆交易，就要付分手費」，他說。如果他們不想這樣，那他就要「打給我的總統朋友」，總統對海外投資審查會的決定有最後大權。「讓總統來決定」，他說。「我們會和總統聯絡，我們要問他為什麼把做決定的權力交給別人」。

* 譯註：安東尼・斯卡拉姆齊曾在高盛工作，對沖基金SkyBridge創始人。二〇一七年七月二十一日，他被任命為白宮通訊聯絡主任，但上任十天就被解除職務。

我把他的話用手機記下來，心裡納悶房間裡的人到底聽不聽得懂斯卡拉姆齊在講什麼。他是在用川普的名號，逼一家中國公司要付錢取消原來要買下他公司的約定。似乎沒有人注意到。

這通電話有幾個問題。首先，斯卡拉姆齊和川普的關係依然好到讓威脅可信嗎？其次，這表示斯卡拉姆齊正在為這件交易遊說川普嗎？最後，為什麼海航這麼急著取消交易，讓斯卡拉姆齊覺得自己有籌碼叫他們付錢？

兩天後，海航集團和SkyBridge宣布同意取消交易。[11]斯卡拉姆齊告訴CNBC，兩間公司將在中國設立合資公司。[12]

兩年後我訪問斯卡拉姆齊，他承認有說這些話——但他說這只是他激烈談判手法的一部分。他堅稱沒有和川普談過這個交易，也沒想要談。他還說他沒有拿到分手費。「我是有情緒沒錯，讓他們走沒問題，但這筆交易是有錢可賺的」，他告訴我。「我們要和他們合資，所以沒要求賠償。但最後合資沒成」。

他還告訴我他短暫的政治生涯是如何被攪進華府與北京衝突的渾水。「無意之間，我掉進美國對抗中國這場大戲」，他說。斯卡拉姆齊痛苦地的發現，華爾街把美國公司賣給中國的門戶開放政策——尤其是科技業——很快就關閉了。

川普一當選，斯卡拉姆齊就準備要進政府當白宮通訊聯絡室主任，負責白宮和民間團體的關係。川普是斯卡拉姆齊在二〇一六年支持過的第三位總統候選人。前面兩位斯考特・沃克（Scott Walker）和傑布・布希都退出之後，「揩油者」變身為川普在電視上的忠實代言人，他罵過川普「駭客政客」一事也沒人記得。

為了要進川普政府，斯卡拉姆齊需要移轉資產，賣掉他的投資公司SkyBridge。SkyBridge基本上是一家投資避險基金的避險基金，個人可以付手續費買進。他聘請前摩根史坦利零售經紀部門的古格里・弗萊明（Gregory Fleming）來賣掉SkyBridge。他們接觸了大約五十家潛在投資者，其中十五家是外國公司，但沒有中國人。

引介中國大財團海航集團的，是擁有SkyBridge百分之十股份的RON Transatlantic公司。RON Transatlantic最出名的一件事，就是其管理團隊中有一位前歐巴馬貼身助理雷吉・樂福（Reggie Love）。RON Transatlantic引介斯卡拉姆齊給海航集團行政總裁楊光，此人是中國出生的美國公民，曾在二〇一六年為傑布・布希競選總統募款。海航集團出的價碼是第二高的。斯卡拉姆齊選擇了海航集團，因為它承諾會留用所有SkyBridge的員工。

這筆交易的金額並沒有公布，但斯卡拉姆齊說大約是幾億美元。海航集團在前一年度就買進約五百億美元的美國資產，這對他們不是什麼大數目。斯卡拉姆齊認為海外投資審查會會批准這筆交易，因為海航集團在二〇一六年以六十億美元購併金融科技公司 Ingram Micro，並沒有被阻擋。[13]

在當時，海外投資審查會還不重視金融科技，還沒有看到海航集團。「還記得當時，他們是備受禮遇的」，斯卡拉姆齊說。「在川普之前的政府，海外投資審查會對中國公司比較公平。我們以為既然海航集團能買下其他資產管理公司，這件事就是可以做的」。

是斯卡拉姆齊自己——在交易完成之前——去達沃斯參加世界經濟論壇時對外透露這筆交易。斯卡拉姆齊是去發表關於自由貿易和反對保護主義的演說。「美國和新政府並不想打貿易戰」，他告訴達沃斯的聽眾說。《華爾街日報》宣稱，在川普缺席的情況下，斯卡拉姆齊是「新政府向全球菁英喊話的大使」。[14]他排在習近平後面講話，習近平為全球化的概念辯護，而這正是川普競選時所反對的。

一月三十一日，麻煩出現了。《紐約時報》頭版刊出消息說，白宮高層對斯卡拉姆齊到白宮任職有所疑慮，因為他和中國公司有「利益糾結」。[15]斯卡拉姆齊相信這是蒲博思或班農放話，阻擋川普帶他進白宮。此計奏效。他的職位飛了。但交易繼續進行。

斯卡拉姆齊的律師估計，海外投資審查會將在三個月左右通過海航對SkyBridge的購併，一如海航當初購併Ingram Micro。但在同一時間，海外投資審查會正在調查海航集團好幾筆更大規模的在美購併案。監管單位要更詳細了解海航集團複雜的股權結構，及其與中國政府的關係。紐澤西一家軟體公司Ness Technologies在一件官司中宣稱，監管單位發現海航集團的說明有許多疑點。二〇一七年七月，美國銀行退出了這些交易案。[16]

約在此時，川普忘了他對斯卡拉姆齊的疑慮，聘他當白宮通訊聯絡主任。但他只待了十一天，因為《紐約客》報導了他用髒話罵班農等人，而斯卡拉姆齊誤以為這些話只是和記者私下聊天。他離開政治圈，也再度失去川普的歡心，但交易還在蹣跚進行。斯卡拉姆齊要把它完成。

海外投資審查會對海航集團多筆在美併購案（包括SkyBridge）的調查一拖再拖，最後的判決憂喜參半。斯卡拉姆齊公司的交易案可以繼續完成，但前提是兩家公司的數據資料系統要完全分開。海外投資審查會不想讓美國投資人的資料落入中國人之手。

但這就讓整個併購案失去意義了，斯卡拉姆齊說。與此同時，海航集團也很不順，北京下令它要減少財務槓桿。「這前所未見，他們是被政府強迫要去槓桿化」，他說。「輪子轉向了，而且轉得很快，這筆交易完蛋了」。

斯卡拉姆齊又回到SkyBridge，加入反川普陣營。他說他沒有後悔，他只是沒想到和中國公司做生意突然風險這麼高，既要考慮華府的風向，還要考慮中國公司的頂頭上司——中國政府。「我一生中做錯很多事」，他說，「但都比不上為川普政府工作」。

在這場開戰之初的遭遇戰中，國安幫贏過了華爾街幫和他們的中國夥伴。這是新鮮事。因為這麼多年來，這些交易案都沒怎麼審查就過了。現在，幾乎所有和敏感科技或美國公民資料有關的公司，都可能被認定為具有國安敏感性，需要受政府保護。這是美中更大規模科技戰的開端。

第八章

為未來而戰——科技戰開打

二〇一八年春季和夏季，美國與中國的貿易戰開始升溫。與此同時，另一場戰爭也開打了，那就是世界兩大經濟體的科技戰。

阿里巴巴、騰訊、海航集團、華為、中興、中國移動等中國科技巨頭，都在幾年內間就從二線廠商變成國家冠軍隊，在全世界擴張，幾乎要主宰電信和高端製造等關鍵產業。北京的「中國製造二〇二五」戰略加強了本就龐大的科學技術投資，再配合外交和軍事擴張，而其「軍民合一」計畫更模糊了國有和私有企業的界線。

對於這種發展，美國國安單位有兩大憂慮。這些公司都得益於竊取美國智慧財產、大量政府補貼和其他不公平的貿易措施，它們和美國及歐洲公司基本上是不公平的競爭。此外，美國情報界也相信，這些公司若不是直接和中國軍方和情報單位有合作，至少也會隨時被迫合作。中國科技若被置入美國或任何盟國的基礎設施之中，都是要盡一切手段加以防堵的國安漏洞。

梅努欽、賴海哲和庫德洛（他於二〇一八接替柯恩擔任國家經濟委員會主任）等美國高層官員此時都專注於和中方（主談人是副總理劉鶴）貿易談判，他們都預期這是一段漫長艱苦的過程。他們知道，此時對中國科技產業出手只會把事情搞得更複雜，讓貿易協議更難達成。但在國安單位內部，官員們卻在思考如何在貿易戰正酣之時發動科技戰。

關於中興的秘密文件

川普自己一直把貿易戰和科技戰這兩種戰爭混為一談，把國家安全考慮、經濟讓利和一般性的貿易優惠攪在一起。這讓他的官員很抓狂，卻讓習近平很開心。二〇一八年三月，川普在推特發文說他要給中國電信巨頭中興緩刑，而商務部才剛宣布要處罰中興違反美國對北韓和伊朗的禁令。川普說他已下令商務部要想辦法讓中興「快點回來做生意。中國失去了很多工作」。[1]

根據約翰・波頓書中的說法，川普是和習近平通話後做人情幫忙中興，沒有得到任何回報。而鼓勵他的人是梅努欽。波頓、賴海哲和納瓦羅試圖說服川普不要這麼做，但他不聽。川普發文後，白宮發言人琳塞・渥特斯（Lindsay Walters）罕見的為川普的推文澄清說，總統並沒有否決商務部長威爾伯・羅斯的決定，川普只是要羅斯「獨立判斷」、「根據事實」來解決中興的案子。[2]

商務部長的判斷是，他必須把出於經濟考量的貿易戰和出於國安考量的科技戰重新劃一條界線——他的老闆才剛抹去這條界線，而且不是最後一次。[3]羅斯在五月十四日對全國記者俱樂部說，懲罰中興違規是「與貿易分開的」，但他承認正在尋找「不同的做法」。[4]但川普又再推文，說法和他完全矛盾。「中興，一間中國電話公司，從美國購買大量零組件。這反映出我們正在和中國談判的更大的貿易協議，以及我和習近平主席的私交」。[5]

川普兩度證實了其中關聯。國家安全和司法議題乃是他尋求貿易協議大目標的談判籌碼。這正好是習近平夢寐以求的。對北京來說，每當美國針對其非法或腐敗行為採取國安或司法動作時，習近平就會把問題丟上貿易談判桌。此法通常都會奏效。

我能確定北京有把中興當成貿易談判的一部分，要求川普放過中興，因為我拿到一份內部機密文件，上面寫著白紙黑字。這份文件是美國代表團一週前到北京時，中方提出來的要求清單。其中第五點寫道，「已注意到中方對中興一案的重大關切，美方會仔細聽取中興的說法，考量中興在法遵上的進展和努力，以及中興已宣布要對出口禁令做調整」。

我在五月十五日《華盛頓郵報》寫的專欄引起了廣泛注意。[6]我在第二天早上六點上了CNN的New Day節目，和郭謨（Chris Cuomo）及史劍道（Derek Scissors）討論這個話題。史劍道是美國企業研究所的常駐學者，他告訴我川普是被習近平「勒索了」。川普看到這一段，推文說我的報導是假新聞。「華盛頓郵報和CNN一貫性的對我們和中國的貿易談判捏造一堆假新聞……我們根本還沒看到中國的要求」，總統推文說。[7]

川普並不知道這則新聞是我在《華盛頓郵報》寫的，也是我在CNN上講的。但更重要的是，我手上有這份要求清單。我也確知美國官員已經看過這份文件。美國總統說我在說謊。那天稍晚，羅斯證實這份清單確實存在，他有看過。

在那個星期，媒體曝光一些美國代表團到北京的消息，這些消息都是要詆毀納瓦羅。[8]在北京與劉鶴關鍵性會談之前，梅努欽在最後一刻決定要改為一對一會談，賴海哲和納瓦羅都不能參加。納瓦羅大怒，兩人互相叫罵，中國官員都聽得到。

白宮官員開始對記者放話說，納瓦羅此行行為怪異。這是他一生中第二次去中國。他一路上堅持要把行李帶在身邊。他要睡在大使館內，因為害怕酒店被監聽。在官方宴席中，他拒吃端上來的食物。如此等等。與納瓦羅敵對的白宮官員甚至找理由檢舉他惡待屬下。他們甚至啟動調查，查問每一個他的屬下，想找理由把他趕走。但這項調查最終無疾而終。

五百億的關稅

儘管如此，梅努欽還是沒辦法快速達成一項足以讓川普打消關稅的協議。貿易戰繼續進行，不管他喜不喜歡。五月二十日，在和中方代表會談後，梅努欽宣布貿易戰「停火」，因為雙方已有大幅進展，不用真的實行關稅了。但九天後，白宮發表聲明，完全打臉梅努欽，誓言要在六月十五日公布第一波關稅。那一天，美國貿易代表辦公室更新了要對中國課徵關稅的清單，北京也如法炮製。七月六日，第一波三百四十億美元的關稅正式實施，中國以牙還牙。北京瞄準了川普基本盤各州的產業。川普很不爽，又叫貿易代表署提出一份兩千億美元的可能關稅清單。貿易戰開打，而且很快就升級。[9]

七月六日，第一波五百億美元的關稅正式生效，從此不斷升級。在七月份結束前，川普已公開威脅要對五千億美元的中國進口品施加關稅。他還宣布要編幾十億美元預算來協助受中國打擊最大的農人。[10]在八月份和九月份，報復不斷升級，幾乎每兩個星期就有新一輪的關稅措施。

美中關係的天氣風雨交加，多數民眾都很關切其中曲折。但這種天氣其實是長期氣候變遷的結果。國安強硬派已準備好大大利用氣候的變化。他們已擬定計畫，也有一個領隊帶頭，那就是副總統潘斯。

馬提斯訪中

川普政府的國安團隊基本上被排除在貿易談判之外，這是刻意的。但這不表示他們會對中國坐視不管。二〇一八年夏天，龐培歐取代提勒森為國務卿，波頓也鞏固了對國家安全會議的掌控。在六月份，當白宮宣布要對中國施加關稅引起全球震盪時，馬提斯以川普國防部長的身分首度造訪北京。

在去中國途中，馬提斯先在夏威夷做了場大秀，正式宣布要把美國太平洋司令部改名為美國印太司令部。他還出席香格里拉對話，宣布美國新的印太戰略。這是把博明在二〇一七年帶頭撰寫的關於印太戰略框架的機密與非機密文件，第一次公開呈現出來。現在，終於有一份可以依循的國防戰略，馬提斯要向此區域展示。

馬提斯從未到過中國，他四十年海軍陸戰隊生涯大多是在中東。他不了解中國的體制。例如，馬提斯很高興能見到中國國防部長魏鳳和，但他不知道在中國的體制中，國防部長只是個小官。魏鳳和的地位不能和他平起平坐，因為體制不同。他的幕僚說服他必須見到空軍上將許其亮，此人是中共中央軍委會副主席，實質權力比國防部長大得多。

許其亮一分鐘都不浪費，整個會談上都在教訓馬提斯中國的百年國恥，沒怎麼談到要合作共贏。馬提斯不喜歡這次會談，但幕僚認為他至少知道了誰才是中國真正的領導人，以及他們在說些什麼，而不是只看到那些在檯面上「與蠻夷打交道之人」。

在與習近平見面時，馬提斯說他要從明確且客觀的事實出發來打交道，唯有如此，美國和中國才能在競爭的環境中共存，不會陷入雙方都不想要的衝突。「我們要嘛像歐洲人一樣，在二十世紀很愚蠢的兩次毀滅自己」，他對習近平說，「要嘛我們可以坐下來討論信心建立措施，讓我們都很安全」。

和大多數川普官員不同，馬提斯在外國首都是很有軍事領袖聲望的，備受尊重，他也利用這一點把話講清楚。「如果你要打，很好。我很會打」，馬提斯對習近平說。「但我們不該這麼蠢，不該低估雙方要付出的巨大代價」。

馬提斯不是唯一告訴中國領導人新的雙邊關係將是競爭關係的川普政府官員，不管中國領導人喜不喜歡。博明在二〇一七和二〇一八年初多次到北京，向中國官員說明新政策文件的意涵，以及北京對川普政府該有什麼期待——簡單說，就是強硬路線。

當然，比起看來孩子氣的博明，此時的中國領導人更相信一些和他們交好的川普身邊人士。

但在九月份於中國大使館中，博明在一場部分用中文的演說中把話講得更清楚。他說孔子本人也會希望美國和中國誠實面對雙方的競爭態勢。他以他參與撰寫的「國家安全戰略」為例說明，「川普政府已經更新了對中政策，以競爭為優先」。「對我們來說，這就是孔子所說的『正名』」。

博明引用孔子在《論語》中的話，中英文並用：「名不正則言不順，言不順則事不成」[11]。

他說，美國和中國很明顯是在競爭，避而不談沒有好處。他說川普政府的政策就是誠實和現實主義，希望中國大使不要以為華府是侵略者。「對我們來說，競爭不是什麼難聽的話」。

博明想把美中關係氣候已變說個清楚，但他的位置還不夠分量。所以他和志同道合的官員力促強硬派所仰賴的最高官員出馬，對中國問題發表一次重大演說。那就是副總統潘斯。

副總統潘斯出馬

潘斯在對外政策上扮演穩定的角色。他在二〇一七年參加慕尼黑安全大會，二〇一八年初又出訪亞洲。我曾隨他出席平昌冬奧開幕典禮，他和金正恩的妹妹只有一呎之遙，但沒有目光交會。我們還從邊境進入北韓。潘斯在國會時是個虔誠的新保守派。我有一次問他認不認為中共是

「法西斯」組織，想聽聽他怎麼說。他回答說，「不，他們是共產黨」。在他眼中，中共就和當年的蘇聯沒兩樣。

二〇一八年十月四日，潘斯在保守派智庫哈德遜研究所發表對中演說，立刻成為對中強硬戰略的領頭羊。潘斯一直是對中強硬派，但他一直沒有公開表態，也許是不想在總統貿易談判時捲入內鬥。博明心知這場演說會引發爭議，便偷偷和潘斯的撰稿人史蒂芬・福特（Stephen Ford）合作，直到演說前一天晚上才讓其他單位看到講稿。梅努欽想在最後一刻推遲演說，但太晚了。潘斯在演說前一晚把講稿給川普看，川普稍做修改就可以了。

「我今天來到這裡，是因為美國人民有權利知道，在我說話當下，北京正運用一種傾整個政府之力的手段，除使用政治、經濟、軍事工具，還包括政治宣傳，目的是對美國遂行影響力以獲取自身利益」，潘斯說。「中國比起以往更積極主動地使用這種力量，影響並干預美國的國內政策與政治」。

潘斯提出兩大指控。首先，他提到統戰，對這種層級的美國官員來說這是第一次。然後他又指控中國干預內政、反對川普。潘斯點出中國如何用關稅報復來打擊支持川普的鄉鎮，把反川普的廣告裝成是新聞報導置入在愛荷華州的報紙上。

潘斯還特別向坐在前排的白邦瑞致意。對博明等人來說，這既是公開宣揚他們自競選以來的工作成果，也是當官僚系統還在抵抗他們撰寫的戰略文件之時，來自最高層級的肯定。《紐約時報》立刻刊出文章說，潘斯的演說代表川普政府「宣布新冷戰」。[12]一名白宮高層官員打給我說，這種看法完全錯誤。演說的目的是承認現實，要北京注意，不是要從無到有製造衝突。

這名官員說，「這是要告訴美國人民我們必須覺醒。也是要讓中國人覺醒，如果再繼續他們令人無法接受的路線，一定會有後果」。[13]

潘斯在亞洲

當亞洲重要外交會議又要召開，川普顯然沒興趣再去了。他討厭這種東西，而潘斯很有興趣。二〇一八年十一月，我隨潘斯到了韓國、日本、新加坡、澳洲、巴布亞紐幾內亞。他率領美國代表團出席新加坡的東亞峰會，又代表川普出席巴布亞紐幾內亞的APEC企業領袖高峰會，這是亞太地區最重要的年度領袖聚會。副總統對中國政策發表重要講話是件大事。他現在要到亞洲十天，向盟國解釋其意涵。[14]川普政府終於有機會讓人相信，這個政府已經對中國上緊發條了。

隨同潘斯出訪，你可以感覺到他很興奮離開華府。我們都很興奮。民主黨剛在期中選舉戲劇性地奪回眾議院，但輸掉了參議院。這表示接下來兩年，政府會因為分裂而癱瘓，新的眾議院肯定會針對一連串醜聞發動調查，戰鼓連天。

當我們抵達第一站東京，日本首相安倍晉三給潘斯全套紅毯禮遇，兩人擺姿勢給媒體拍照，發表關於同盟和北韓的聲明。潘斯如魚得水。

當我們飛往第二站新加坡途中，我走到空軍二號前艙的小房間和潘斯聊天。我坐在他睡覺用的折疊床上。凱倫．潘斯坐在一旁的桌邊，她很和善，但顯然（且合理的）不太喜歡有記者闖進他們的私人空間。

潘斯告訴我，安倍一開頭就提到他在哈德遜研究所的對中演說。安倍告訴潘斯說，美國把對中國的立場說清楚是很重要的，因為像日本這些支持強硬路線的國家都希望華府來帶頭。

新路線的可信度也很重要，因為它發表在川普和習近平於布宜諾斯艾利斯G20峰會見面之前。川普威脅如果北京不順從，就要再對兩千五百億美元的中國產品加徵關稅。對川普來說，新路線就是中國要再多買一些美國農產品。而對潘斯等人來說，新路線是要解決經濟關係的結構性問題，包括竊取智慧財產權、政府補貼等議題。

這又是一件貿易戰和戰略覺醒——美國政府和社會對中國採取競爭態勢——交會的案例。如果川普夠聰明，他應該利用他政府的強硬對中政策，叫習近平要好好處理貿易問題。但川普做的正好相反。當習近平請他再給個人情，他就撤回新的關稅，這就傷害到總體的戰略，也沒拿到回報。

然而當潘斯在布宜諾斯艾利斯峰會之前巡訪亞洲時，他告訴所有人說，川普的新政策就是要終結北京老是做出承諾卻從不遵守的行為模式。

「他們玩這種遊戲已有二十五到三十年了。美國政府老是說會有改變，但沒有人認真推動，沒有人採取行動要求改變。等到議題又換過了，他們還是照幹」，潘斯告訴我。「我認為中國到阿根廷會開始明白這次不同了」。

波頓的遺憾

在波頓擔任國家安全顧問期間，他和潘斯有私下但緊密的聯盟關係，但兩人都認為不要公開為上。波頓並不是潘斯那種新保守派。在意識形態上，他比較像是龐培歐那種保守鷹派。（新保守派和保守鷹派的差別——即使在華府也常被忽略——在於民主、自由、人權在美國對外政策和運用硬實力時該占多大比重。當政策制定者在討論美國盟邦中一些壞蛋政府如埃及和沙烏地阿拉伯時，差異就會浮現。新保守派要求這些政府做改變，保守鷹派則要繼續和它們緊密聯盟）。潘斯和波頓在對外政策上共用幕僚、密切合作，但兩人密而不宣。他們都是被「讓美國再度偉大」支持群眾質疑的共和黨建制派，白宮內部也有人把這些老共和黨人當成敵人。

關於中國，兩人意見幾乎一致。對於該把我們的價值強加在盟國身上到何種程度，新保守派和保守鷹派意見不同，但對於強加在敵人身上，雙方則是一致的。在出任國家安全顧問之前，波頓在丹尼爾摩根研究所發表演說，呼籲華府要領導整個區域全面反制中國侵略。「沒有美國的有效反制，東南亞國協和東南亞其他國家顯然無法單獨面對中國，而我不認為我們有提供適當的領導」，他說。「二十年來，我們都沒有可行的中國戰略……我們必須盡一切力量，否則只會一再被人玩弄」。[15]

波頓本想盡量到亞洲挽救川普一直在傷害的盟國關係，他原定要陪潘斯一起到新加坡參加東南亞國協峰會和東亞峰會，要從法國諾曼第登陸七十五週年紀念後直接飛到新加坡。波頓還想和潘斯一起到巴布亞紐幾內亞參加APEC領袖高峰會。但結果他一個都沒去成。

波頓在新加坡的第一個晚上，華府發生一件危機，牽涉到他的副手蜜拉．里卡德爾（Mira Ricardel）。里卡德爾是資深共和黨對外政策鷹派，她在總統選舉期間沒有參與政治，但川普上任後擔任多個政府職務。她以手腕高明著稱，是波頓的執行者，在短暫擔任副國家安全顧問期間和川普政府內部好幾個派系做鬥爭。[16]

但里卡德爾從政府交接期間就累積不少敵意。當時她在白宮負責國防部的人事，立刻就和馬提斯發生衝突。馬提斯想讓職業外交官如安妮．派特森（Anne Patterson）出任國防部高層官員，還想起用徹頭徹尾的民主黨人米歇爾．佛洛諾伊（Michèle Flournoy）。若是希拉蕊當選，此人是呼聲極高的國防部長人選。

里卡德爾想當五角大廈第三號人物——政策次長，被馬提斯擋掉了。但其實是她先擋掉好幾個馬提斯想用的人，還在白宮說馬提斯的壞話。[17]里卡德爾最後弄到一個商務部的職位當安慰獎。二〇一八年四月，她又回到白宮當波頓的左右手，任務是掌控五角大廈。

但還沒開始做，里卡德爾就惹怒了川普家族這個派系。她對梅蘭妮亞．川普說，如果國安會官員要幫第一夫人準備到非洲四國的行程，就要安排他們和梅蘭妮亞同機。在里卡德爾看來，她的手下不應該自己坐商用飛機在非洲一國接一國追著第一夫人跑，這是很合理的。但梅蘭妮亞的幕僚不肯。這變成意志力的較量，而在川普的白宮，總統一家幾乎總是贏家。梅蘭妮亞向約翰・凱利告狀，凱利下令里卡德爾要服從，她接受了。

但就算贏了，梅蘭妮亞的幕僚還是不肯罷手。新加坡時間半夜三點（波頓正在睡覺），第一夫人辦公室發出聲明，批評里卡德爾不適合在白宮任職。東廂異乎尋常的公開攻擊西廂。梅蘭妮亞的幕僚還私下放話說，里卡德爾脾氣爆躁、說謊成性、喜歡洩密。[18]

幾小時後，波頓一行人就從新加坡搭機回華府處理里卡德爾的事。國家安全顧問錯過所有東南亞盟國的會議，只因為華府的派系內鬥。里卡德爾不久就辭職了。

戰狼外交大鬧會場

沒了波頓，潘斯還是到了巴布亞紐幾內亞，隨行的有副國務卿約翰・蘇利文（John Sullivan）、博明，還有潘斯自己的國安顧問、退休將領基思・凱洛格（Keith Kellogg）。凱洛格是個脾氣很好但不甚重要的官員，他在競選期間擔任政策顧問，就一直留了下來。這是這趟行程的重頭戲。

習近平在一星期前就抵達做國是訪問。中國想主導這次會議，或至少不讓美國從中得益。

中國在這個第三世界小島的影響力四處可見。中國舉辦了莫爾斯比港高速公路的啟用典禮，這條路是中國免費建造的（債務陷阱之後才會到來）。這條路通往全新而美輪美奐的國會大樓，這也是中國公司受政府之命免費打造的。也可以看到正在蓋的最高法院新大樓，這也是中國送給巴布亞紐幾內亞的禮物（有附條件）。

為了歡迎習近平來國是訪問，中國代表團在新高速公路掛滿了中國國旗。當其他國家代表團要抵達時，巴紐政府請中國代表團把旗子拿下來。他們拒絕。在進一步催促下，他們終於把國旗拿下，卻換上全紅的旗幟，從任何角度看都像是中國國旗。這只是他們詭異挑釁的惡霸行徑剛開始而已。

當習近平宴請八個和台灣沒有外交關係的太平洋島國領袖時，所有到場的國際記者都被轟了出來。在拍攝團體照時，所有領袖身穿色彩斑斕的南島襯衫在木筏上排排站好，等習近平姍姍來遲。這是權力的展示。

在會議中，中國代表團大聲指控美國「陰謀」對付中國，不顧其他亞洲國家的利益把他們拖下水。博明負責協商代表二十一個國家共識的聯合宣言。中國代表團反對關於打擊不公平貿易措施的用語，但其實文字只是模糊寫著「我們同意打擊包括所有不公平貿易措施的保護主義」。

中國代表團還跑到巴紐外長辦公室，要他介入此事。外長拒絕見他們，中國官員就直接闖進部長辦公室，部長不得不叫當地警察把他們趕走。回到會議大廳，中國官員又闖入小國的會議室，要求他們接受北京的版本。

「這已成為中國官方的慣習：戰狼外交」，一名參與談判的美國高層官員告訴我。「他們四處走動，好像這是他們的地方，用霸凌來達成目的」。

習近平和潘斯排定要在最後發表公開演說。出於安全考量，這兩場演說在莫爾斯比港一艘巡洋艦上舉行。國際媒體在岸上的帳蓬播報。當潘斯開始演說時，國際媒體的網路突然斷掉，記者無法即時轉播。而當潘斯講完，網路又神奇的恢復了。

潘斯的幕僚對中國代表團的兒戲行為越來越不耐，但他們有更重要的事要忙。在潘斯演說前幾個小時，川普在橢圓形辦公室對中國說了一番話，完全不管潘斯在地球另一邊幹什麼。博明和福特不得不在最後一刻把川普的話寫進潘斯的講稿。

這段話是這樣講的：

如同川普總統幾小時前在橢圓形辦公室所說，我們「很尊敬習近平主席」，「很尊重中國」。但總統也說，「中國占美國便宜已經很多很多年了」。而那些日子已經過去了。總統還說，中國有「巨大的障礙」，有「巨大的關稅」，而我們也知道，他們正以前所未有的規模在搞配額、強迫科技移轉、竊取智慧財產、補貼產業。這些行為導致美國光在過去一年就有三千七百五十億美元的貿易赤字。但正如總統今天所說，「現在都要改變了」。

潘斯是即時把川普講的話結合進他正在莫爾斯比進行的外交。聽起來好像有理，也好像不太有理。川普發出的信息是混亂的，但潘斯假裝成一切天衣無縫。難怪觀眾聽來一頭霧水。

潘斯講完後，掌聲稀稀落落。潘斯很意外。為什麼觀眾對「美國會繼續留在這裡」的對中強硬路線無感呢？他後來才發現，中國代表團暗中收走所有現場觀眾的入場券，分給了中國生意人。他們在細節上搞小動作的本事令人佩服。

最後一天，博明和中方試圖對APEC聯合宣言弄出一個共識。中國代表拒不讓步。二十票對一票，除了中國之外所有國家都支持草案。但因為沒有共識，宣言取消。當各國領袖投票時，隔著玻璃窗觀看投票的中國代表團歡聲雷動。對中國來說，美國的失敗就是中國的巨大成功。

孟晚舟被捕

潘斯、波頓和博明制定和宣布了美國新的對中強硬路線，但當川普到布宜諾斯艾利斯G20峰會再度與習近平會面時，一切辛勞全毀。就在此時，加拿大幫美國司法部逮捕中國電信巨頭華為的CEO、華為創辦人任正非的女兒孟晚舟，國家安全官員和貿易談判團隊再度槓上。

波頓在書中承認，他是在前一天才被司法部告知可能會逮捕孟晚舟。但他決定不要告訴川普，因為他覺得他只是被「簡單告知」，要等到了解「所有事實」才去麻煩總統。消息出來時，川普正和習近平晚宴中。晚宴後，川普很生氣他沒被告知。新聞秘書莎拉・桑德斯（Sara Sanders）打給司法部，問他們是否刻意隱瞞訊息。司法部則說他們有告知國安會。川普後來抱怨說，我們逮捕的是「中國的伊凡卡・川普」。孟晚舟被捕的理由是華為違反美國對伊朗的禁運。證據很充足，但這不是重點。因為公司的行為而以刑事罪名逮捕這種層級的中國企業高管，這是史無前例的。對這種層級的人物動用司法手段必然會升高衝突，在外交和政治上都會有後果。在任何一個正常的政府，這種行動沒有白宮最高官員參與是不可思議的，尤其是當美中兩國領袖正要進行高峰會。

庫德洛第二天告訴福斯新聞的是事實，川普確實是在晚宴後才知道逮捕一事。[19] 媒體形容司法部的行動是在「破壞美中貿易戰的解決」。事實上，此事乃是美中科技戰的第一炮。兩者是否有連結？當然是的。但這是刻意連結在一起的嗎？嗯，那就要看連結的人是誰，以及在什麼時機。

習近平怪罪加拿大

習近平多次把華為問題和貿易談判連結在一起。在習近平看來，這樣的連結順理成章。當孟晚州在加拿大法院訴訟以免被引渡到美國期間，習近平用羅織的罪名抓了兩名加拿大人當人質，作為和杜魯道談判的籌碼。但杜魯道無法做這種交易，因為加拿大的政治不可能允許為了政治上的權宜放棄法治原則。

但這完全是川普會做的事。所以川普政府裡的人也在擔心這件事。他們的擔心不是空穴來風。我在《華盛頓郵報》的同事埃倫・中島（Ellen Nakashima）的消息指出，梅努欽的幕僚長艾利・米勒（Eli Miller）想偷偷談出一個交易，用撤銷或減輕孟晚舟的罪名，交換華為接受某種形式的公司懲罰。米勒和中國官員用私下管道會面，梅努欽也暗中支持。但交易沒有談成。

波頓寫道，梅努欽「一直不爽」司法部對中國官員和企業做刑事追訴[20]，而川普也「數度」暗示說華為可以作為貿易談判的籌碼。[21]川普把華為看成電信公司，司法部把華為看成是犯罪組織，波頓則把華為看成是中國情報機關的臂膀。

他們的看法都對。華為全部都是。在接下來一年，川普一再提到要把華為放進貿易談判。他又把國家安全和經濟交易混為一談，讓北京得利。結果是政策上進進退退，搞得好像美國懲罰中國科技公司只是為了讓總統可以給予緩刑，全世界都看得霧煞煞。

對華為下禁令

布宜諾斯艾利斯之後，賴海哲在川普指示下接替梅努欽負責貿易談判。納瓦羅基本上被排除。賴海哲和劉鶴穿梭外交了五個月，敲定一份冗長而詳細的協議草案，中國承諾要買更多美國農產品、對美國金融業者開放市場、修改中國多項法律以終止不公平的貿易措施，例如竊取智慧財產和強迫科技移轉。

二〇一九年五月初，劉鶴帶回來的草案把原協議中很大一部分（都是關於修改法律的部分）都刪掉了。五月六日，賴海哲說中國人還不打算做結構性的改變，所以目前協議不成。[22]這在川普府內部被稱為「大背信」。

儘管對話繼續進行，但強硬派又看到天氣已變，有機會推進已停頓幾個月的工作——升高對華為的戰爭。而既然貿易協易不會立刻談成，川普也就放手一搏。他在五月十五日簽署一項行政命令，禁止美國政府和聽命於外國敵對政府的公司做生意——也就是華為。他還下令威爾伯・羅斯把華為放進商務部的禁止實體清單。[23]但儘管他已認識到華為的威脅，他還是一直說這是可以談判解決的。

「華為是很危險的東西。從安全的角度和軍事的角度看，它是很危險的」，川普五月二十三日在橢圓形辦公室說。「所以也許可以把華為放進某種貿易協議中。如果可以達成交易，華為可以成為貿易協議的一部分」。[24]

華為禁令對供應華為半導體、晶片和軟體的中國和美國公司都造成影響。也影響到已經充斥華為設備的國家，和準備購買更多華為設備做5G建設的國家。川普政府的決定影響到他們，但沒有事先和他們商量，只是事後叫他們要聽話。

川普的官員都無法保證川普會堅持下去。六月十八日，習近平在跟川普通話時提到了華為禁令，告訴川普說這些禁令不該成為貿易協議的一部分。六月二十八日在大阪的G20高峰會中，他們又談了一次。第二天，川普似乎完全扭轉了他的立場。

「美國公司可以賣設備給華為」，他在記者會上說。他還說這是指「沒有重大國安問題的設備」。

華為發推特說，「大逆轉？」。[25]博明則氣到差點中風。整件事一團亂。但國安團隊還面臨另一個大問題。幾個月來，他們都在想辦法回應中國對維吾爾人的迫害。對他們來說，指控中國違反人權、捍衛美國價值觀乃是與中國對抗的重要一環。

在大阪的川習晚宴中，確實有談到新疆維吾爾穆斯林和其他少數民族的「再教育營」問題。當時已有大量證據顯示，這些營區內有超過百萬的無辜民眾，有大規模拘留、強迫灌輸和其他違反人權的行為。就這些迫害質疑習近平不僅是道德問題，更要讓習近平了解，西方不可能無視這麼大規模迫害人民的行為。

但川普並不關心維吾爾人的處境。波頓寫道：「根據翻譯人員的說法，川普說習近平應該繼續蓋營區，他覺得這種做法是對的」。[26]

第九章

新世界秩序——控制聯合國與世界銀行

二〇一四年十月，習近平曾到新疆發表一系列重要講話。鑑於美國和國際社會的形勢，他宣示要在中國西北邊疆對付「分裂勢力和暴力恐怖勢力」的新方案。[1]對多數新疆居民以及全世界的維吾爾人來說，這番宣示的後果是嚴峻的。假如中國共產黨能把觸手伸出二次大戰前的疆域的話，那中共在新疆的政策就預示了在這些地方也將如法炮製。這是新世界秩序的前兆，具有中國特色。

一九四九年，毛澤東的人民解放軍在蘇聯全力支持下打敗蔣介石的國民黨軍隊，新疆落入中共之手。在本書寫作時，有兩千五百萬新疆少數民族生活在中國政府各層面的控制和壓迫之下。其中最大的少數民族是維吾爾族，人數約有一千一百萬。他們信奉伊斯蘭教，說土耳其方言。其獨特的語言、文化、藝術和傳統讓他們有鮮明的民族認同，而這更招來中國當局的猜忌和疑懼。

和在西藏一樣，北京也在開發新疆這個資源豐富的戰略要地，引進大量漢人，逐步而堅定的打壓維吾爾人的宗教和言論自由，掌控一切。但和藏人不同，維吾爾人並非全都堅持非暴力。有些人跑到阿富汗和敘利亞受訓，再回到新疆秘謀發動攻擊。

習近平到新疆第二天，兩名維吾爾人在火車站自殺爆炸，死傷八十人。但《紐約時報》後來披露的講話顯示，習近平是早在去新疆以前，就計畫好要用大規模監控、大規模拘留、政治灌輸和強迫勞動來鐵腕鎮壓。他不在乎全世界的觀感。「我們要比他們還狠」，習近平在一次講話說，「絕不憐憫」。[2]

二〇一六年，習近平派中共在西藏的一把手陳全國任新疆自治區黨委書記。陳全國隨即下令要「應收盡收」，清理掉不肯聽命的地方官員，開始興建大批「職業技能、教育訓練和改造中心」。根據衛星照片和實地採訪的報導，這些中心無異於監獄。整個新疆到處都有人工智能的監視器和其他監控工具，用來辨識該把哪些人送進監獄。辨識的根據是隨機且過去無害的行為，例如不吃豬肉或蓄鬍。

幾年後，國際調查記者同盟（International Consortium of Investigative Journalists，簡稱ＩＣＩＪ）公布一系列「中國電訊」文件，披露中國當局如何用科技來拘捕有潛在犯罪可能的嫌犯。他們還迫害海外維吾爾人，試圖把他們抓回中國監禁。凡是和西方有接觸的人都是重要目標。大批學者、藝術家、學生、作家失蹤。監獄還有工作手冊，詳述如何防止逃脫、對犯人洗腦、防止整個體制的機密被曝光。

中國要保持機密。但在二〇一八年下半年，間接證據已經非常充分，世界無法再忽視這些集中營，中國也無法否認它們的存在。接下來的衝突顯示出中國國際霸權的赤裸事實，及其對中國老百姓和全世界人民的影響。

你不該提到維吾爾人

二〇一八年夏天，美國駐聯合國大使妮基・海莉第一次在聯合國提出維吾爾人處境的問題後，中國常駐聯合國代表馬朝旭要求與她見面。第二天，海莉在家邀宴安理會常任理事國所有成員，馬朝旭去了，要求在宴會後和她一對一會談。剩下兩人以後，他交給海莉一份厚厚的資料。海莉說他們的對話如下：

馬朝旭：你不該提到維吾爾人。你不了解。你必須理解我們為什麼要這麼做。

海莉　：請讓我了解你們為什麼要這樣對他們，強迫他們改變。

馬朝旭：你不知這些是什麼人。

海莉　：他們是什麼人？

馬朝旭：他們是罪犯。

海莉　：他們犯了什麼罪？

馬朝旭：他們做壞事。他們搶劫、偷竊。

海莉　：你是說他們是被逮捕的？

馬朝旭：是的。

海莉　：所以，他們全都有犯罪？

馬朝旭：有些人有，有些人我們知道以後會的。

海莉說這次會談「很詭異」。中國領導人已經看到國際社會對拘留營相關報導的怒火，居然還派聯合國大使來說這種話。馬朝旭還說他們教導維吾爾人如何營生，這是為他們好，這樣就可以不再犯罪。

「這段談話很能說明問題」，海莉告訴我。「他沒說實話，但就是要人接受」。

儘管習近平盡力防堵，但整個二〇一八年，外界越來越知曉中國政府對新疆人民緊縮控制，大規模拘留維吾爾人和其他少數民族。在新疆各地城鎮，有很大部分的成年人都被關進如雨後春筍般出現的拘留營。

新疆的維吾爾人基本上活在一個開放式大監獄，二十四小時被有史以來最具侵入性、最無所不在的科技偵察系統監控。中國政府派出百萬名漢人幹部到新疆，強行住進維吾爾人家中，對他們做監視和舉報。中共稱此計畫為「配對認親」。[3]漢人「親戚」會突然出現在維吾爾人家，開始做紀錄。中國政府也試圖消滅維吾爾人的宗教，夷平清真寺，把每天做伊斯蘭禮拜的人關進拘留營。中共是以打擊恐怖主義為名，對新疆所有非漢族人口發動戰爭。

中國政府是要把新疆漢化，把超過一千一百萬人口的宗教、認同和文化稀釋掉，即使不是消滅掉。維吾爾人認為這是種族滅絕，藏人則傾向用「文化滅絕」一詞。拘留營中的刑求、強迫節育、政治灌輸和骨肉分離的故事不勝枚舉，已足以構成反人道罪行。許多兒童因為父母被送去拘留營而成為孤兒，政府把幾千人送到中國各地的孤兒院。有些父母回家後可以找回孩子，但很多人找不回來。還有幾千名被「釋放」的人只是被送去別省的工廠工作，別無選擇。這叫做集體強迫勞動——這只是中國一連串違反人權的其中一例。

川普也許不反對中國對人權的蹂躪，但國會有跨黨派的聯盟要求制裁。梅努欽奮力與他們對抗。每當有人提出要制裁中國官員或實體，財政部就反對。有時梅努欽會採用拖延戰術，例如把白宮的公文留住不發，讓制裁無法執行。有時他會請求召開首長委員會會議來拖時間，讓他有機會親自介入反對制裁。有時他會拜託國會山莊的朋友，幫他阻擋制裁法案通過。他有一系列讓北京免受制裁的手段，他也真的很會運用。

中國的國際秩序

中國政府對新疆非常敏感，連討論都不行。二〇一八年三月，北京阻止德國公民、世界維吾爾代表大會多里坤・艾沙（Dolkun Isa）出席曼哈頓聯合國總部的年度原住民問題常設論壇。中國駐聯合國辦公室把艾沙貼上恐怖分子標籤，叫聯合國安全單位禁止他進入大樓。[4]

美國駐聯合國大使凱莉・柯里（Kelley Currie）奔走了兩天，才讓聯合國安全單位相信艾沙不是恐怖分子，而是異議人士和人權運動者。艾沙被允許在最後一天發言。但北京還不罷手。中國代表團試圖撤銷德國非政府組織「受威脅群體協會」（Society for Threatened Peoples）的諮商地位，因為它資助艾沙。這等於是要把它踢出聯合國。

在激烈交鋒中，柯里點名一些盲目站在中國那邊的穆斯林國家，例如巴基斯坦，她也要求中國代表要提出指控的證據。

「今天是令人難過失望的一天，看到這個委員會、尤其是委員會中信奉伊斯蘭教義的成員，居然縱容中國代表團的伊斯蘭恐懼症。他們把一個追求中國少數民族宗教和人權自由的人士，當成是恐怖分子」，她說。

中國代表譴責柯里「出言不遜」，並說，「我不懂她怎麼這麼情緒化」。他說，「中國政府一直很關注保護包括維吾爾族在內的少數民族的權利」。他表情嚴肅的說，北京尊重他們的宗教和言論自由。「我們很久以前就廢除勞改制度了」，他說。「維吾爾族和其他新疆少數民族享受史上對人權的最佳保護」。[5]

中國不只要世界忽略在新疆的暴行，還要改變國際人權規範來免除責任，為其行為合理化。二〇一八年三月，中國在聯合國人權理事會提出「在人權領域促進合作共贏」的決議案，要用「對話」和「合作」，而不是懲罰，來解決人權爭議。[6]

柯里到日內瓦反對這個決議案。她指出，「共贏」是習近平的用語，中國外交官是要用這個決議案來「吹捧其國家元首，將其思想寫入國際人權的詞典」。

這項決議案獲得壓倒性的通過。只有美國投下反對票。澳洲、日木、英國和瑞士棄權。[7]不要把北京這些動作小看成只是在搞政治或宣傳。長久以來，中國有經濟實力，但沒有「話語權」，也就是沒有能力去形塑國際秩序所根據的觀念。但隨著物質力量的增長，中國的自信和籌碼也加強了。中國領導人開始付諸行動，要重塑國際規範來保護黨和中國的利益，國家亞洲研究辦公室的納德格．羅蘭德（Nadège Rolland）說。

「威權不自由的國家不希望世界是自由的。它要的是和自身性質相同的秩序」，她告訴我。「所以中國對世界是己所欲，施於人」。

北京過去假裝接受我們對國際秩序的概念，但那個時代已經結束了，她說。中國要重塑秩序和體制，不只是為了有更大的話語權，還要改變現行秩序所根據的概念和原則，因為它們威脅到中共的生存。

當然，川普自己的行為讓中國輕鬆不少。川普公開蔑視多邊組織及其維繫的秩序，放棄美國傳統上在此議題的領導地位，這不是妮基．海莉和凱莉．柯里可以彌補的，不管她們多麼努力。「美國應該是自由世界價值的化身和領導者。必須如此」，羅蘭德說。「如果你不相信這些價值，不往這個方向領導，你在戰略上的優勢就會整個喪失」。

聯合國成為中國傀儡

海莉告訴我，她當聯合國大使所感受到的最大震撼是，中國已經掌控聯合國許多單位，就連沒有掌控的單位也為中國服務。例如，很少有人知道中國已和聯合國轄下機構簽訂了二十六個「一帶一路」的合作理解備忘錄。

中國叫聯合國幫他們的經濟擴張計畫出面協調和出資。「一帶一路」是一個兩兆美元的基礎建設計畫，因為債務陷阱、賄賂開發中國家的菁英、破壞生態、擴張中國勢力而惡名昭著。

北京之所以努力控制少數民族地區、壓制人民的自由，其中一個原因是這些地區位於「一帶一路」和中國往中亞經濟擴張的關鍵位置。北京鎮壓新疆，部分原因是為了從新疆直到巴基斯坦的「一帶一路」開發計畫。

美國的政策是勸阻其他國家參與「一帶一路」，但美國官員根本沒注意到，已有二十六個聯合國單位和中國簽署了「一帶一路」的備忘錄。當他們察覺時，多數已無可逆轉。為了至少做點事，美國代表團開始堅持要把支持「一帶一路」的文字從新的聯合國文件、聲明和備忘錄中拿掉。「這是他們軍事和基礎設施的戰略地圖，所以他們這麼急著推一帶一路」，海莉說。「加入的國家越多，就有越多多邊組織會買單，他們全都成為一帶一路的宣傳臂膀」。

但中國還是在十五個聯合國正式組織中拿下了四個。每一個組織都有惡搞的事情發生。中國官員拿下國際民用航空組織（International Civil Aviation Organization，簡稱ＩＣＡＯ）後[8]，ＩＣＡＯ就不准台灣參加年會。[9]ＩＣＡＯ還對中國駭客攻擊其伺服器一事隱瞞了數個月之久。[10]ＩＣＡＯ領導人還出手報復揭露此事的吹哨者。[11]

中國在二〇一五年拿下國際電信聯盟（International Telecommunication Union，簡稱ＩＴＵ）之後，ＩＴＵ就大幅增加與北京合作，[12]捍衛電信巨頭華為的利益。[13]由中國官員領導的聯合國經濟和社會事務部也力推「一帶一路」[14]，與北京合作在中國設立「大數據研究中心」。[15]二〇一八年，時任國際刑警組織主席的中國官員孟宏偉被秘密押回中國，因為貪污腐敗被判刑十三年。[16]

海莉說，聯合國秘書長安東尼歐．古特瑞斯是最巴結北京的人之一，他為「一帶一路」背書，北京一施壓就讓步。海莉為了修改台灣公民不能持台灣護照進入聯合國大樓的規定，親自和秘書長交涉。但中國大使馬朝旭去找古特瑞斯，對他威脅。「我們一開始要修改，中國人就暴跳如雷」，海莉說。「古特瑞斯嚇到了。中國人去找他，惡狠狠地說如果發生這種事，他會惹禍上身。」

秘書長退讓了。當本書寫作時，你還是不能持台灣護照進入聯合國大樓。

世界銀行行長金墉

中國掌控重要國際組織最離譜的一個故事不是發生在聯合國，而是在世界銀行。在這個名義上應該是全球資本主義堡壘的組織，歐巴馬提名的美籍行長金墉（Jim Kim）不遺餘力地幫北京促進中共的利益、擴大其經濟侵略計畫。

二〇一七年五月，中國政府在北京召開「一帶一路」大型國際會議，世界銀行總裁金墉不只親自出席，還代表世界銀行盛讚習近平和「一帶一路」。

「亞洲各國就像一盞盞明燈，只有串聯並聯起來，才能讓亞洲的夜空燈火輝煌」，他引用習近平的話在開幕中說。「我出生在韓國，一帶一路倡議使我很受鼓舞……世界銀行集團為能支持中國政府為使夜空燈火輝煌所做出雄心勃勃、史無前例的努力而感到自豪」。[17]

在這次論壇上，金墉與多位跨國開發金融機構的主席簽署了加入「一帶一路」的協議。而這只是金墉參與「一帶一路」的開端。

二〇一八年十一月，金墉又到北京訪問，在釣魚台國賓館出席改革開放與中國扶貧國際論壇。金墉在演講中盛讚中共的開發計畫讓幾億人脫貧，及其「改革開放」。「在二〇一七年十月召開的中共十九大上，中國將自己定位為一個可以效仿的榜樣」，金墉說。他還引用習近平的講話說，中國模式「給世界上那些既希望加快發展又希望保持自身獨立性的國家和民族提供了全新選擇，為解決人類問題貢獻了中國智慧和中國方案」。「其他國家」，金墉說，「將中國看成是知識和經驗的來源，世界銀行將繼續支持中國在國際上發揮日益重要的作用」。[18]

金墉多年來協助中國政府在世界銀行取得高度影響力和控制力，幫北京擴張其經濟戰略，這趟行程是他成就的榮冠。但這只是他最近、最重大的一次勝利。

二〇一六年一月，據說是在習近平個人請求之下，金墉任命楊少林為世界銀行副行長。此人是前中國財政部官員，幾年來擔任世界銀行中國代表。楊少林的職位是常務副行長兼首席行政官，這是一個新創的職位，權限範圍很大，可以掌控世銀的預算。世銀的人力資源部和資訊科技部都歸他管。[19]

金墉任世銀行長時，世銀高層有很多來自中國，包括人力資源主管王偉，以及國際金融公司（International Finance Corporation，簡稱ＩＦＣ）執行長蔡金勇，此人以善於協助中國國有企業到開發中國家拿生意著稱。

當蔡金勇在二〇一三年接掌ＩＦＣ時，歐洲記者艾利奧．威爾森（Elliot Wilson）報導說，「蔡金勇對中國瞭若指掌。他和重要監管單位、部會及國有企業關係密切。他在ＩＦＣ之後的合理發展，必然是進入中國政治高層」。[20]

二〇一五年，蔡金勇因為涉及一件醜聞從ＩＦＣ退下來，[21]此案牽涉到中國給世銀發展基金一筆不尋常的十億美元貸款，同時退下來的還有金墉的財務長貝特朗．巴德爾（Bertrand Badré）。[22]蔡金勇轉任到私募公司TPG Capital，但和金墉依然關係密切，經常到世銀找金墉。ＴＰＧ想向中資募集幾十億美元。但蔡金勇在ＴＰＧ沒待多久。

在北京演講後兩個月，金墉突然辭去世銀行長，沒有解釋理由。他幾天後就轉任到ＧＩＰ（Global Infrastructure Partners）這家涉入「一帶一路」極深的私募基金。四個月後，ＧＩＰ又聘用了金墉的好友蔡金勇。[23]

金墉的哲學是，世界銀行的工作就是要幫中國在經濟上獲得成功，這也是歐巴馬政府盡量和中國在經濟上來往的基本路線。但在二〇一八年，這套哲學已和美國的政策完全相背。更重要的是，來自新疆的消息披露了中國開發政策的真相——完全不顧當地人的權利和當地的環境。

作為世界銀行行長，金墉確實要照顧包括中國在內的各股東的利益，但在他任內，中國拿世銀的補助款最多，中國公司也拿到世銀最多承包和款項。

金墉肆無忌憚的把世銀的錢輸送給中國，幫中國在開發中國家牟利。他這麼做的原因我們只能猜測。但他協助推動「一帶一路」並從中得益，這應該是原因之一。

周月明被奪走的兩年

中國拉攏聯合國等國際組織來協助其開發計畫，有助於掩蓋中國在新疆的暴行。外國政府若膽敢發聲，就會丟掉利益豐厚的生意。大多數阿拉伯和穆斯林國家都裝作視而不見。但這個議題在美國日益受到重視，因為北京對維吾爾人和其他少數民族的迫害影響到了美國人。

數百位美國公民和永久居留者有家人在拘留營。長期報導此事的美國官媒自由亞洲電台，它的二十六名維吾爾族記者都有家人被捕或被失蹤。

生還者有時能回到美國，講述他們的故事。其中一位生還者告訴我她的故事。她叫周月明。二〇一七年十月七日，當時是西雅圖華盛頓大學二年級學生的周月明回新疆探望父親。她在西雅圖和母親同住，本來預定要在二十五日回西雅圖。二十三日，她登入學校的VPN上傳家庭作業。當晚十一點，警察打給她，叫她立刻到地方警察局報到。地方官員只跟她說烏魯木齊警方正在趕來途中。三小時後，身著便服的官員來到，跟她說要把她帶回烏魯木齊。

「我問他們這是怎麼回事。他們什麼都不告訴我，只叫我上他們的車。我上車後，他們給我上手銬。沒有任何解釋。我哭了出來」。

到達烏魯木齊警察局後，官員問了一些她來新疆的問題，還有她是否有登錄VPN。她說她有，是為了交作業。他們留下她的指紋，給她拍了照，還留下血液樣本。大約在早上八點鐘，警察帶她到醫院做更詳細的檢查，途中還是戴著手銬。四個小時後，官員宣判了。

「他說我必須到再教育營去學習」，她說。周月明沒有聽到任何解釋。政府拒絕回答任何問題。她被允許打電話給父親，但父親沒接電話。他們沒收她的護照和綠卡（她是美國永久居民），以及所有個人物品。兩小時後，她被送到再教育營，這是一棟三層樓的建築，離市中心約三十分鐘。在被捕前，周月明從沒聽過再教育營。她不知道將過著怎樣的地獄生活。

周月明被帶到一個有六張上下鋪的小房間，叫她換上制服。房間裡有兩個監視器和擴音器，房裡的十二位女子二十四小時都被監控。她的父親終於被允許在層層戒護下來探望她十五分鐘。

她害怕被報復，什麼都不敢說。這是她在監禁五個月中唯一一次看到父親。

這些女子只有在去「上課」時才能離開房間。她們學簡單的中文，被迫唱中共愛國歌曲。她們不准外出。要吃飯時，得把塑膠碗伸出房門打飯。周月明只離開過這棟建築一次去醫院。她最近動過一次大手術。除此之外，醫生要求的回診她一次都沒去過。

與周月明同房一名女子在被捕時還在給小孩餵奶，她們被分開了。有的女性全家都關在拘留營。周月明一位室友是中國官媒的記者，是維吾爾人。她被捕是因為和她同機一位維吾爾男子被當局認定是極端分子，但她完全不認識。有一次，這名女子看到一些住在樓下的男子經過走廊，她認出其中一人是她父親。她才知道她父親也在拘留營。

這些女子講話要小心謹慎。犯人被鼓勵互相舉報，在犯人當中製造恐懼。周月明不准談到她在西方的生活。這些少數民族的女子都不准講族語。獄警有一套記點制度，犯人們要根據點數才能看見家人或和家人吃飯。

「你要考試考得好才能拿到點數，或向主管舉報房內發生的事，也就是監視別人」，她說。「這才令人恐懼。我們害怕彼此」。

但周月明的惡夢才剛開始。

她在五個月後沒有理由就被釋放了。但她被要求住在父親的公寓，街上會有監視器監視她。她沒有拿回美國護照或綠卡，無法離開中國。

而在西雅圖，她的母親馬女士焦急地要找回女兒。她打給華盛頓大學，但他們說無可協助，還在傷口上撒鹽，繼續計算周月明的學費，催收未繳的費用。她的聯邦助學貸款被停掉了，未繳的費用毀掉她的信用。

最後，馬女士聯繫上傅希秋牧師，他是NGO主持人，在華府很有人脈。傅希秋安排她見國務院、國安會和國會議員。國務院帶馬女士和傅希秋去到華盛頓大學校長辦公室，但校方的反應讓人不寒而慄。

「他們直接說我們無計可施，我們正在和中國談一個三百萬美元的協議」，傅希秋說。

國務院施壓中國政府，讓周月明離開中國返回美國。二〇一九年九月十五日，當局把護照還給周月明。她被警告不得講出拘留營的事，否則父親會有危險。她回到西雅圖，沒有學校、住處和工作。但她挺身而出，她要世人知道真相。

「他們對這麼多人做了這些事，應該受到懲罰」，她告訴我。「我們有權力知道他們對維吾爾人、哈薩克人及其他無辜的人做了什麼」。

儘管川普跟習近平講過他贊同拘留營，但美國政府卻逐漸喚醒美國民眾對暴行的認識，施壓國際社會要加以回應。二〇一九年九月，國務院趁聯合國大會在紐約召開時，請來拘留營生還者舉辦活動。國務院和財政部也制裁有涉入鎮壓的中國官員，以及從強迫勞動獲利的企業。

但就和川普政府中國戰略的其他部分一樣，這個政策的有效性也受限於川普政府的不可預測性和不一致性。政府不同部門發出不同的訊號，讓人看不懂它真正想幹什麼。為了補救這點，國務院在二〇一九年為川普政府的對中政策提出全面性的闡釋。但效果不大。

第十章

冷戰回歸——解釋中國行為的根源

在一九四六年的冷戰初期，一名美國駐莫斯科大使館外交官對外送出一份電報。他寫了一份長達八千字的文件給在華府的國務院，轟動一時。喬治・肯楠（George F. Kennan）的「長電文」，是第一份警告蘇聯——美國在二戰時合作打敗希特勒的盟友——正在直接威脅美國國家安全的官方文件。肯楠說，埋藏在蘇聯DNA中的信條是，唯有「耐心但生死鬥爭直到敵人完全毀滅為止」，才能確保蘇聯的安全。第二年，他用「X」的筆名把這份電文改寫成文章，發表在《外交事務》，名為〈蘇聯行為的根源〉。[1]

肯楠試圖用這兩份文件讓美國政府和民眾關注他所看到的時代挑戰。這兩份文件也成為長達數十年的圍堵政策的基礎，也就是說，美國的目標應該是盡一切力量延緩和限制蘇聯的擴張。圍堵政策被認為是美國在冷戰中戰勝蘇聯的方程式。肯楠以匿名「X」在《外交事務》中主張，唯有「長期有耐心，但堅定且保持警戒，以圍堵俄國的擴張企圖」，才能迎戰蘇聯的威脅。

「靈巧而戒慎的反制行動，可以遏止蘇聯對西方自由民主的壓迫。隨著蘇聯謀略的變動，我們可以不斷地配合移動地緣與政治重點，但是別期待以誘導勸說方式來解除這種壓力」，他寫道。

肯楠擔任國務院政策規畫辦公室（Policy Planning Staff）的第一任主任，這是國務院內部的智庫。他協助國務卿馬歇爾（George Marshall）援助歐洲戰後復興計畫。但馬歇爾的繼任者艾奇遜（Dean Acheson）對如何反制蘇聯擴張有自己的主張。他用自己的政策規畫辦公室主任尼茲（Paul Nitze）來加以執行。肯楠界定出問題，尼茲等人規劃解決方案。

尼茲團隊在一九五〇年起草了NSC 68號文件，把肯楠的圍堵理論具體化。NSC 68號文件是極機密文件，赤裸裸地描述了蘇聯崛起的挑戰。「我們面對的議題是巨大的」，文件說。「美國的國防軍事預算必須三倍於現況，才能阻止蘇聯主宰世界」。文件還呼籲美國要號召自由世界加強軍事和經濟力量，增加核武庫存。[2]

肯楠在NSC 68號文件起草時已離開政府，他反對尼茲要建立大規模傳統武器和核子武器的主張。他相信蘇聯的威脅主要要以政治和經濟手段圍堵。[3]當杜勒斯（John Foster Dulles）當上國務卿，肯楠警告他說，美國的政策已過於「情緒化和道德化」，「除非加以矯正，否則很容易和俄國人真的打起來」。例如，肯楠在一九五〇年支持美國協助南韓抵抗北韓侵略，但不贊同強行把朝鮮半島統一在一個反蘇政權之下。

多數美國人都不知道，被視為冷戰政策鼻祖的肯楠，其實對許多冷戰政策是反對的。在華府，他被尊為制定冷戰計畫打敗蘇聯的人，其大名經常在智庫會議中被提起。然而，儘管冷戰是美國獲得勝利，但蘇聯為何崩解卻沒有定論。

真的是因為美國一邊搞代理人戰爭、一邊整軍經武，才讓蘇聯因為苦苦追趕而破產嗎？是因為蘇聯被拉進赫爾辛基協議和其他軍備控制協議，讓蘇聯受到許多束縛，他們才無暇對外侵略嗎？還是因為蘇聯人民想追求更好的生活和更好的政府，對領導人形成壓力，最終才導致體制崩解呢？

但這些都不重要。在華府，絕大多數討論都歸結為一個簡單的歷史記憶：肯楠制定了冷戰圍堵戰略，而我們贏了冷戰。這就導致另一種共同情懷：面對新一輪與中國的鬥爭，我們需要另一個肯楠和另一份「長電文」。

二〇一九年四月二十四日這一天，川普政府對肯楠的回應不僅搞砸了肯楠的遺產，還搞出了一個完全不必要的全球性醜聞。國務院挖空心思想要設計出一套對付中國全面性綱領，結果不但難產，還鬧出大笑話。

史金納失言

龐培歐接任國務卿後，矢志留下自己是對中強硬派的標記。他知道川普看重貿易協議重於一切，但他要讓中國成為自己任內的焦點，為此目的找來一批人馬。他任命自豪為強硬派的前印太司令部司令史達偉（David Stilwell）為東亞太平洋助卿。還請來瑪麗・基塞爾（Mary Kissel）當高級顧問，她是《華爾街日報》專欄作家，在香港生活和報導。龐培歐在國務院外頭召開一個「週六會議」，邀請外部專家如白邦瑞來討論許多與中國相關的議題。

但龐培歐犯了一個大錯，他用基倫・史金納（Kiron Skinner）來當政策規劃主任（肯楠幹過的職位），讓她負責對中戰略的頂層設計。

光看履歷，史金納是完全適格的。她是哈佛大學政治學博士。二十三歲時，她認識了當時還是史丹佛大學青年教師的萊斯（Condoleezza Rice），請她來做論文審查委員，從此建立長期的師生關係。史金納幫前國務卿舒茲（George Shultz）的回憶錄做過研究員。她是卡內基美隆大學的終身職教授，有一大堆著作，與華府國安圈關係深厚。

史金納也有明確的政黨認同。她當過小布希、蘭德・保羅（Rand Paul）、金瑞契（Newt

Gingrich）和川普等人的總統競選對外政策幕僚。川普競選陣營有如電影《決死突擊隊》，徵召了一群被共和黨對外政策建制派排斥的人去做敢死任務。只有少數人能存活到進入川普政府。史金納只存活到在交接團隊待了幾天，就和川普政府官員發生衝突而消失。

提勒森用傳統共和黨建制派的布萊恩・霍克（Brian Hook）當政策規劃主任。霍克的專長是伊朗。龐培歐接任提勒森後需要新血。史金納看來是合理的選擇。但龐培歐不知道的是，史金納在行政管理上是個災難，在公關上是個大累贅。二〇一九年四月二十四日，新美國基金會主辦了一場公開活動，主持人是同為哈佛校友的前國務院政策規畫主任安妮－瑪麗・斯洛特（Anne-Marie Slaughter）。在這場活動中，史金納曝露出她的問題。[4]

斯洛特開場說，國務院政策規畫室是「圍堵理論的誕生地」。「每一個擔此職務的人，都是活在喬治・肯楠、圍堵政策和馬歇爾計畫的陰影之下。」

她問史金納說，所謂「川普主義」到底是什麼？這是川普官員在公開場合被質問最多的問題，因為沒有真正的答案，每個官員的回答都是把自己的觀點夾帶進川普最近的講話當中。史金納只回答說，它還在「演變當中」，她的工作就是要將它發展出來。

「我的工作有一部分就是要為川普主義提供知識框架」，她說。「如果政府中唯一的智庫政策規畫室做不到，就沒有人能做到。」

她說川普主義有三大支柱：國家主權高於國際組織與國際法；專注美國自己的利益；要求與對手互惠，而盟邦要分擔更多責任。

「他有靈感和直覺，而我和國務卿龐培歐的工作就是把靈感和直覺化為假說」，她說。她還說川普主義將會有「龐培歐的延伸」，她正負責發展這一塊，細節將在以後公布。

在場沒有人相信她真的有在負責川普的對外政策。但這種模糊的語言本就是這種智庫會議的慣習，即使在川普沒上任前。但當主題轉向中國時，問題來了。史金納說白宮經濟團隊從政府一上任就掌控了中國議題，國務院必須伸張自己的角色。她透露龐培歐的小組正在規畫一份文件，試圖找出中共行為的根源，以及美國的應對之道。

「國務院正在草擬一份對中文件，如同肯楠當年以X為名所寫的文件」，她說。「沒有背後的論述，就無從產生政策。本世紀尚未見到此種論述，這就是我們在國務院的工作。如果有這種論述，那一定是在國務院產生。」

龐培歐確實正在草擬一份美中關係的指導文件。史金納把肯楠的「長電文」誤指為他以X為名在《外交事務》上發表的文章。但她接下來講的東西才是大問題。

「這是與完全不同的文明和不同的意識形態在作戰，這是美國從來沒有經歷過的」，她說。「這是我們第一次面對非白人大國的競爭。」

斯洛特一聽到「文明」這個詞，立刻以一個在智庫界比肯楠的大名更常用到的對外政策詞彙回應。「聽來像是杭廷頓的『文明的衝突』」，她說。她指的是另一位哈佛博士塞繆爾・杭廷頓（Samuel Huntington）的名著，把世界分成幾大文明圈。這本書也是我在喬治華盛頓大學給大一新生上初等國際關係課程所指定的第一本書。

斯洛特大可以指出史金納講的完全不正確（以日本為例），但她卻說美國不是全白人的國家（這點沒錯，但不是重點）。而史金納回應說，建制派的對外政策菁英確實是非常白人的（這點也沒錯，但也不是重點）。會議結束時，雙方都未察覺這場爭論到底會引爆出什麼東西。

輸掉觀念之戰

對史金納的譴責和嘲笑立刻排山倒海而來。有些人認為，這證明了川普的對外政策是種族主義的。[5]另一些人認為，這證明了川普團隊是在用「文明的衝突」來挑起衝突。還有一些人則認為，這只是證明了史金納完全不適任。[6]

史金納從此被施以我所說的「高級官員證人保護計畫」，再也不准公開發言。四個月後，她因為辦公室行政管理混亂而被解職。她的幕僚指控她喜歡大吼大叫，發表恐同言論說她的幕僚都在亂搞，敢講話的人都被她報復。[7]

史金納的「長電文」計畫本來是要給美中觀念之戰點燃起響炮，但她惹出的風波卻讓北京贏得這場衝突。中國媒體對她訕笑，中國政府更不鬆手。「這位政策規畫主任基倫．史金納對根深柢固的種族主義非常坦白」，《環球時報》一篇評論說。這篇評論還指責她不尊重自己非裔美國人被白人迫害的苦難史。「她相信的東西是毫無根據的。中華文明的一大特質就是『和』」。[8]

只要美國有任何人或任何政策點名中國侵略、呼籲要採取更鷹派的立場，中共就會指控是種族主義。這樣一個監禁超過百萬維吾爾人和其他穆斯林少數民族、鎮壓幾百萬藏人、系統性歧視所有非漢族的政權，居然能做這樣的指控，著實令人驚異。

但北京仍不罷手。在六月初亞洲各國國防部長最大型會議的「香格里拉對話」（以開會的酒店為名）中，中國國務委員暨國防部長魏鳳和在正式演說中再度提到史金納的說法：「歷史上對黑人的奴役、對印第安人的驅趕、對亞非拉的殖民、對猶太人的殘害，都是人類文明史上無法撫平的創傷和悲劇。當前，有人重拾文明衝突論調，用狹隘眼光看待其他文明，充斥著種族主義腐朽味道，這是十分錯誤的，歷史怎能允許這樣的倒退？」[9]

魏鳳和的演說清楚展現中國對其立場和論述的自信：北京追求的是「共贏」與和平發展。新加坡總理李顯龍的談話更讓中國代表團受到鼓舞，李顯龍警告「零和結果」，批評了史金納關於文明和意識形態衝突的說法。

如果川普政府有組織的話，美國官員可以利用這個大好機會來矯正視聽，回擊中國哪一邊才是侵略和種族主義。不幸的是，率領美國代表團的是代理國防部長派崔克．沙納漢（Patrick Shanahan）。此人是個悲劇人物，即使是在充滿悲劇的川普政府中亦然。

短命的國防部長

派崔克．沙納漢是前波音主管，他在二〇一八年十二月馬提斯抗議川普突然從敘利亞撤軍而辭職後，匆忙被指派為代理部長。在他第一天以代理部長身分講話，沙納漢說他的重心將是「中國、中國、中國」。[10]

五個月後，當沙納漢代表美國出席新加坡的香格里拉對話時，他已被正式提名為國防部長，但還沒有通過。這是他向在場官員和國會議員們證明他適才適所的機會。但他只講了和中國既合作又競爭等基本論點，表現令人失望。他沒有反駁中國國防部長對種族主義的指控，也沒有澄清史金納的文明衝突論。

沙納漢演講後幾分鐘，五角大廈公布了首份《印太戰略報告》，這份六十四頁的文件宣布，亞洲將是國防部的「首要戰區」，再次確認了《國防戰略報告》所說的，中國是「修正主義國家」。[11]

這是五角大廈版的對中「長電文」嗎？並不盡然。它只有處理軍事的部分。沙納漢及這份報告都沒有討論到更大的問題，也就是中國的意圖到底是什麼，以及美國該如何回應？為了逼沙納漢回答這個問題，我在公開會議中向他提問道，他承諾要重視中國議題，但這和曾經站在這個講台上、做過同樣承諾的歷任美國國防部長有什麼不同？

他回答說，川普政府為重返亞洲備足了資源，而前任政府沒有——但這不是事實。他說美國終於公開談論中國的惡行——但這並不新鮮。他說川普政府和區域盟邦與夥伴的互動良好——

但這恰恰是川普政府中國政策中做得最差的一環。「這三個面向」，他告訴我，「我想是最根本的。如果你要衡量有什麼不同，人們會指出這三個面向說，『確實和過去不一樣』」。

這是沙納漢在政府任職期間最後一次重要活動。他的國防部長提名一直沒有通過。當月稍晚有消息披露，他隱瞞多年前與前妻的家暴事件，後來他大兒子暴力攻擊母親，沙納漢又幫兒子逃過法律制裁。新聞曝光後，沙納漢放棄被提名。

沙納漢本以為在川普政府中，私人醜聞是可以被原諒的。他也想保護家人不被公開。但他並不是川普團隊的自己人，總統不會相挺。醜聞曝光後，白宮將他甩鍋。沙納漢顏面無光的辭職了。他沒機會實踐他「中國、中國、中國」的大計畫，如果他真有計畫。

這就是冷戰

在整個川普政府任期，推動重返亞洲的官員不斷意識到，他們其實沒有預算來讓美國以亞洲為重的說法擲地有聲。和歐巴馬時代一樣，內閣官員發表了演說，也公布了戰略文件，但實質資源不是被延宕或轉為他用，就是從來沒有到位。

我在新加坡遇到菲利普・戴維森（Philip S. Davidson）上將，他在哈利・哈里斯轉任駐南韓大使後接手印太司令。他原來在海軍艦隊司令部，重心並不在亞太，也不大出現在公眾視野。這是他接任一年後首次接受專訪。在川普政府中，軍事將領對媒體發言一點都沒有好處。

我問了我問沙納漢同樣的問題：這一次重返亞洲到底有什麼不同？他和沙納漢一樣，說美國政府已經產生新的共識。但私底下，戴維森心知美國政府只是大聲嚷嚷，該做的事卻做得很少。

戴維森在二〇一九年四月致函給國會，呼籲國會要為印太司令部的預算缺口提供「立即且必要的資源」：軍事設施、神盾防禦系統、關島的防禦設施等等。他稱此為「重獲優勢」（Regain the Advantage）計畫，這是在暗指中國。他的言下之意是，我們在太平洋的優勢正在嚴重流失。

大約一年後，戴維森一位高層幕僚在華府打電話給我，請我分析一下為什麼到了這種時候，政府和國會還是不給印太司令部足夠的預算來進行新的印太戰略。我告訴他，如果連印太司令部的領導人都來問我為什麼在華府得不到支持，那問題一定比我想像中更嚴重。我做了些研究，沒有什麼好答案。官僚機構的頑固性、不同的優先順位、國會預算程序延宕、國防部領導人不夠強勢、整個華府功能低落等等。政府是新的政府，但重返亞洲依然是口號。

我曾問戴維森，美國和中國是否正在進入或已經進入新的冷戰。

「我不叫它是冷戰。但它和冷戰一樣是長期的競爭」，他說。「我們已經開始很多年了，但我們沒有在競爭。現在是在競爭了」。

他的說法很有意思。在他看來，用不用冷戰這個專有名詞並不重要。冷戰只是一個最接近我們歷史記憶的比喻。這個冷戰和當初的冷戰有明顯不同，因為二〇二〇年的中國並不是一九五〇年的俄國。中國的挑戰更為巨大，因為中國有龐大的經濟實力，與我們在經濟上互賴程度太深。但如果你和戴維森一樣相信中國有全球性的野心——中共要塑造對自己有利的全球秩序，對自由開放的社會造成前所未有的威脅——那麼冷戰就是有用的比喻，讓我們了解這個挑戰的範圍和規模。

二〇一八年，我在空軍二號從東京飛往新加坡途中問了潘斯同樣的問題，他說要不要避免冷戰要由中國決定。他要講的重點是，是北京改變了行為才導致雙邊高度緊張，不是華府。[12]二〇一九年末在曼谷，國防部長馬克・艾斯培（Mark Esper）也給我同樣的回答：「要搞冷戰的不是我們。我們只是要求中國要守規矩，要遵守國際規範，遵守承諾和義務」，他告訴我。「如果中國要做，中國是做得到的。但中國不是刻意不做，就是視而不見。」[13]

任何膽敢批評中共行為的人，中共都會用「冷戰」一詞鳴鼓而攻之——半是心理操縱，半是威脅。中共對我們搞訊息操作：中國人只想共贏合作，為什麼你們這些瘋狂的美國人要挑起冷戰？冷戰這個詞已被濫用到沒有意義的地步。在二〇一八年的阿斯彭安全論壇，ＣＩＡ負責東亞地區的副局長麥可．柯林斯（Michael Collins）把這一點講得最精彩：「他們基本上是對我們發動了冷戰。這不是冷戰時代的冷戰，但定義上就是冷戰」，他說。「中國人不想衝突。他們不想打仗。他們不想發生災難。但歸根到底，他們要世界各國在決定其利益和政策時，都要站在中國這一邊，而不是美國這一邊，因為中國已經把和美國及美國所支持的東西的衝突視為系統性的衝突。」[14]

在二〇一九年北京的彭博創新經濟論壇上，季辛吉演講說美國和中國正處於「冷戰的山腳下」，必須完成貿易談判，透過雙邊政治討論來降低在全世界的衝突和摩擦才能避免。季辛吉的演講呼應了中國國家副主席王岐山的講話：「我們應該避免零和思維和冷戰心態」。

無論龐培歐、艾斯培、戴維森、柯林斯等國安官員如何相信與中國的新冷戰已經開打，也不管你用什麼名詞稱之，但有一個人就是不這麼看。那就是美國總統。

「政府裡是有很多聲音」，白邦瑞二〇二〇年一月在阿斯彭研究所說。「但我認為總統一點都不想和中國打冷戰」。

龐培歐的中國秀

龐培歐的對中「長電文」一直沒有完成。在史金納被解職後，這項任務被交付給余茂春，他是從海軍戰爭學院借調來的歷史學者，是公認的對中鷹派。雖然他沒有完成這項任務，但他負責龐培歐在二〇一九年和二〇二〇年歷次談論中國的演說，揭穿中國對美國社會各層面的惡劣影響。和余茂春合作的有史達偉、基塞爾和大衛．費斯。

二〇一九年十月，龐培歐在哈德遜研究所週年慶上發表名為「中國的挑戰」演說（聽眾當中有季辛吉）。他說，「繼續忽略我們兩個體制的根本差異……以及這兩個體制對美國國家安全的影響，已經不切實際」。[15]二〇〇〇年一月，他在矽谷警告科技業主管說，他們和中國政府合資的公司正被中共的「軍民合一」計畫所濫用。

「就算中國共產黨保證說你們的技術只會用在和平用途，你們還是得清楚其中有巨大風險，還有對美國國家安全的風險」，他告訴他們說。[16]

二月份，龐培歐在全國州長協會演說，警告州長們說，中共與全美各地方和各州的來往都是統戰工作的一環。[17]他提出一份中國智庫的報告，這份報告把全美五十個州長分成「友善」、「敵對」和「模糊」三種。[18]

「州長可以無視白宮的指令……州層級的官員享有一定程度的外交獨立性」，這份報告說。這個智庫據說屬於統戰部旗下。[19]

龐培歐很早就決心要當川普政府對中鷹派的領頭羊。但他得面對現實，因為川普並不贊同這種立場，也不想在貿易談判進行時不必要的刺激北京。

龐培歐手上有一份清單，上面列有大約三十項他要對中國做的事，包括制裁華為、制裁鎮壓維吾爾人的中共官員、壓制中國媒體和情報單位在美國境內的運作等等。每一項作為都有一分到十分的評分。一分是最和善的，十分是最強硬的。例如，與維吾爾人相關的制裁行動就是七分。對二〇一九年中的川普政府來說，這個分數太高了，所以這些制裁被擱置了好幾個月。

龐培歐知道川普不想聽到台灣或香港，香港街頭的民主示威已經快持續一年了。他只能盡可能去推動，不去觸碰川普所容許的天花板——實際上也不知道天花板到底在哪裡。

隨著他在中國議題上越發高調，中國政府及中國媒體也最愛拿他當箭靶，說他是自大、歇斯底里、魯莽的麻煩製造者，不顧一切要把雙邊關係帶向新冷戰。但在美國國內，龐培歐其實是在搶占政治先機。所有人都知道他在為二〇二四年選總統鋪路。當越來越多美國人傾向龐培歐的觀點（尤其是共和黨選民，但不只有共和黨選民），他的潛在對手如妮基・海莉等人都必須追著他跑，不能在中國議題上掉隊。

一位白宮高層官員告訴我，「龐培歐最有趣的地方是，他比任何人都更早政治計算到，對中國強硬在政治上是聰明的」。

中國行為的根源

到目前為止，美國對中戰略還缺了一塊，也就是川普政府——或至少是政府中的對中思想家——究竟該如何解釋北京崛起的行為模式。想知道中共會怎麼走下去，就要了解中共行為的根源。川普官員通常只討論病症，鮮少討論病源。博明在交接期間寫過「比爾文件」探討這個問題，他想寫一篇文章公開發表，但他的地位不夠。所以他去找一位老朋友，現任威斯康辛眾議員的麥克・加拉格爾（Mike Gallagher）來幫忙。

加拉格爾是退伍軍人，是有博士學位的共和黨新星。他和博明相識於巴格達，兩人在當陸戰隊情報官員期間共事過。加拉格爾是年輕的阿拉伯語言學家，博明則是不算年輕的漢語學者，在陸戰隊情報圈中小有名氣。他當過記者，年過三十才加入陸戰隊。

兩人成為好友，後來又一同在麥可・佛林當局長時在國防情報局當後備役。幾年後，加拉格爾被參議院外交委員會聘為中東事務專業幕僚，主席是田納西州的鮑伯・寇爾克（Bob Corker）。他在二〇一五年離職，轉任威斯康辛州長斯考特・沃克（Scott Walker）競選總統時的國安顧問。凡是有關中國的議題，他都會找博明幫忙。博明也寄給他一份二〇一五年版本的「比爾文件」。

「這份文件，比起我所讀過的任何文件，真的迫使我改變作為年輕對外政策專家的關注重點，也改變了我對亞洲的看法」，加拉格爾告訴我。「這份文件是我見過最接近『長電文』的東西，雖然很多人都嘗試要寫過……我這才知道博明比所有人都聰明」。

沃克早早退出競選，加拉格爾則利用他在威斯康辛新建立的政治人脈，去競選共和黨瑞德・里布爾（Reid Ribble）退休後在第八選區空出來的眾議員席位。他贏了。二〇一六年十一月，博明又把修正後的備忘錄寄給加拉格爾。

博明進了政府，加拉格爾進了國會，兩人還是密切來往，每個月都要共進早餐討論中國戰略。二〇一九年中，國務院的「長電文」計畫胎死腹中，博明和加拉格爾決定自己來寫一份，由加拉格爾掛名。「在他的協助和多次討論下，我開始動筆寫出一個思考架構」，加拉格爾說。「喬治・肯楠是威斯康辛人，我就想為何不自己寫寫看呢？」

在其對外政策顧問查爾斯・莫里森（Charles Morrison）的協助下，他的文章在五月份的《美國利益》刊出，名為〈中共行為的根源〉。[20]文章開頭先引用肯楠的「長電文」的名言說，中國的意圖是打破「美國在國際上的權威」，而對此加以反制乃是「我們外交上前無古人的重大任務，也可能後無來者」。

加拉格爾認為，中共行為的根源是中國長期自視為「天下」的中心，萬國圍繞的樞紐。他指出，中國歷史強調要有強大的中央領導，才能避免受外國宰制、內部動亂，導致北京政權傾覆。他還追溯中共如何長期在國內外運用地下勢力來彌補軍事實力不足，影響敵人的處境。

肯楠曾寫道，蘇聯的戰略是「謹慎、持續地施壓，直到所有敵對勢力和敵對國家混亂弱化為止」。中共的手法也是如此，加拉格爾說。所以美國應該汲取冷戰的經驗，以之反制北京的戰略。不要讓小國落入中國的影響力和壓力之下。要與盟邦合作，鼓吹我們更具吸引力的價值，正如我們當年對付蘇聯。

千萬不可掉入「師中之長技以制中」的陷阱，他引用肯楠的警告說，「當我們在處理蘇聯共產主義的問題時，最大的危險是我們讓自己變成那些我們要處理的人」。

加拉格爾認為，冷戰有一些錯誤不可重蹈覆轍。例如，約瑟夫．麥卡錫（Joseph McCarthy）當過陸戰隊情報官員，也是威斯康辛選出來的，他的仇共情緒曾導致獵巫行動，毀掉許多美國愛國人士的職業生涯。麥卡錫留給我們的是教訓，不是指引。「麥卡錫主義是錯誤的意識形態戰爭」，加拉格爾對我說。「要避免淪為漫畫式的鷹派或麥卡錫主義，我們就要不斷強調，我們並不是針對中國或中國人民，而是針對中國共產黨」。

加拉格爾這篇X文章並未引起多少關注。他把文章投給當年刊登X文章的《外交事務》，但被拒絕了。三個月後，《外交事務》刊出另一篇名為〈中國行為的根源〉，作者是挪威的歷史學者文安立（Odd Arne Westad）。[21]

對博明和加拉格爾來說，重點不在於美國和中國是否處於「冷戰的山腳下」。他們要推動華府去和中國做大戰略的競爭，這是最多人關心的事。他們知道現在要開始爬山了。

「在對外政策圈，很多人還停留在山腳下」，加拉格爾說。「但我們有些人已經開始爬山了，因為我們知道中共早就爬了十年。我們最好趕快動身，不然我們輸定了」。

肯楠已死

事實是，在今天這種資訊爆炸的環境下，沒有哪份文件或方案能像肯楠在冷戰初期有這麼大的影響力和洞見。人人都想當肯楠，但沒人能複製。然而，還是有不少人士提出他們認為最佳的理論。

二〇二〇年初，川普政府公布一份最完整的對中戰略文件。這份報告叫〈美國對中華人民共和國的戰略方針〉[22]，更清楚、更完整地闡述了川普政府的中國政策。

報告說，「為了回應北京的挑戰，（美國）政府基於對中共意圖和行為的冷靜評估、對美國許多戰略優勢和不足的重新估計，以及對更大雙邊摩擦的容忍，針對中國採取了一種競爭性方針」。[23]

博明是這份文件的主要起草者，他告訴我這是川普政府最接近NSC68號文件的東西，試圖像肯楠的「長電文」和「X文章」提出具體的綱領。它闡釋了川普政府如何把初期的分析結果運用到現實世界。歷史學者很容易指出這並不是很恰當的類比。與NSC68號文件不同，這份報告並沒有談到美國要如何落實這些政策的操作細節。它幾乎沒有提到資源的問題，更少談到在執行上要怎麼權衡輕重。但這些細節確實是存在的，只是列為機密，博明經常修改更新這些機密計畫。

但這份報告的重要之處，在於所有相關單位都有簽字同意。財政部和國家經濟委員會不再質疑這份報告的根本出發點，也就是中國政府正對美國的世界領導地位發動全面攻擊，而美國別無選擇，只能大規模、全面性地加以回應。「這是現在的主流觀點」，博明在報告公布時對我說。「它現在是真正的共識，但過去並不是。」

出於某些因素，當這份川普政府的NSC68號文件公布時，白邦瑞在福斯商業新聞盧．道布斯（Lou Dobbs）的節目上痛批了這份文件。他說「很奇怪」這份文件沒有引用川普的話，總統也沒有簽名（但川普已經批准了）。

「這似乎是一個共識很高的小圈圈所撰寫的，而坦白講，這些共識就連歐巴馬和拜登都會贊同。它不能算是一套戰略」，他說。「我沒有參與撰寫，我很遺憾的說。如果我有參與的話，它不會是這個樣子。」

道布斯說這份報告「完全是廢話……寫的人是毫無頭腦和經驗可言的無知之輩」。K．T．麥克法蘭也出現在道布斯的節目上，對博明的戰略文件批得更兇。「丟進垃圾筒吧。它沒有反映川普總統的思維」，她說。「我和白宮國安會負責中國的人聊過……這完全不是他們的看法。他們比這份沒骨氣的文件鷹派得多。」

麥克法蘭百分百錯了。這正是國安會對中國的看法。她大可打個電話去問問，但她根本沒這麼做。她只是上電視鬼扯，說一些道布斯要她說的話。但白邦瑞為什麼要在福斯新聞痛批博明的戰略文件呢？當然，這份文件不如道布斯期望的鷹派，但沒有人會認為這是歐巴馬也會贊同的東西。只有一個合理的解釋：白邦瑞是想直接對川普喊話，因為川普從來不會錯過這個節目。

他說這份文件沒有充分反映川普的觀點，這是故意要讓川普不爽。為什麼？白邦瑞當時的安全審查還沒過關，他想在政府中有個正式職位。白邦瑞這招讓川普注意到了。「快把他那他媽的安全審查弄好。」川普在這段節目後立刻打給幕僚說。

即使同為強硬派，他們也是互不信任，在背後搞陰謀詭計。川普一直沒有全面講述他真正的思考和對中戰略，從未對美國人民或全世界闡釋他的理論。新冷戰開打了，但最關鍵的人物沒有給出清楚的方向或解釋。肯楠在墓裡恐怕也不安心。

川普政府一直講不清楚對中戰略，在此時尤其不幸，因為北京正在趁亂對全世界輸出一種新的威權體制。中國正在打一場意識形態戰爭，既在中國國內打，也在美國國內打。這讓美國的世界領導地位更形重要，而此刻的美國卻是前所未有的衰弱。

第十一章

不寒而慄

中國共產黨不遺餘力地控制中國境內的資訊和中國人民的行為，追蹤人民的一切活動，嚴厲懲罰任何偏差的言論或對黨不忠的徵兆。北京結合了科技和威權主義，創造出一種「社會信用」體系來製造恐懼，嚇阻違紀行為。在中國境內，每個人都將被給予社會信用評分，每個人在網路上的每一個字和每一個公開行為，都經由演算法化為政治忠誠度評分。社會信用評分會帶來懲罰，讓一個人在就業、旅行、基本生活和工作事業都困難重重。

中共的所作所為並不是每件都是歐威爾式的東西，但這件事卻完全相符。中共試圖用科技來控制人民，完全是集權主義的設計。它的辯護者會說，難道西方國家沒有「信用」這種東西嗎？當你申請房貸時，難道銀行不會審查你的行為嗎？但在中國，你的信用分數和守不守法無關，也和財務健不健全或忠不忠於國家無關。它是忠不忠於黨的問題。它是政治性的。最貼近的類比是，一個美國人會被拒絕授予房貸，除非他對現任總統宣誓忠心不二。

如果中共只是用社會信用體系對付自己的人民，大多數美國人不會在乎。但北京越來越用它來對付外國人。中共從二〇一八年開始實行社會信用體系，對美國境內的美國公司和美國公民施以懲罰。中國在二〇一九年為一名NBA經理的推特言論懲罰NBA，這是最有名的例子。但當時的北京已經威脅和懲罰美國公司超過一年以上了。

「中國的社會信用體系……乃是以搜集和分析大數據，從經濟上和社會上來監控、影響和評量行為」，沙曼莎・霍夫曼（Samantha Hoffman）在二〇一八年澳洲戰略政策中心的報告中寫道。「社會信任管制已經用來強迫企業改變用語，以符合中國共產黨的政治要求……這是經由科技來強化的複雜控制體系的一環，內建在中華人民共和國的社會管理和經濟發展戰略之中。」[1]

「社會管理」和「社會治理」的概念源自中共的列寧主義信仰，幾十年來都是中國體制的特色。但習近平時代加大力度，把社會信用體系推展到其他國家、形塑觀念、強迫外國企業和外國人民在政治上效忠。當北京開始用經濟力強迫外國公司服從其政治目標，這就讓美國企業甚至整個產業都被捲入美中貿易爭端。一開始，川普政府想說服美國公司即使對自己不利，也要為自己的國家做正確的事。但隨著時間過去，由於中國政府太過於想控制外國公司，反而身受其害。

中國失控了！

二〇一八年五月，中國政府強迫所有國際航空公司要從所有網路資料上拿掉台灣，要把台灣列為中華人民共和國的一部分。中國民航局發公文要求所有航空公司，不得把台灣、香港和澳門

「錯誤地稱其為國家或不符合中國法律的名稱」。所有國際航空公司都要把地圖改成台灣是中國的一部分，用的顏色要相同。[2]

白宮發表聲明說，中國對國際航空公司的要求是「歐威爾式的胡說八道」（如果這個詞合適的話）。川普政府力挺美國公司，呼籲他們要力挺美國價值觀。白宮聲明說，「美國強烈反對中國強迫私人企業在公開內容中使用具有特定政治性質的語言」。「我們呼籲中國停止和強迫美國航空公司和美國公民。」[3]

一名白宮官員對我講得更直接：「中國失控了。」

航空公司不知該怎麼做。一名航空公司主管告訴我，航空公司可能還是會屈從北京的要求：「這對我們是雙輸。我們不是政治團體，我們要對股東負責。我們不想陷入你們的美中冷戰」。我問這名主管，航空公司如果向中國叩頭，被媒體罵怎麼辦？「我們是航空公司，被媒體罵慣了。這不是新鮮事。」

在這份聲明後，國安會就把這個問題交給國務院處理，而當時的國務院官員還沒有很積極要對抗中共的歐威爾式行為。他們召集三大航空公司及相關產業協會開會，試圖提出反擊。他們決定和中國折衷。在美航現在的官網上，台北既沒有被列為台灣的一部分，也沒有被列為中國的一部分。中共剛開始反對這種做一半的方式，但後來也接受了。他們已經把話說清楚了。他們已經強迫一堆國際大公司把台灣從地圖上拿掉。

一名國務院高層官員告訴我，他們有嘗試和中國政府討論這個問題，但中國政府完全拒絕。「我們試著和他們談，但他們根本不談」，這名官員說。「他們基本上是充耳不聞。」

不效忠就懲罰

不是只有航空公司。北京也叫其他大公司在政治上聽話，不然就要面對經濟懲罰。萬豪酒店[4]和賓士汽車[5]都向中國政府低頭，在網路上移除關於西藏的內容。萬豪甚至開除一名美國員工，只因為他在推特上按讚親西藏的團體。這名叫羅伊·瓊斯（Roy Jones）的員工當時在內布拉斯加奧馬哈的萬豪技術支援部值夜班，他根本不記得自己有按讚。中國政府關掉萬豪在中國的網頁，展開「刑事調查」，萬豪把羅伊這份每小時十四美元的工作炒了魷魚，其亞洲部主管還在中國媒體上再三道歉（他們的公關部門拒絕回答我的問題）。[6]

二〇一九年夏天，隨著香港情勢激化，北京開始聲討Versace、Coach、Asics、Givenchy的網站或產品把香港單獨列於中國之外，這些公司只能再三道歉。中國也威脅要抵制蘋果公司，因為其手機作業系統沒有把香港、台灣和澳門列為中國的一部分。

所有小細節都不放過。再怎麼卑躬屈膝都不夠。北京越來越囂張。美國政府沒有方案去說服美國公司站在美國這一邊，而不是中國這一邊，也不知道當美國公司違背北京命令時要怎麼提供保護。這些公司的商業壓力讓北京有不對稱的優勢。美國必須想出辦法讓中共這種行為付出代價，否則中共只會越來越大膽，對美國公司及員工的行為予取予求。

中共要求一個接一個公司投降，胃口越來越大。但二〇一九年十月，中國政府終於因為一則推文對NBA開戰而踢到鐵板。

中國魔爪伸向NBA

和羅伊．瓊斯一樣，休斯頓火箭隊總經理達雷爾．莫雷（Daryl Morey）根本不知道他的推文會觸碰到中共的歇斯底里敏感神經，也不知道他會掀起多大的危機。他在十月四日於東京推了一張「為自由而戰，和香港站在一起」的圖片，根本不曉得會導致現代運動史上最大、代價最高的風波。

但莫雷確實知道自己推的是什麼東西。他不是一般的體育主管，在進入NBA之前曾在華府國安圈服務多年，是個訓練有素的研究人員和科技專家。他曾在MITRE公司擔任科技專案主管，這是由聯邦出資成立的研究中心，參與過國安會、CIA和五角大廈的計畫。他為STATS體育數據公司發展統計分析技術，也就是麥可・路易士在《魔球》一書中提到的統計模型。

儘管他不到幾小時就刪掉推文，中國籃協、李寧牌運動服飾、上海浦東發展銀行、科技巨頭騰訊等等，還是宣布暫停與火箭隊來往。一定是中國政府有指示，這些公司才會這麼快一致行動。莫雷受到死亡威脅，在推特上被中國政府的網軍「五毛黨」猛轟，說他支持「暴力分裂主義者」、貶損中國尊嚴、侵犯中國主權、冒犯了十四億中國人民。

剛開始，NBA主席蕭華（Adam Silver）做了和其他企業主管一樣的事——再三道歉、訓誡員工、虛心受教、承諾此事絕不會再發生。NBA逼莫雷立刻發出道歉聲明。他拒絕，發出一份字斟句酌的聲明說：「我的推文無意冒犯火箭隊球迷以及我在中國的朋友。我只是表達我對一個複雜事件的一種看法」。

實際上，NBA以兩種語言發出了兩份不同的聲明。在英文版聲明中，NBA說：「我們認知到，休斯頓火箭隊總經理達雷爾．莫雷所發表的看法，深刻冒犯到我們在中國許多朋友和球迷，這是令人遺憾的」。而在中文版中，NBA則說：「我們對休斯頓火箭隊總經理達雷爾．莫雷的不當言論深感失望」。

火箭隊老闆蒂爾曼．費爾蒂塔（Tilman Fertitta）在推特上說，他的團隊「不是政治組織」。[7]但事實上，NBA是支持球員和員工對非中國議題的發言權的。NBA支持波斯頓塞爾蒂克球星埃內斯．坎特（Ernest Kanter）批評土耳其總統艾爾多安——艾爾多安以恐怖主義為由監禁了坎特的家人，甚至要把坎特本人列入國際刑警組織的逃犯名單。「NBA和我站在一起，支持自由民主。這比什麼都要緊」，坎特在爭議擴大之時在十月六日推文說。[8]

蕭華向他圈子裡最了解中共的人求助，此人是布魯克林籃網隊老闆蔡崇信。但蔡崇信不是一般的台裔加拿大富豪。他是阿里巴巴共同創辦人，是僅次於馬雲的第二大獨立股東。他和北京的關係非常密切，在政治上完全支持中共。

蔡崇信在臉書上貼文，完全是中國政府的口吻。[9]他自稱為「十幾億」被莫雷的推文冒犯的中國人民發言。他似乎不管推特在中國是被禁用的，中國人民根本不被允許公開在香港問題上和政府意見相左。蔡崇信還複誦中共的講法，把香港示威抗議稱為「分裂主義運動」，還說香港是「第三軌」的議題*，不准美國人公開討論。

等到蕭華發現這不是個好的公關策略，發出一份半心半意的聲明支持莫雷的言論自由後，已經太晚了。龐培歐、泰德・克魯茲[10]、貝托・歐洛克（Beto O'Rourke）[11]紛紛跳出來，譴責NBA把經濟利益放在美國人的基本權利之前。一直到今天，對中鷹派都把NBA當成美國公司為了人民幣背叛美國價值的範例。而NBA還是因為對北京不夠順服而損失數億美元。[12]

國會議員譴責NBA做錯事，但都忽略了NBA其實是中國政府的受害者。NBA根本不知道怎麼面對中共的政治壓力，事件發生時已經來不及了。NBA的風險是因為中共越來越具侵略性，而NBA根本沒有處理風險的備案。美國政府只是譴責NBA，卻沒有給NBA提供保護或支持。

如果要付出很高代價，中國政府在懲罰NBA之前也許會多掂量一下。例如，有些政府官

---

* 譯註：第三軌議題（Third Rail Issues），是指政治上極具爭議而不能碰的問題。

員提議要讓ＮＢＡ全面抵制到中國比賽，直到中國撤回對火箭隊的報復為止。這種想法是要給中國政府壓力，讓他們自己去向人民解釋，為什麼勒布朗．詹姆斯（LeBron James）不來中國了。但沒有政府出面支持，美國公司根本無法單獨抗衡北京。

十月七日，商務部把二十八家參與虐待中國少數民族的中國組織列入禁止來往的實體清單，禁止美國公司輸出產品給新疆公安部門及其相關的公司。[13]但美中不足的是，商務部這項行動並沒有找國務院和財政部一起參與，對中共高層官員和範圍更廣的公司施以全面制裁。這項制裁被擱置了好幾個月。

這項制裁在ＮＢＡ風波期間公布完全是巧合。但它也顯示，對於捍衛中國人權，美國政府並不是完全無能為力。「我視之為我們對ＮＢＡ這個狗屁事件的回應。」

Google維吾爾

二〇一九年十月三日，華盛頓巫師隊首戰休斯頓火箭隊，十五名年輕維吾爾運動人士站在喬治城首都一號巨蛋球場外頭，高呼「Google維吾爾！讓香港自由！教育勒布朗」。他們是在嘲弄洛杉磯湖人隊的勒布朗・詹姆斯——中國政府因為莫雷推文支持香港示威抗議而嚴厲懲罰NBA，詹姆斯卻為中國辯護。詹姆斯說莫雷「若非資訊不實，就是沒有好好了解情況」。[14]

這些運動人士都是美國居民，其中多數有美國護照——每一個都有家人在新疆被關押，許多人還不止一個家人被關。他們的人數剛好一人一字用T恤排出「Google維吾爾」的句子。他們只是在請求美國同胞多了解一下在中國被迫害的一千一百萬少數民族，其中有超過一百萬人被關押，只因為中共想粉碎其民族精神，把他們的文化從地表抹去。

我到達蘭沙拉參訪藏人流亡社區的經驗告訴我，民族認同是很難抹滅的，不管有多少科技監控、強迫灌輸和肢體處罰。在失去家園後，藏人不僅保留了語言、宗教和文化，還堅持他們的運動，傳給下一代繼續為尊嚴而鬥爭。我在這些二十幾的歲維吾爾人的臉上也看到同樣的精神，他們邀請我來巫師隊的球賽，了解他們的奮鬥、聽聽他們求助的呼聲。

其中一名運動人士是來自維吉尼亞香緹市的巴蘭・辛塔，他和整個家族都失去聯絡。他的父親楚班・馬莫是著名的維吾爾學者和記者，在毫無消息和理由的情況下被捕失蹤。馬莫曾是中共旗下的維吾爾刊物《新疆文明》的總編輯。幾乎所有維吾爾知識分子、學者和民間社會領袖都在鎮壓一開始就被捕。

辛塔的父親和姐妹住在新疆這個開放式的大監獄。他們雖然可以離開住家，卻躲不過監控。由於辛塔的積極活動，他已經兩年無法和母親或姐妹聯絡。他希望有聽說過中國因為火箭隊總經理關於香港的推文而報復火箭隊的球迷們知道，中國共產黨還能幹出什麼事來。

「我每天都覺得很痛，因為我父親在拘留營。美國人應該知道有一群叫維吾爾的人，我們需要他們的援助」，他告訴我。[15]

還有一個人叫韋卡．加達，來自維吉尼亞費爾法克斯。他曾面見龐培歐，說他的母親被關在拘留營，但三天後，他的阿姨和舅舅也被關了進去。他們被判七年和八年徒刑，未經任何審判。當局在國務院壓力下釋放了他的母親，但中共官員用微信和他聯絡，警告他再不閉嘴的話，他的母親還是會被關。

但加達沒有閉嘴。他說這場運動不能任由中共把他們的家人當籌碼。靜待世界能做些什麼是沒用的。幾百萬人正在受苦，許多美國人的家人都在拘留營。盡量發聲是他們唯一的希望。

「這不是我母親一個人的事，而是整個民族的事」，加達說。「我們要求美國政府挺身保護像我這樣的美國公民，逼中國政府釋放我們的家人和其他民眾」。

在球場內，警衛密切監視著這群運動人士，而他們只是排排站，排字請求球迷們「Google維吾爾」。球場警衛要他們把標語拿下來，因為NBA的政策是不准有政治性標語。但他們爭執說，請人Google一下哪來的政治性？這只是呼籲大家多去了解，如此而已。

球賽結束後，運動人士又趁人潮疏散時在球場外的F大街上呼口號。一名身穿Nike運動服的中國男子從另一個方向走過來，用中文對他們大吼。他叫他們是叛國賊和恐怖分子，叫他們不要再用假消息污蔑中國。這種事在與中國相關的示威抗議活動中相當常見。一定有些中國人和華裔美人是支持中國政府的。但這名男子靠近加達，瞪著他的眼睛說：「你媽媽死定了。」

這不是偶然的反示威行為。這名男子知道加達是誰，用明確的資訊來威脅他。他馬上就閃人，沒人知道他是誰。

對於維吾爾運動人士來說，中國懲罰NBA是件好事。它讓全美國都注意到中共對維吾爾人和香港人的迫害。這些年輕人並沒有喪志，反而受到鼓舞。他們意志堅定，要利用社會短暫的覺醒擴大他們的聲音，也許能因此拯救他們的家人。

香港被賣了

維吾爾運動人士、香港示威抗議者、基督徒、政治異議分子，以及所有反對中國迫害人權的團體，都知道川普總統根本連口頭支持都不會給他們。每當有機會為人權挺身而出，尤其是和中國有關時，川普總是刻意缺席。

香港學生示威抗議「送中條例」違反了一九九七年香港自由與自治至少五十年不變的承諾，對此川普的第一個反應是：「我不想介入……我們自己也有人權問題，」波頓回憶說。[16] 波頓還說川普在六月十八日與習近平通話說，他已經下令所有官員對香港問題閉嘴。[17]

只要看看接下來發生的事，就知道波頓講得沒錯。七月八日，川普仿效北京把示威抗議稱為「暴動」，承諾不會插手。[18] 他說中國政府已準備發動進攻，但這不關他的事。「那是香港和中國之間的事，因為香港是中國的一部分」，總統說。「他們得自己處理這個問題。他們不需要顧問。」[19]

同一天，媒體爆出川普政府禁止美國駐香港領事唐景峰對中國政府發表嚴厲聲明，這是唐景峰離任前最後一次公開發言。國務院發出不痛不癢、毫無效果的官方聲明，沒有譴責鎮壓，而是呼籲香港政府要與香港人民「適當諮商」，「慎重考量」香港人民的憂慮。[20]

龐培歐躍躍欲試，但不想和老闆作對。他測試川普的底線，但講話盡量平和。七月二十九日，在鎮壓迫在眉睫之際，龐培歐說中國當局應該「做對的事」，維持香港自治。[21]第二天在去東南亞出席外交會議途中，他又說：「香港人民只是要求政府聽他們的聲音。每一個政府都應該聽人民的聲音。」[22]

八月初，北京似乎準備好要在香港來一場天安門等級的屠殺，在邊境聚集了幾千名警察和軍隊。[23]中國官媒在社群媒體上用「明白警告#香港分裂分子和外國支持者」的標語，散布人民解放軍用機關槍對付示威者影片。[24]

到了十月，香港街頭和大學烽煙漫布，美國國會對中國終於按捺不住。越來越多共和黨參議員公開在香港問題上和川普唱反調。例如，川普在中共統治七十年週年時推文說：「恭喜習近平主席和中國人民歡度中華人民共和國七十週年」。[25]參議員喬許．霍利（Josh Hawley）則說，「七十年前，中國共產黨從中國人民手中奪得權力。自此之後，它的冷血統治已造成幾千萬人民死亡」。[26]

很多官員都注意到，許多與中共高層關係密切、極具影響力的「中國之友」級的美國富豪，這時都不見人影。他們沒有人公開向中國領導人呼籲，在國際電視轉播下鎮壓學生運動會非常難看（據我所知，連私底下也沒有）。

這些人正在忙著遊說政府和國會不要傷害他們和北京的商業利益，而他們的努力也奏效了。我在十一月時得知，川普和米契·麥康諾刻意阻礙《香港人權民主法案》的進度，而該法案是參議外交委員會在兩個月前無異議通過的。

十一月七日，我在《華盛頓郵報》寫了一篇〈川普和麥康諾讓香港人失望〉的報導。[27]查克·舒默（Chuck Schumer）拿這篇文章到麥康諾的辦公室，當面放在他的桌上。麥康諾相當尷尬，因為他在一九九二年曾參與通過讓美國支持香港自治的法律*，八月份又在《華爾街日報》寫了一篇現在看來很偽善的專文支持這個法案，文章叫做〈我們和香港站在一起〉。[28]

一週後，參議員詹姆斯·里施和馬可·魯比歐試圖以無異議共識決通過法案。沒有參議員反對，參議院終於通過。在眾議院則是以四一七票對一票通過，唯一投反對票的是共和黨的托馬斯·馬西（Thomas Massie）。川普很不情願地簽署了法案，但附帶聲明說他將保留權力，不會執行他不同意的法條。川普在簽署前還上了「福斯朋友們」節目，說他考慮要加以否決。

「我們要和香港站在一起，但我也要和習主席站在一起，」他說。「他是我朋友。」

美中關係在二〇一九年上半年螺旋式下降，美中兩邊想要取得妥協的派系沒有成功，而兩邊的強硬派聲勢上漲。中國對內對外的行為前所未有的大膽，而川普團隊在司令官沒有明確指示下左支右絀。

川普是想對中國強硬，但他不想讓關係破裂。他還想達成貿易協議。但他的籌碼正在流失。川普越接近選舉，他就越需要一個可以拿來誇口的協議，而北京很清楚這一點。

＊譯註：這是指一九九二年《美國—香港政策法》（*United States–Hong Kong Policy Act*）。根據此法，美國在金融和文化等領域給予香港有別於中國大陸的待遇，並且承認香港為獨立關稅區。

第十二章

覺醒與反制——大學、矽谷，華爾街

在川普政府的第三年，美中關係越來越糟。隨著貿易戰繼續進行、科技戰升級、中國越來越赤裸裸介入美國對中國的討論，新一波衝突又出現。美國政府內部依然爭執不休，但這些爭執有助於刺激大家覺醒，越來越多人支持華府應該更強硬對付北京的侵略。漸漸地，美國人開始醒悟到中國的威脅，儘管有些人和有些部門——還有領袖——還在裝睡。

中共對美國內部的影響力，意味著美中關係不再是國務院專屬的地盤。國家安全和司法部門在對中關係的發言權越來越大，越來越主導中國政策。越來越多美國聯邦政府單位起身對抗中國。

尤其是，越來越多官員不只擔心中國對美國民主的危害，更擔心中國政府在美國校園的所作所為、擔心中國政府與矽谷的來往、擔心中國政府介入證券和資本市場。美國的中國政策快速轉變。學術界、科技業和華爾街被捲入一連串事件，連狀況都搞不清楚，更別說應對了。

美國國安單位現在要去找這些不太習慣接受政府指令的部門，要他們一起來和中國做鬥爭，不管他們喜不喜歡。在中國，政府、學校、科技公司和投資公司是一體運作，由黨發號施令。美國的體制卻不是這樣。美國的機構和公司都對其獨立性很自豪，雖然各別對中國遇上麻煩，但絕大多數都不會找美國政府幫忙。所以毫不令人意外，當華府國安單位開始逼這些機構一起來對抗中國在美國校園、美國網路和美國市場的惡劣行為時，它們都很抗拒和政府合作。

美國的私人部門和公家單位一樣冥頑不靈，各自有各自和中國的關係。在這個意義上，美國公司和大學就像自主的對外政策行為者，各自在國內進行遊說活動。北京就利用這些關係來阻擋對中共在美國境內活動的安全審查。但現在有許多不同的聯邦政府單位都要求要審查，私人機構越來越難裝聾作啞。

這確實是生死攸關——大學、科學界、矽谷和華爾街對於美國如何回應中國至關重要。大學會影響輿論和知識，也是創新的先鋒。矽谷是未來科技的廚房。華爾街是目前全世界最大的金錢來源，從華爾街還可以接觸到上億美國投資者。北京多年來都知道它們的重要性，策略性地加以投資。美國才剛開始了解問題的規模和程度，以及中國如何利用這些美國機構來危害美國的安全、繁榮、自由和公共安全。

第九號文件

美國的學術自由和言論自由（及其他自由）與中共的模式不但完全對立，更直接挑戰到中共的統治，威脅到中共所宣稱的中國與西方在生存和意識形態上的鬥爭。習近平在二〇一三年批准的九號文件強調，要控制公眾討論，要把市民社會、新聞自由和提倡個人權利視為「西方反華勢力」的「政治工具」。為了「切實加強意識形態陣地管理」，中共開始在美國學術機構廣設提倡其政治觀點的課程，對付大學校園中對中共政策的批評，鉗制留美中國學生的言論自由。

中國幾十年來都試圖以各種方法在美國校園建立勢力。最具爭議的方法就是透過孔子學院、中國學生組織及直接贊助捐款。中共透過這些手段和大學建立關係，效果有正面也有負面。

中國政府出資贊助語言課程、交換學生及研究計畫，這些大部分是正面的。透過這些計畫，成千上萬中國學生留學美國，為這些學校做出貢獻，更加了解美國後回到中國。多數留學生和中國政府沒有關係，只是想接受更好的教育，追求更好的生活。但他們既是中國政府惡行的受害者，也受到美國人的種族歧視，川普一些言論和政策更加劇了這種歧視。

然而，擔心中國在美國校園的影響力也是有憑有據。這就造成迫切而棘手的悲劇性兩難。

在二〇一八到二〇一九年，國安單位、司法部門、情報單位和國會都在逼著學術界去討論，如何管控中國對美國大學越來越惡形惡狀的干涉。已經和中國政府有相當合作計畫的大學非常反彈。首要戰場就是中國政府在美國校園內設立的語言學校——孔子學院。

蒐集情報的孔子學院

孔子學院是中國在美國校園影響力運作的最鮮明象徵，這是由中國政府出資、中國政府經營、在外國校園內設立的語言文化教育機構。從二〇〇四年計畫啟動開始，中國已在全世界一百五十四個國家設立了五百多間孔子學院、兩百多間孔子教室。[1]整個孔子學院體系的最上級是中共教育部的「漢辦」*，在二〇二〇年改名為教育部中外語言交流合作中心。各大學通常會簽下合約換取經費，允許中國政府決定教師和教材。發起這個計畫的人是前中共中央統戰部部長†。

二〇一八年二月，FBI局長克里斯多福・瑞伊（Christopher Wray）在國會作證時對孔子學院開了第一槍。他表示，孔子學院是中國政府用來做「非傳統情報搜集，尤其是在學術界」的機構之一，遍布美國大小城市。他說FBI正「小心監控」和調查「某些案例」。瑞伊譴責美國學術界太過天真，讓中共設立前哨站。他還指控中共「利用我們所珍視的開放性的研究及發展

* 譯註：漢辦的正式名稱是中國國家對外漢語教學領導小組辦公室。因為對外聲名狼藉，在二〇二〇年改名為中國教育部中外語言交流合作中心。

† 譯註：此處應是指劉延東。

環境」。

在巔峰時期，全美一百多間大學都有孔子學院。在本書寫作時大概還有六十間。並不是每間孔子學院都一樣。在瑞伊發表談話後，我到母校喬治華盛頓大學的孔子學院登記初級中文課程。教室裡並沒有什麼非法活動，只有一些大學生在學中文。

但有些學校就真的有問題。FBI探員曾警告過西佛羅里達大學，他們懷疑其校內的孔子學院員工從事間諜活動，已經啟動調查。西佛羅里達大學就靜悄悄地把孔子學院關閉。[2]我打電話給校長詢問此事，她說是因為學生沒有興趣，否認FBI有找過她。但她還有其他利益要保護：這所大學從一九八七年就和中國合作交換學生和老師。[3]

國安單位和學術界第一起衝突事件完全是意外，但該事件在全美造成連鎖效應。二〇一八年四月，在全國記者俱樂部的會議上，前亞利桑那眾議員、現任亞利桑那州立大學政府關係副校長邵建隆（Matt Salmon）吹噓說，五角大廈有出錢給亞利桑那州大的孔子學院（此說不實），這表示五角大廈並不認為孔子學院有國安疑慮。事實上，五角大廈還利用孔子學院來招募會說中文的人才進美國政府服務。邵建隆說擔心孔子學院的人是「麥卡錫主義」，「如果它真的是威脅，那國防部資助我們的計畫就犯了大錯」。[4]

五角大廈官員聽到這種說法都炸了鍋。他們發現，亞利桑那州大是把孔子學院的資源和課程與五角大廈出資的旗艦中文研修課程混在一起，這根本不是五角大廈所要的。五角大廈和國會聯手通過新的法律，規定凡任何學校若同時有孔子學院和五角大廈語言課程，都要把兩者分開，還要拿到國防部的許可才能把這兩種課程都保留。有十幾間學校申請了許可，但沒有一間通過。於是亞利桑那州大和其他十幾間學校就把孔子學院關掉了。[5]

在亞利桑那州大事件後，國會議員紛紛要求選區內的大學關掉其孔子學院。二〇一九年四月，共和黨眾議員吉姆・班克斯（Jim Banks）打給印第安納大學校長，告訴他如果不把孔子學院關掉，他保證絕對不會讓印第安納大學再拿到五角大廈一塊錢。當月稍晚，印第安納大學就關掉了孔子學院，而且是在學期中。[6]

孔子學院的錢很多，尤其是對小型大學而言。除了能拿到幾百萬美元開辦費，設立孔子學院還可以讓大學進入一個特殊的俱樂部，有各式各樣的機會。全國學者協會的報告說，「除了提供資金、免費教材及教師，孔子學院還幫忙招收全自費的中國學生，幫美國學生尋找海外留學的機會，安排校長和主管到中國免費旅遊及享受國宴」。[7]

這份報告對孔子學院提出三大質疑：鉗制知識自由；缺乏透明度；和中國政府關係太深，而且牽扯的不只是老師和行政人員，還有學生。孔子學院的中國教師在西藏和台灣等敏感議題上都要遵守中國法律，就連受聘的美國人都有壓力要自我審查。他們的合約和孔子學院的聘任條件很少公開。孔子學院和其所在的美國大學的關係經常把中國的國家利益與學術研究相混淆。

簡單說，當大學邀請孔子學院進來校園時，美國學術界主管等於是讓一整代美國大學生對中國的認識都仰賴中共官方版本的歷史、意識形態和政策。這是很可笑的事，也逐漸被糾正過來。在過去六年內，一百多間大學的孔子學院至少有二十九間被關閉。這正是孔子在《論語》講過的：「見義不為，無勇也。」[8]

校園裡的抓耙子

中共在美國大學的活動不只有孔子學院。中國學生學者聯合會（簡稱學聯會）是大學中的學生組織，有許多是中國政府在背後支持，有時甚至是公開的。個別的學聯會經常受當地中國大使館和領事館資助與監控。官員會利用這些組織來迎接中共高官訪問學校、舉辦到中國參訪、動員學生來支持中國政府。[9]

學聯會的成立和擴展似乎和天安門屠殺有關。一九八九年後，中國政府花了很大力氣推展愛國主義教育，確保中國留學生回國後不會搗亂。習近平上台後，中共更加大力度監控海外華人。[10]二〇一六年一項指示說，要「構建『祖國—使領館—留學團體—廣大留學人員』的海內外立體聯繫網絡，使廣大留學人員充分感受祖國關愛、主動宣傳祖國發展」。[11]學聯會是習近平達成目標的手段之一。

所有學聯會都由中共中央統戰部監管（所以學聯會與統戰部的關係要比孔子學院更直接）。而學聯會的直屬管理單位是教育部。中共透過學聯會來監控中國學生，鼓勵學生互相舉報。和孔子學院一樣，學聯會大部分活動是善意的，一般學聯會成員不會去干涉校園的學術自由。但學聯會的領袖通常會直接和中共合作監視同學。「監視的作用不在於抓到或懲罰某名學生，而是讓所有中國學生都知道他們會被舉報，在公開場合要謹言慎行」，中國研究專家林培瑞（Perry Link）這樣對《紐約時報》談到學聯會。[12]

學聯會也和中國政府合作，在校園中削弱對中共的批評力道。二〇一七年，加州大學聖地牙哥分校宣布達賴喇嘛要在二〇一七年開學典禮上演講，此事讓人見識到學聯會的力量。聖地牙哥分校在臉書等社交媒體上被粗言穢語猛轟。有一篇貼文說：「試想如果邀請的是賓拉登，美國人會作何感想」。[13]這些攻擊主要來自聖地牙哥分校的學聯會，他們承認有和洛杉磯中國領事館商討過此事。[14]開學典禮照常舉行，但作為報復，中國政府禁止有拿中國國家留學基金的學生和學者參加。[15]

學聯會的壓迫行為四處可見。二〇一七年，馬里蘭大學學生楊舒平在演講時稱讚美國「言論自由的新鮮空氣」，感謝學校「重視她的聲音」，學聯會就對她大加撻伐。香港學生民主人士羅冠聰去年秋天到耶魯就讀，耶魯學聯會也威脅他，還連同其他學聯會在羅冠聰於校內外演講時去鬧場。[16]

千人竊盜計畫

全美各大學每年都有幾十億沒有申報的外國捐款。這種事發生在各個層級，包括個人的研究計畫。根據法律，美國大學每年度都要公開申報超過兩萬五千美元的捐款或合約，但這條法律自一九六五年生效以來，就因為聯邦執法單位的壓力從未認真執行過。教育部在二〇一九年七月開始調查此事，幾個月就發現美國主要大學有超過六十億美元的外國捐款沒有申報。教育部還針對耶魯和哈佛啟動特別調查。[17]

參議院情報委員會在二〇一九年的報告指出，從中國國防部拿到捐款的美國大學，有百分之七十沒有誠實申報。漢辦從二〇一二年起給了一百多間美國大學一億一千三百萬美元，是這些學校公開申報金額的七倍。[18]

二〇一八年六月，參議員魯比歐和眾議員吉姆・班克斯致函教育部長貝琪・戴弗斯（Betsy Devos），要求她調查華為在全美五十間大學設立的研究中心。他們說，這些大學至少要公布合約細節，尤其是當聯邦政府也有參與研究。[19]

二〇一八年末，司法部啟動名為「中國倡議」的大計畫，召集全國各地的檢察官來集中資訊和資源，專門針對中國「非傳統情報搜集者」——也就是研究人員——在美國大學、研究中心和企業的間諜偷竊行為。其任務之一就是到處去教育學術單位，他們校內這些中國機構對學術自由造成的威脅。

FBI和國家衛生院也開始警告各大學和研究中心中共的人才招募計畫，這是另一個竊取科技的管道。中共有兩百多項計畫花錢請全世界頂尖科學家和企業家到中國貢獻專業和技術。許多科學家被允許留在原單位服務——也就是暗中同時領中國和美國的薪水。FBI在二〇一五年警告說，這讓中共「無需研究成本就取得先進科技」。[20]也就是說，北京是用這類計畫來收割美國政府投入幾百億美元的研發成果。啟動調查後，FBI很快就發現有好幾十個案例，美國研究人員被中國政府召募拿錢，卻沒有告訴任何人。如果這些研究人員在申請聯邦研究經費時沒有誠實告知，那就是犯罪。

二〇一九年四月，FBI拜訪了休斯頓的MD安德森癌症中心，該中心解雇了三名沒有向該中心告知他們有參加「千人計畫」的頂尖科學家。[21]在兩百多項招募西方科學家帶著業務機密到中國工作的計畫中，「千人計畫」是規模最大的一項。這些科學家從未被起訴犯罪。由於他們都是華裔，這起事件引起種族歧視的疑慮。幾個月後，坦帕市的莫非特癌症中心也因為隱瞞參與「千人計畫」解雇了執行長和五名研究人員，其中只有一位是白人。

到了二〇一九年末，教育部、能源部和科學基金會都禁止員工和受經費補助者參與外國人才招募計畫。FBI展開大規模行動。二〇一九年十二月，FBI逮捕了華裔研究人員鄭鑿松，他從波士頓大學偷了二十一瓶生化樣本藏在行李中，被控走私和偽證。二〇二〇年一月，哈佛大學化學系主任被捕，被控私下收錢參與千人計畫。

科學研究的本質是合作和開放，為什麼中共要花大力竊取科研成果呢？因為中國有興趣的一些項目並不是能夠公開取得的。這些項目不是有專利，就是專供政府或軍方使用。這些東西當然要被保護。有些項目則是被偷去給中國公司做商業使用，讓他們取得巨大而不公平的競爭優勢。美國人相信開放的知識經濟有助提升全人類的福祉，但中共卻未必這麼想。中國利用美國科學家提升人類知識的善良願望來發展戰略新技術，擺脫對西方科研的依賴，利用這些優勢來鎮壓人民、影響世界、強化經濟、增強軍備。

當中國利用科研合作的成果來進行大規模暴行時，這種危險就顯得格外清楚。世人已得知中國正擴大運用科技來鎮壓維吾爾人，美國大學也就被迫要檢視自己是否成為反人類罪行的共犯。二〇一九年二月爆出，耶魯大學一名頂尖遺傳學專家和中國科學家合作研究的項目，被新疆警方用來建立維吾爾人的ＤＮＡ資料庫，而這位遺傳學家聲稱自己毫不知情。[22]二〇一八年六月，麻省理工學院宣布要和中國的人工智能公司科大飛訊進行五年合作計畫，[23]但二〇二〇年有報導指出，科大飛訊出售技術給政府鎮壓維吾爾人，這項計畫就停止了。[24]在本書寫作期間，伊利諾大學厄巴納—香檳分校正與中國臉孔辨識公司雲從科技合作，開發以外表來自動偵測追蹤維吾爾人和藏人的技術[25]——這項技術可以根據人體外型來追蹤特定基因類型的人士。[26]

二〇二〇年中，ＦＢＩ開始清查美國學術機構中隱瞞與中國軍方關係的研究人員。[27]這項調查披露了許多令人不安的案例。許多研究人員與解放軍合作研究人工智能、機器學習、超級電腦和水下機器人等敏感課題——這些都是中國軍方急欲要在技術上超越美國的項目。（國務院在同年七月關閉中國駐休斯頓領事館，部分原因就是該領事館協助這些研究人員隱瞞真實身分，逃避美國司法）。

習近平的「中國夢」要得以實現，美國價值就必須衰落。大學校園只是眾多戰場之一。保衛大學的言論自由是民主健全的關鍵。美國學術界要同時捍衛兩種互相競爭的價值——既要學術自由又要學術開放。國安和司法部門也在同時追求兩種互相競爭的目標——既要保衛國家安全，又不能淪為他們所對抗的壓迫性體制，不能針對特定種族或國籍的人士。這確實是非常棘手的挑戰，而且只是諸多挑戰之一。

史諾登事件餘波盪漾

當川普政府上台時，矽谷正發生兩件大事。首先是全球都在搶占正要起飛的人工智能先機。其次是工程師挖角大賽，因為臉書、亞馬遜和Google等美國大公司的成長速度比每年大學畢業的工程師人數要快。中國在這兩件事情上為美國公司提供了解決之道，這就造成華府國安人士的恐慌，他們只能警告科技業者北京正在滲透其公司和竊取資料。

中國政府對未來科技投入非常多資源，中國大學也為全世界公司供應高技術人才。在美國高科技公司內部，有些具有國家安全意識的人對中國是擔心和質疑的，但從生意的角度，合作才是合理的。誰都不能不顧有七億網路人口的中國市場。

在川普政府上台多年之前，美國科技公司與中國合作或在中國運作的風險就已經很明顯了，但基本上都被忽視。Google在二〇一〇年因為伺服器被駭客入侵，基於原則撤離中國市場。但Google並沒有完全醒悟，二〇一七年又和中國科技巨頭騰訊合夥在北京設立人工智能中心。Google還秘密成立一個團隊，開發出用來過濾訊息的「蜻蜓」瀏覽器。但在Google員工吹哨示警後，這個計畫被迫終止。*

和學術界一樣，科技公司也很抗拒與美國政府合作對抗中國。史諾登洩密事件從根本上破壞

* 譯註：《紐約時報》在二〇一八年八月十六日公布一封一千四百名Google員工的聯署信，此聯署信要求Google暫停此計畫。二〇一九年七月，Google公共政策副總裁卡倫・巴蒂亞在美國參議院司法委員會的聽證會上，證實蜻蜓計畫已被「終止」。

了矽谷和國安單位的關係。科技公司認為國安局破壞了他們在其他國家營運所需要的信任關係，也不滿他們在不知情之下被利用來為國家安全服務。信任需要重建，但多年來大家無從對話。

在歐巴馬政府末期，一個五角大廈團隊試圖重建和矽谷的關係。馬修．杜爾賓負責這項計畫。他要求白宮派一名他認識的科技天才來做一份中國對矽谷投資的研究報告。白宮派出了前賽門鐵克執行長麥克．布朗（Mike Brown），他曾以「總統創新獎金」短暫進政府任職。布朗又拉來中國經濟專家暨榮鼎集團（Rhodium Group）共同創辦人丹．羅森（Dan Rosen），以及貿易政策專家、前國安會官員帕夫尼特．辛格（Pavneet Singh）。他們在舊金山成立一個工作室。

他們撰寫了一份中國科技戰略的內部報告，詳細解釋為什麼美國科技公司根本不該去中國讓自己的珍寶被偷走，而這已經在美國國內發生。這份報告沒有公布，但也沒有列為機密。《紐約時報》很快就披露了這份五角大廈的「新白皮書」。[28]完整的報告在二〇一八年一月份被公開。報告中說，中國參與了矽谷百分之十六的新投資，幾乎都未經國安審查。「中國正在投資未來科技，這些科技是未來商業和軍事創新的基礎：人工智能、機器人、自動駕駛、擴增和虛擬實境、金融科技和基因編碼」。「對於這些科技被轉移的速度之快、中國對美國科技投資的程度，以及我們該保護哪些科技，美國政府都缺乏整體性的了解。」[29]

布朗留下來領導是五角大廈新成立的「國防創新實驗小組」，協助軍方追上新興科技的步伐。杜爾賓則轉任到國安會。他們的報告促成了海外投資審查會的改革，也讓我們嚴肅看待中國在美國科技產業的行為。然而，當科技戰在二〇一八和二〇一九年越演越烈之時，不同美國大公司的反應各不相同。

梅努欽為谷歌說話

當矽谷科技巨頭之間的鬥爭與華府和中國的鬥爭交纏在一起，結果是一片混亂。在二〇一九年七月的全國保守派大會上，親川普的大富豪彼得．泰爾（Peter Thiel）公開抨擊Google，指控Google與「中國軍方」合作卻不與美國軍方合作是「叛國」行為（這是指一個名為Maven的計畫，利用人工智能來過濾情報）。他宣稱Google已被解放軍完全滲透，但沒有提供具體證據。[30]

同一個月，七月十六日，川普在內閣會議中說，他的政府會「看一看」Google在中國做些什麼，暗示司法部長會進行調查。[31]八天後，梅努欽宣布他（而非司法部長）已經調查完畢，沒有什麼問題。「總統和我對這個問題做了很多功課，沒有發現Google和中國政府合作的項目有令人擔憂的東西」，梅努欽說。[32]

很明顯，梅努欽不可能在短短八天內就查出什麼東西。兩週後，川普推文說Google執行長桑德爾．皮查伊（Sundar Pichai）來到橢圓形辦公室，「一直說他有多喜歡我，政府做得有多好，還有Google和中國軍方無關」。[33]

本案就此結束。但在倉促之中，川普團隊似乎忽略掉一些關鍵細節。Google並沒有直接和解放軍合作，但Google員工多次和中國科學家合作撰寫研究論文。[34]而根據參謀首長聯席會議主席約瑟夫．鄧福德（Joseph Dunford）的證詞，Goolgehxyc中國科技公司在人工智能上的合作「讓中國軍方直接獲益」。[35]

祖克柏與美國政府合作

剛開始，美國社群媒體巨頭臉書比較不受美中關係變化的影響，因為北京不但禁止臉書在中國市場營運，還創立了中國自己的社群媒體如微信，讓中共可以控制。但在川普政府時期，中國網路公司開始進攻美國市場，首度在美國公司的地盤上威脅到美國公司。這讓美國科技公司不得不重新思考中國的挑戰。

最明顯的轉變就是臉書。執行長馬克．祖克柏在二〇一九年末把臉書對中國的態度做了一百八十度大扭轉。[36]祖克柏多年來想方設法說服中國政府允許臉書進入中國，還請求習近平幫他第一個孩子起個中文名字（習近平拒絕了）。祖克柏後來改變心意。他在二〇一九年十月去華府時宣布，臉書不會再尋求進入中國市場。他轉而呼籲美國政府要幫美國科技公司反擊中國的科技戰略，誓言臉書會為美國價值而戰。「中國是根據不同的價值在建構網路，而且正在輸出他們的網路觀到其他國家」，他在十月十七日於喬治城大學說。「直到最近為止，網路在中國以外的國家都是追隨美國的言論自由價值。但這些價值已未必能夠勝出。」[37]

祖克柏一百八十度大轉變的動機是很清楚的。他正在創設Libra電子支付系統想超越阿里巴巴，需要國會和政府幫忙制定監管規則。國會擔心祖克柏的國際電子支付系統會逃避國際匯兌的法律監管，也會傷害美元作為世界主導性貨幣的地位。但祖克柏指出，如果中國勝出，北京可不會像臉書一樣與美國政府合作和讓步。

臉書也因為抖音失去了幾百萬點閱率。抖音的母公司是中國的字節跳動，這讓祖克柏更有動機去支持美國國會限制中國的科技擴張。抖音是第一個在美國境內爆紅的中國社群媒體。但儘管抖音大受歡迎，儘管字節跳動大力反駁，還是不斷有報導說抖音的內容管理者會審查反中共的影片內容。也有證據指出，有些美國用戶的資料會被傳送到中國。如果這是真的，這表示這家公司會把幾千萬美國年輕人的個資交給中國政府運用，根本不能被信任。

字節跳動堅稱就算北京要求交出資料，它也不會屈從中國政府的壓力——但中國的國家安全法可不是這麼規定。兩黨議員都要求展開行動，川普最後宣布字節跳動只能把抖音賣掉或關掉。梅努欽展開一系列混亂的談判，目標是叫字節跳動讓出抖音的國際營運，交由美國公司來掌控。川普還奇怪地要求抖音要付一筆「佣金」給美國政府。[38]北京大怒，不准字節跳動屈服。字節跳動在美國法院控告川普政府。

推動禁止抖音和更龐大的微信的是國安官員，但負責談交易的卻是梅努欽。他想把這件事變成華爾街和親川普科技公司的意外之財，例如薩伏拉・凱芝的甲骨文。這種胡搞瞎搞讓川普政府的政策看來是任意妄為和為自己牟利。梅努欽還交給北京一份表達不滿的備忘錄。現在換美國來逼中國公司要交出技術才能進入美國市場。當本書撰寫時，抖音這家公司的命運還在未定之天。*

蘋果向北京屈膝

當美中關係緊張升高之時，依賴中國市場或中國勞工的美國科技巨頭都採取傾北京的立場。蘋果是美國公司堅持要維持中共歡心的最明顯例子，即使在道德上妥協亦在所不惜。當中國政府對中國境內的外國公司緊縮控制，用社會信用體系來施以獎懲，蘋果也竭盡所能地討好北京。

二〇一八年七月，蘋果以「遵守當地法律」為由，同意把中國用戶的資料移到在中國境內的雲端伺服器，不再抗拒讓中國政府取得這些用戶資料。[39] 在二〇一九年香港示威抗議潮中，蘋果更進一步向北京屈膝，隱藏掉有台灣國旗的表情符號，從 APP Store 下架了報導示威抗議的中文版 Quartz 新聞，還下架了示威抗議者用來組織隊伍和躲避警察的 HKmap 軟體。[40]

蘋果每年從中國市場收益四百四十億美元，在中國有許多工廠，採取這種立場是很自然的。但這也不能完全防止北京不高興。二〇二〇年五月，中國《環球時報》報導，中國政府正在考慮

---

* 譯註：到目前為止，抖音禁令算是不了了之。二〇二〇年十二月七日，華盛頓特區聯邦地區法院否決美國商務部對 TikTok 的限制措施。二〇二一年六月九日，美國總統拜登撤銷川普時代禁止抖音的行政命令。六月二十一日，美國商務部撤銷對 TikTok 的禁令。

對蘋果施以懲罰，以報復川普封殺華為。[41]蘋果不是中共的朋友，只是一個被當成人質的公司。

華爾街之羊

當美國其他產業都意識到與中國做生意的風險正在升高，華爾街卻加速把中國公司引進美國的金融市場和資本市場，還把幾千萬美國人的錢以驚人的速度投資到中國大公司。他們以為沒人能阻止他們把幾千億美元投向中國。但華府國安圈開始把手伸進這個領域，另一場衝突迫在眉睫。

多年來，中國公司在美國市場募資的最主要手段，就是在納斯達克和紐約證交所上市。但由於中國公司不遵守美國法律對上市公司的會計和透明度要求，他們就想辦法繞道而行。例如，中國公司會買下瀕死的上市公司，這叫做反向收購（即借殼上市），於是中國公司就可以不經過一般揭露和審查程序在美國證交所上市。如果公司有賺錢，美國投資人就高興了。但如果沒賺錢，美國投資人求助無門。美中經濟與安全審查委員會在二〇一七年的報告中說，「這類上市公司會讓不小心的美國投資人買進在美國借殼的中國公司」。[42]

監管鬆散加上鑽漏洞猖獗，中國公司在美國借殼上市的問題十分嚴重。委員會發現，光是透過這些騙局，中國發行者就詐取了美國投資人幾百億美元，不用擔心被中國境內外法律懲罰。依照二〇〇二年沙賓法案成立的「公開公司審計監督委員會」（Public Company Accounting Oversight Board，簡稱PCAOB），列出有超過兩百間中國或香港公司拒絕接受審計。在一堆反向收購的案例傷害到美國人之後，現在中國公司大都選擇直接在美國證交所上市，透過IPO在美國募資。但很多還是不遵守美國法律要求的公開透明和問責。[43]

二〇一三年，PCAOB和中國政府簽訂理解備忘錄，試圖讓中國公司遵守公開透明和事實揭露的高標準規範。[44]但北京卻動用國家安全法律，不讓這些中國公司遵守。中共不想讓黨和受國家控制的企業間的資金流向被曝光。如果關係被揭露，那麼黨對這些公司的掌控、運用這些公司搞戰略目標、以及其中的貪污腐敗就會統統曝光。

像阿里巴巴這種巨型中國公司會提高層次，在華爾街顧問的協助下在美國證交所做超級IPO。但即使是這種公司這麼大的金額（阿里巴巴二〇一四年在紐約證交所的IPO，募資金額為兩百五十億美元），其財務揭露和提交的文件也無法受到獨立驗證。[45]美國投資人對其投資的中國公司根本無法做到盡職調查。

當川普政府上台時，PCAOB主席詹姆斯．多蒂（James Doty）正在和北京談判新的監管規則。但多蒂在二〇一八年被梅努欽新任命的證交會主席傑．克萊頓（Jay Clayton）解聘。克萊頓原來是阿里巴巴的法律顧問。一如他多次幹過的事，川普這位親商的財政部長再次阻礙美國對付中國經濟侵略。

這類行為暗藏著大規模詐欺和貪污腐敗，最終讓一群賣空人士大發利市。渾水研究（Muddy Waters Research）[*]只是對這些公司做了些基本研究，就揭露出一件又一件詐欺犯行。二〇一八年的紀錄片《中國大騙局》講述了華爾街吹哨人如何呼籲大眾要注意這些大規模的犯行。[46]但每當中國的經濟侵略被曝光，總是會另闢蹊徑。

當中國公司在美國股市上市的事情變得太惹人注目之後，中國公司找到另一種根本不用進到美國市場就可以向美國投資人募資幾十億美元的方法。北京開始叫華爾街的指數編纂公司把幾百家中國公司編入指數。這些指數編纂公司都是大銀行或金融公司的分支機構，其業務是在仔細研究後把有價值的公司編入指數，讓投資人得以做投資決策，或者拿錢給這些公司去操作，或者自行追蹤這些指數。指數編纂公司在全球市場上有巨大的影響力，因為他們的決定會對投資人造成瀑布效應，也因為他們可以在指數中編入任何一個證券市場的公司，不只是美國的公司。這就意味著，他們是全世界所有想爭取美國資金的公司的造雨者。

當北京了解到只要把中國公司放進比較不嚴謹的市場，再讓指數編纂公司來為這些公司背書，就可以輕易獲得美國資金，北京就全力施為，而指數編纂公司也樂於配合。例如，全世界最大的指數編纂公司MSCI不斷在擴大持有中國資產，據說是因為「受到中國政府壓力」。[47] MSCI把中國公司放進其國際指數的速度非常之快，尤其是其新興市場指數，這就引導了幾百億美元的資金進到這些中國公司。

大型投資工具如指數股票型基金和共同基金等等，都會追蹤MSCI的指數。這表示每當中國公司被加入指數，這些大型基金就會跟著一起買。退休基金和大學捐款基金等大型機構投資人經常被動地投資這些指數，這就可能被中國爛公司給害到。如果投資的公司有被美國政府制裁、與中國軍方有關、或協助迫害人權，這算是高風險。但當指數編纂公司為這些公司背書，美國投資人的錢就會往那邊流動。

＊　譯註：渾水研究是一家業務涉及盡職調查的私人投資公司，專門針對中概股發布質疑調查報告，二〇一〇年成功獵殺數家中國公司，在資本市場名聲大噪。

美國資金往中國公司流去，這種新奇詭秘的模式讓川普政府的貿易談判策略變得不那麼有效。MSCI在二〇一九年把持有的中國資產擴大為四倍[48]，在川普政府逼北京簽訂貿易協議之時送了八百億美元到中國。[49]這些中國公司根本不用在美國證交所上市，就可以從後門募得大筆美國資金。

這還導致更大和更不為人知的危害。有十四兆美國投資基金在追蹤MSCI的指數，或用這些指數作為投資決策的判準。這表示全美的資產管理者都要跟隨MSCI增加持有中國的股票和債券。幾百萬美國投資人在不知情之下，就要把退休基金、共同基金和指數股票型基金賭在這些中國公司身上。

所有大型指數編纂公司都在做這種事。二〇一九年，彭博巴克萊全球綜合指數展開一項二十個月計畫，要導入一千五百億美元去買三百六十四家中國公司的債券，其中有一百五十九家公司直接由中國政府控制。[50]全美國追蹤這些指數的退休基金都要被動把幾百萬美國人的財務前景交在這些中國公司手上。

更糟的是，在這些指數導引去投資的公司當中，有些幫解放軍製造新式武器和船艦，有些被控搞網路駭客，有些參與了大規模暴行，有些被美國政府制裁。華爾街不只是把我們的錢拿去賭在中國，還籌資幫北京去搞對外擴張，嚴重削弱了美國政府與北京競爭、維持美國科技和經濟優勢的戰略。

美國投資公司沒有向投資人揭露財務上的風險，更沒有告訴投資人他們投資的後果。他們還讓美國政府很難彌補傷害。一旦有幾百萬美國人投資在中國的惡棍公司，美國內部就會有龐大的選民壓力反對懲罰這些公司。

「我們以為我們已經很了解『中國遊說團』在美國的規模和活動」，美中經濟與安全審查委員會前主席羅傑．羅賓森（Roger Robinson）告訴我，「我們卻不知道中國已經吸引了上億美國散戶投資人的資金，他們都反對制裁北京，怕會傷到他們的資產」。羅賓森已不在政府服務，但他決心要做點事。他並不孤單。

魯比歐開第一槍

當羅賓森談到經濟戰時，他很清楚自己在講什麼。他父親是FBI反情報高層官員，他自己從華爾街投資銀行家幹起，但是以冷戰戰士出名。一九八二年雷根政府時期，他以三十二歲之齡當上國安會國際經濟事務主任。他第一個看出蘇聯在硬通貨現金流上的弱點，並想出一套方案加以利用。很多人都認為，限制蘇聯硬通貨現金流、阻止其取得西方貸款的經濟和金融戰略，才是造成蘇聯帝國崩潰的最主要原因。

在進入雷根政府之前，羅賓森是大通銀行蘇聯及東歐部門的副總裁。他有兩年半的時間擔任大通銀行主席大衛．洛克菲勒（David Rockefeller）的個人助理。一九八一年四月一日，他與人合寫一篇〈歐洲對蘇聯天然氣的豪賭〉登在《紐約時報》，警告歐洲過於依賴蘇聯的天然氣，還警告西伯利亞輸油管會讓蘇聯年收入多兩倍。雷根根據他的說法出手干預此事，這就是所謂西伯利亞輸油管爭議事件。他找來羅賓森負責此事。

在川普政府時期，羅賓森——現在是一介平民，經營一家小小的研究和風險管理公司——在幕後運作，對付那些吸取美國投資人資金的中國惡棍公司，還有那些收費為其提供協助的華爾街人士。（川普政府是在二〇一七年開始關注這個議題，國安會當時請羅伯．斯伯丁暗中研究中國在美國資本市場的角色。他發現中國在美國資本市場的足跡之廣超出所有人想像，而且有一堆惡棍公司。但當研究完成時，斯伯丁也離開政府，而這份報告因為不明理由未曾公布）

在二〇一七和二〇一八年，羅賓森深入研究中國公司擴大入侵美國資本市場對國家安全和人權的影響。二〇一八年秋，他開始向華府官員、國會議員和記者做簡報，讓他們對美國資金流向中國同感憤慨。羅賓森同時跨足國安圈和華爾街這兩個世界，決心要把兩者串在一起。

羅賓森製作了一份簡報來呈現這個議題。這份簡報顯示，MSCI編製指數，幾百萬美國人就得被動投資在中國惡棍公司，包括中國船舶重工集團（為解放軍造船）、中國航空工業集團（為中國空軍製造空對空飛彈等先進武器）、海康威視（其人工智能監視器在新疆用來搜捕維吾爾人進拘留營）。

為了對華爾街施壓，他找上他認為最可能支持他的國會議員馬可・魯比歐的辦公室，與魯比歐的對外政策顧問羅伯・札拉特（Robert Zarate）密切合作。他還找上一些致力於保護美國投資人的產業團體。他開始和克里斯多福・雅科維拉（Christopher Iacovella）合作，雅科維拉是美國證券業協會主席，致力保護美國投資人的利益。雅科維拉和羅賓森一樣，相當了解中國無限制進入美國資本市場的危險性，想要喚醒國人同胞。「真正的問題是，這些中國公司並沒有在我國市場上市，但錢還是藉由指數向他們流去」，雅科維拉後來告訴我。「我們覺得一定要發聲，因為這個問題真的很大」。

二〇一九年六月，華府對華爾街指數編纂公司的戰爭正式浮上檯面。魯比歐致函給

MSCI，要他們解釋這些中國公司被編入指數的內部作業程序，以及這些公司和中國政府的關係。[51] MSCI當然沒有回答，因為沒有人有辦法回答。魯比歐就是要指出這一點。「事實上，MSCI在做的事就是讓中國共產黨及其國有企業能夠控制市場，用合法的包裝獲得大量資金來源」，這封信說。這間美國金融公司和許多其他公司一樣，都是把美國人高達幾千億美元的存款拿去投資，卻一點也沒有意識或顧慮到這些錢的流向，以及會對國家造成什麼影響。

在梅努欽撐腰之下，指數編纂公司不理會魯比歐等人提出的質疑。於是羅賓森採取新的策略。如果只是點出指數編纂公司一般性的所作所為還不夠，他心想，那就乾脆點名一個要增加對危險中國公司持股的退休基金，而這個基金經管著五百萬聯邦政府雇員和美國軍人的退休金，這樣就會有更多國會議員和官員介入。

這就是羅賓森下一個目標。聯邦雇員的互助儲蓄計畫（Thrift Savings Plan，簡稱TSP）是由聯邦退休互助投資局管理，投資局正打算改變投資結構。根據新的方案，五百萬美國聯邦雇員將追蹤一項特定的MSCI指數來做國際投資，而這個指數包含了許多有問題的中國公司。

剛開始，羅賓森的策略似乎奏效。有更多國會議員跳入戰場。國會議員寫了很多信。報上也刊出更多文章。但投資局堅不退讓。

魯比歐試圖修法強迫投資局改弦易轍，但參議院銀行委員會主席麥克·柯瑞柏在梅努欽要求下擋下了這個計畫。梅努欽去找總統說，如果他干預投資局，就是在最壞的時候攪亂市場，傷害全世界最大市場指數的信用度。而在那個時候，向來把股市表現等同於其滿意度的川普拒絕干預。

加州退休金流向解放軍

羅賓森不死心，又把目標轉向另一個退休基金：加州公務員退休基金（CalPERS）。到目前為止，羅賓森還無法讓TSP官員和他一樣不爽指數編纂公司偷偷把錢導向惡棍中國公司。然而，CalPERS的問題更大。加州的退休基金是全美最大的退休基金，它的新投資總監孟宇和中國共產黨有明顯令人擔心的關係。

孟宇從北京來接任CalPERS的投資總監之前，曾在中國國家外匯管理局任職三年，這個機構手上有超過三兆美元的資產。外匯儲備對中國的金融安全非常重要。近幾年來，北京嚴打資本外流，顯示他們對取得和持有外國貨幣非常嚴肅以對，尤其是美元。

孟宇在CalPERS的投資決策讓該基金對中國公司（包括國有企業）的曝險程度大增。根據羅賓森公司的研究，在孟宇任職的第一年，CalPERS投資中國公司的數量就增長為三倍，其中有二十一家公司和解放軍有關，或因為參與迫害人權而被制裁。CalPERS聲稱它只是被動追蹤MSCI或富時羅素的指數，但從他們自己的說法可以看出，他們實際上是有一套自己的投資策略，雖然有參考這些指數，但並沒有百分之百根據這些指數。

羅賓森以CalPERS為目標有了成果。二〇二〇年二月，眾議員吉姆・班克斯（Jim Banks）致函給加州州長葛文・紐森（Gavin Newsom）說，孟宇當初是被「千人計畫」招募回中國工作的。班克斯說的沒有錯，但他被指控是種族歧視才針對孟宇，因為孟宇是中國出生的美籍華人。川普的華爾街幫也勃然大怒，力圖阻擋任何人想改變CalPERS的方向。但孟宇這些朋友並沒有揭露自己的利益衝突，以及自己是如何把美國投資人的錢投到和自己收入攸關的中國公司。

川普的知名顧問蘇世民也幫孟宇講話。蘇世民的私募基金黑石集團幫CalPERS做投資，而孟宇也是清華大學蘇世民學者項目的成員。「這樣攻擊一名有成就的美國人是無事生非」，蘇世民對彭博新聞說。「孟宇是很棒的投資者，他為退休人員做得非常好。」[52]

羅賓森還利用他的人脈和聲望，盡量讓許多政府高層看到他的研究結果。他把他公司對

CalPERS的研究分享給國安會官員。三月十三日，國家安全顧問羅伯特・歐布萊恩（Robert O'Brien）也跳入戰場，在傳統基金會告訴聽眾說，CalPERS的投資幫了中國軍方大忙，令人高度憂慮。「我不明白為什麼我們要為中國的國防產業背書」，他說。

在本書寫作期間，在財政部和大銀行的支持下，尚無任何指數編纂公司或退休基金在國會壓力下自願出脫中國的股票或債券。但在二〇二〇年五月二十日，川普指示歐布萊恩和庫德洛發布一份聲明表示，總統反對TSP投資局擴大持有中國股票和債券的計畫。投資局退讓了。這是政府第一次以國家安全為由抵制中國取得美國投資人的資金。

二〇二〇年八月，孟宇被爆出當他把加州退休基金投向中國時，沒有揭露他個人對中國公司的投資。他在幾天後就辭去CalPERS的投資總監。CalPERS則聲稱，孟宇並沒有犯錯，他突然辭職和他個人的醜聞或該基金對中國的投資無關。[53]

金融史上最大的醜聞

華爾街的理論是，就算中國公司無法在美國募到資金，他們在別的地方一樣募得到——所以美國金融公司有受託義務要幫投資人獲取最好的回報。但羅賓森指出，美國資本市場目前依然是全球最大和最受敬重的市場，中國公司在別的地方根本募不到錢——至少，美國金融市場的深度、額度和流動性是其他地方無法相比的。中國的國內貨幣人民幣在境外無法交易。中國為了經濟擴張和在全世界大撒幣，必須在中國境外取得硬通貨才行。

此外，美國金融公司對投資人的受託義務也要顧及到美國公司的責任。羅賓森認為，華爾街的主要責任是保護美國投資人不受欺騙，不會成為中國軍力擴張和內部鎮壓的共犯，而這對美國投資人的實質利益也有很大的風險。

華爾街說投資中國公司和華府與中國競爭、反制中國的惡行是兩碼子事，但這從來就是錯的。而當中國公司已成為北京戰略最重要的執行者，這種說法更站不住腳。當商務部在制裁海康威視之時，美國金融公司怎能把美國人的錢送去給它呢？華爾街怎麼能把美國軍人的退休金投資到正在製造武器對付美國軍人的中國公司呢？中國政府正在推行軍民合一戰略，美國整個體系都被迫要回應——不管體系中的個別部門要或不要。

華爾街的行為不只傷害到美國的短期目標——逼中國政府矯正貿易失衡、逼北京承諾停止不公平的貿易措施。羅賓森認為，更大的重點是，中國正在用美國人的錢在全世界收買菁英、國家甚至整個大陸，而這些錢的來源似乎無窮無盡。美國人正在為中國政府趕超美國的戰略大力提供資金。美國要阻止這種圖謀，就要逼中國公司遵守美國法律，阻斷其取得美國投資人的資金。羅賓森說，只有這樣做，美國才能維持優勢、保護人民、維持市場秩序、擊退北京的惡行。

「我們太少運用我們在全球金融領域的絕對優勢」，羅賓森說，「金錢的來源是中國最大的弱點，也是美國最大的強項。為什麼過去二十年來我們什麼都沒做呢？這也許是世界金融史上最大的醜聞」。

第十三章

貿易戰第一回合

隨著二〇一九年進入尾聲，川普的貿易團隊還在往返北京試圖達成協議，讓川普在大選之年有對外政策成績可以宣揚。他們在該年稍早的承諾已經食言，負責談判的還是梅努欽和賴海哲。時間優勢已站在北京這一邊。中國的經濟沒有崩潰。習近平會當國家主席當一輩子，而川普就快要選舉了。

與此同時，政府中幾個國安機構也加緊腳步對付中國。司法部查到更多中國間諜，起訴更多中國商人和躲在美國偷東西的研究人員。商務部制裁更多參與新疆暴行的中國公司。國務院訂出新的規定，中國外交官在美國境內和所有聯邦、各州和地方官員會面都要先報告。這叫做「互惠」。既然中國對美國外交官限制重重，美國也應該知道中國外交官和誰碰面。

副總統潘斯又就中國議題做了一次重大演說，這個演說先前因為貿易談判而延遲。但儘管副總統對中國語氣強硬，美中經濟官員卻在談貿易協議。一般大眾都可看出其中的矛盾。這是表示政府內部有兩個不同陣營在採取不同的中國政策嗎？還是其中別有什麼道理？有些官員說這是政府正在學習雙管齊下——一邊和北京來往談判，一邊立場強硬。但每當川普親自上陣，要說川普政府有什麼一致的中國政策或對外政策就很難自圓其說。他前後擺盪——有時是在一天之內——沒有人知道他的中國政策到底是什麼。

最後幾個月的貿易談判充滿互相威脅和邊緣策略，最終以投降告終。八月初，梅努欽剛從北京回來，此時川普已按捺不住。他已經不信任梅努欽的建議，駁回了財政部延遲下一輪關稅的請求，宣布美國將對另外三千億美元的中國進口商品課徵百分之十的關稅，包括玩具、鞋類和衣服。這些是未曾觸及過的新商品種類，因為對消費性商品課徵關稅將提高美國消費者——也就是選民——的購買價格。但川普照樣威脅。「我的人回來了，說我們還在談。我們在九月初還有一場會談」，川普說。「那很好。但在這段時間，直到達成協議為止，我們要徵他們的稅」。[1]

貿易戰大升級，中國也回擊——但不是一次性回擊，而是狡詐的回擊兩次。在短期間，北京把牢牢掌控的人民幣貶到十一年來的最低點，這顯然是刻意操作。此舉讓中國出口商品價格降低，而美國進口商品價格升高，這就抵銷了川普的關稅。這也嚇到了股市，道瓊指數一天之內跌了三個百分點。八月五日晚上，梅努欽的財政部在白宮指示下，正式把中國列為「匯率操縱國」，而這是梅努欽在二〇一七年力勸川普不要做的事。[2]

兩周後，政府宣布要把關稅分成兩個部分，延遲對玩具和消費電子產品的關稅（價值約一千六百億美元的進口品）直到十二月十五日。這是為了讓美國人在購買節日禮物時有個喘息空間。這也等於承認川普說關稅只會傷到中國不會傷到美國是胡謅。

川普的富豪朋友力勸他要達成協議，任何協議都好，而且越快越好。八月二十日，賭場大亨謝爾登．阿德爾森在橢圓形辦公室和川普見面，斬釘截鐵告訴他新關稅不但會傷到美國經濟，也會傷到他連任的前景。[3]

八月二十三日，北京正式公布要報復川普八月初宣布的關稅，對七百五十億美元的美國商品提高關稅。中國對美國汽車業出手最重，關稅高達百分之四十二。習近平知道川普有很多選民是製造業，直取對手弱點。[4]

川普大怒，推文說要再報復，把第一輪兩千五百億美元中國商品的關稅從百分之二十五提高到百分之三十，新一輪三千億美元的中國商品關稅則從百分之十提高到百分之十五。[5]總統還在推文中大聲疾呼，「我下令我們偉大的美國公司立刻開始尋求中國的替代品，包括把公司移回來。」[6]

總統威脅要讓全球前兩大經濟體脫鉤，而且看來是心血來潮。

在推文大發雷霆後，川普搭上空軍一號去出席法國比亞里茨的G7峰會，而我在前一天就先到了。前幾天的事情預示了這個週末會很瘋狂。

法國之亂

川普向來蔑視G7峰會及G7本身。他常說這七個西方民主的領頭國家——加拿大、法國、德國、義大利、英國、日本、美國——是「過時的國家集團」，無法反映世界權力格局的現實。他一直想把因為侵略克里米亞而被趕出去的俄國再拉進來。川普在國際峰會上的行為向來很糟糕，但G7峰會是最糟糕的一次。

在二〇一八年加拿大沙勒瓦G7峰會時，川普和其他世界領袖對聯合聲明意見不合。川普讓美國代表團退出聯合聲明，搭上飛機離開加拿大，因為他不爽加拿大總理杜魯道在電視上談到他的口氣。川普甚至連法國總統馬克宏主辦的二〇一九年峰會都不想去。「在二〇一八年沙勒瓦峰會之後，川普很不想再出席G7峰會，他有好幾次跟我和其他人說他會遲到、早退」，波頓在他的書中寫道。「川普對G7毫無興趣，我和庫德洛連向他簡報的時間都排不出來」。[7]

當川普在八月二十四日抵達法國時，媒體都在報導他突然叫美國公司要開始撤出中國。這些川普並不在意，他只在意有些媒體說他沒有權力下這種命令。空軍一號落地後，川普立刻推文，引用一九七七年緊急經濟權力法說，「假新聞記者」說他不能下令美國公司離開中國是錯誤的。[8]

比亞里茨峰會的主要新聞是馬克宏試圖私下安排川普與伊朗外長賈瓦德・札里夫（Javad Zarif）會面。札里夫在馬克宏邀請下秘密飛來法國。波頓等人成功阻擋此事，很不諒解馬克宏沒有告知他們就自行其是。但光是這件事無法滿足全世界幾百名跑來比亞里茨的記者們的胃口。川普堅持在和每位領袖雙邊會談之前都要舉行一場記者會。他好幾次被問到他剛挑起的中國爭議。而他每一次回答都讓情況更惡化。

二十五日早上，川普被問到他是否有可能對幾天前威脅要對中國提高關稅再思考一下。股市對他誇張的推文反應極差。「是啊，當然，為什麼不呢？」，他說。「也許吧。我對任何事都會再思考一下。」[9]

庫德洛和梅努欽被派到被美國媒體當成臨時總部的酒店，要做公關澄清。庫德洛說川普沒有聽清楚這個問題。但川普確實是退卻了，想要穩定股市。他在下一個記者會上又說，「事實上，我們現在和中國關係很好。我們正在對話」。

幾小時後，中國貿易主談代表劉鶴正好在重慶的中國國際智慧產業博覽會上發表演說，提到川普誇張的推文。劉鶴說中國「堅決反對美國升高貿易戰」，希望「冷靜談判」。這顯然是在批評川普的說法。但川普因為「冷靜」這個詞就誤認為劉鶴在退讓。

川普在比亞里茨的下一個記者會上稱讚劉鶴的說法。「中國發生了大事」，川普說，旁邊坐著埃及總統塞西。「你們可能有看到稍早的大新聞，他們想達成協議——他們剛剛說出口了——他們想要冷靜。這是件好事，坦白說。他之所以是個偉大的領導人——習近平主席——而中國之所以是個偉大的國家，因為他們了解現實。」

川普執著於他所誤解的劉鶴的說法，不斷重提。在和馬克宏共同召開的記者會上，川普又說，「我認為他們很急著想達成協議。我認為昨天晚上又更急了。中國副總理說出口了，他說他想達成協議」。他還說中方已傳來訊息，但川普根本不知道劉鶴只是在公開演說，根本沒有直接傳來什麼訊息。

總統在三天內就製造了至少三波新聞話題，自己製造爭議又自己退讓，讓股市上下波動——根本是無事生波。川普的邊緣策略只造成一團混亂，結果總統自己還是想達成協議。於是他又讓談判團隊繼續去談。

第一階段貿易協議

十月份，劉鶴來到華府，在橢圓形辦公室面見川普。會談結束後，川普宣布已達成「第一階段」協議。他沒有透露即將完成的協議細節，只誇稱在減少中國竊取智慧財產和強迫科技移轉上有真正的進展，還說「銀行和所有金融服務公司對我們的成果會非常、非常高興」。

事實上，第一段階段協議還要再搞上好幾個月，而即使在真正敲定時，川普官員也認為這只是真正改善美中經貿關係失衡的頭期款而已。賴海哲和梅努欽稱之為「第一階段」協議，其實是承認這份協議尚不完全，還要再盡快進行「第二階段」談判。但沒有人認為會再談判，除非川普獲得連任。新貿易協議的細節被保密了好幾個星期。

因為沒有看到文本，這份協議充滿不確定性，據稱是因為翻譯時間太長。本來有計畫要在十一月智利G20川習會時公布，甚至舉辦簽約儀式。但智利街頭暴亂導致峰會取消。與此同時，川普每次公開談到這份協議，對這份協議是否完整都有不同的說法，讓所有人都搞不清楚。

十二月初，川普訪問倫敦，又被問到為什麼遲未公布第一階段協議的內容。這一次，川普暗示可能根本不會公布[10]。他還說他對貿易談判沒有「截止期限」，「我覺得也許等到大選後再來和中國談比較好」。他又隨便威脅說要用自己的經濟大權讓世界兩大經濟體脫鉤。川普在倫敦與杜魯道並肩而坐，說道：「我不想讓他們丟掉供應鍊。但如果這樣，那就這樣吧」。[11]股市因為他的說法大跌，但他卻說他從來不看股市。

協議確實尚未達成。這兩個月在爭的是中國能否先被大幅減免關稅。美方的立場是先維持既有的關稅，直到第二階段協議完成才來減免，中方則堅持要先大幅減免關稅。十二月初，美方對此大幅讓步，移除了最後障礙。[12]

十二月十三日，賴海哲宣布雙方談判團隊已敲定協議。庫許納大力介入，勸川普同意這項協議，川普接受了。在最後幾個星期，庫許納再度運用他和中國大使崔天凱的管道，兩人經常磋商。[13]公開聲明在下一輪關稅到期的前兩天發布，聲明中說，中國已同意對其經濟進行廣泛的結構改革，並購買大量美國產品。[14]

賴海哲後來解釋說，他個人認為第一階段協議能否成功，要看中國體制內的「改革派」——例如劉鶴——能否贏得鬥爭來決定中國經濟的發展方向。[15]賴海哲相信，如果這些改革派能勝出，中國也許真的能實現承諾，變得更市場導向、更遵守國際經貿體系的規則。「有沒有第二階段，決定於中國是否遵守第一階段的條件，以及中國願不願意根本改變其國家資本主義的模式」，他後來在《外交事務》寫文章說。「但無論如何，當前的協議已能保護美國人的工作、矯正中國的不公平優勢、把美國出口商和消費者的傷害降到最低」。[16]

第一階段協議保留了大部分關稅。第一輪兩千五百億美元的中國商品關稅仍然維持百分之二十五，九月份增加的一千兩百億商品的關稅也還有百分之七點五（原來是百分之十五）。對納瓦羅這種經濟戰士來說，這樣會有更嚴重的效果。關稅被制度化了。隨著時間過去，這些關稅會提高美國公司在中國做生意的成本，其附帶效應就是納瓦羅所期待的脫鉤。此外，由於不確定因素消失，而關稅會一直存在，企業就會決定少去中國。就算川普落選，但在政治上，新當選的總統也很難取消關稅。這是能逼北京繼續談判下去的長期籌碼，或許還能讓北京真的遵守一些承諾。

然而，對第一階段協議的批評立即如排山倒海而來。民主黨認為川普搞亂了世界經濟，但所獲甚微。超級鷹派則批評川普居然會再次接受根本不可能實現的結構性改革承諾。整套機制最後要由賴海哲或其繼任者來認定中國有沒有遵守承諾。如果美國認定北京違反協議，美國有再度制裁的權利。但這就表示貿易戰要重新再來一遍。

川普認為不完美的協議總比沒有協議要好，決定放手一搏。一月份，他邀請劉鶴及其團隊出席簽約儀式。在簽約儀式前兩天，財政部宣布不再把中國列為匯率操縱國。貿易戰結束了。雙方都自稱勝利，但沒有真正的贏家。

暴風雨前的歡呼

一月十五日，白宮東廂舉行第一階段協議的簽約儀式，這基本上是為川普個人舉辦的活動。美國總統為了出風頭，邀來一堆富豪、國會議員、高層官員、家族成員、朋友來觀禮。他聚集這些權勢人物來慶祝他的成功，包裝成是大家一起努力的成果，既讓這些人覺得備受尊榮肯定，也從這些人身上得到尊榮肯定。

川普花了約一個小時，一個一個感謝在場人士支持，幫助他取得這項協議，不管到底有沒有真的幫到忙。坐在第一排的有季辛吉、蘇世民、尼爾森·佩爾茲（Nelson Peltz）、阿德爾森、漢克·格林伯格、白邦瑞等人。納瓦羅坐在後面幾排。劉鶴率領的中國代表團特別受邀出席，以紅地毯接待。習近平沒有出席，但川普也向他致謝，稱他是「我非常、非常好的朋友」。然後川普一個個點名其他官員要大家鼓掌，其中有潘斯、梅努欽、賴海哲、庫許納、庫德洛和伊凡卡（因為某些理由）。

川普吹噓道瓊指數在當天創新高，還挖苦的說富豪們關心利潤遠勝於美中關係：「股市今天大漲」，他說。「現場有這麼多企業領袖。但我相信他們一定不在乎」。川普即席滔滔不絕，還取笑駐中國大使布蘭斯塔德對中國領導人過於奉承。川普說，布蘭斯塔德在上次大選前曾請求川普不要太批評中國。「他說，『不要說中國的壞話』」，川普說。「那我得撕掉一半的講稿才行，對嗎？然後我說，『為什麼？』。他說，『喔，因為我們有很多生意在做』」。

川普也取笑對中鷹派。他拿納瓦羅和布蘭斯塔德做對比。「是吧，彼得？他有點不一樣。我們各類型的人都有。各類型的人都有」。然後他又一個個稱讚威爾伯・羅斯、桑尼・帕度（Sonny Perdue）、趙小蘭、凱文・麥卡錫（Kevin McCarthy）、謝爾登・阿德爾森、盧・道布斯、季辛吉和白邦瑞。

輪到蘇世民，川普笑說這項協議給華爾街帶來不少好處。「我的朋友蘇世民在這裡。史提夫，我知道這個協議你是沒有好處的」，川普開玩笑說。慶功會後的記者會由蘇世民、佩爾茲、白邦瑞召開。

這些吹捧和歡笑都高興得太早了。川普和習近平現在只是停火，並沒有同意什麼實質的東西——而如果川普過不了秋天的大選，也永遠不會有實質的東西。這場簽約儀式根本不是在慶祝什麼實質成就，只是在對美國人民作一場秀。

結束慣常的喜慼演出後，川普拿出預備好的講稿說，這個協議兌現了他的競選承諾。「二〇一六年六月，在偉大的賓州，我承諾將用一切合法的總統權力來保護美國人不被不公平的貿易和貿易手段欺負」，川普說。「不像我之前那些人，我說到做到」。

但川普不滿足只是宣稱他已矯正美中經濟關係。他接著荒謬的說，他連美中關係其他重大問題都一併解決了。他宣稱中國正在協助美國處理北韓問題（其實北京已經放鬆對這個流氓國家的制裁和施壓）。他還說習近平已努力阻止芬太尼流入美國，但根本沒有證據顯示如此。

不是所有人都普天同慶。強硬派害怕簽約後，川普會為了保護他的新生兒，拒絕再對中國有強硬作為。他們看著他把第一階段貿易協議當成美中關係全面和緩的象徵，相當不是滋味。在他們看來，這份協議只是在與中國的諸多戰場之一短暫停火。

但他們的老闆顯然不這麼認為。「這份協議的重要性超出其本身，將帶來更堅實的世界和平」，川普說。「我們現在要互相投資，攜手合作」。他還說維持「兩大強國和諧共處」對全世界非常重要。這種論調讓強硬派想起習近平對歐巴馬推銷的「新型大國關係」。川普似乎點頭認可了。

這天是二〇二〇年一月十五日。中國官員自認已為美中關係鋪平了新道路，志得意滿的回國。他們在整趟行程中，從未提到一件即將主導雙邊關係乃至全世界注意力的事情——有一種神秘的流感已在中國傳播。

「他們就這樣上了飛機，一句話也沒說」，一名白宮官員說。「幾乎是在第二天，關於病毒的消息就如潮水般湧來」。

第十四章

新冠病毒

一月十四日，國家安全會議首度開會討論中國剛傳出的流感疫情，這是在白宮慶祝第一階段貿易協議的前一天。這場會議只是在政策協調委員會的層次，這表示這個議題對內閣級官員還不夠重要，所以各部門只派低層官員與會。主持會議的是國安會負責大規模殺傷性武器和生化武器防衛的資深主管安東尼．魯吉洛（Anthony Ruggiero）。博明當時正在國外訪問。「在當時，我們不知道情況有多嚴重」，博明後來回憶說。他們很快就知道了。

出席會議的有各相關單位成員，包括疾病管制局。這次會議的目的是弄清楚狀況，釐清一些基本問題：我們對這東西了解多少？我們在當地有情報來源嗎？從哪裡能得到最佳資訊？中方對這東西怎麼說？但所有問題都沒有答案。衛生官員說資訊很少。美國政府要求派疾管局人員到武漢已經一個星期了，但沒有獲准。WHO已發出病毒爆發的通報，但也未獲准進入武漢，所以都沒有第一手訊息。

在白宮第二天簽署第一階段貿易協議的慶祝活動中，中方代表團對其國內危機即將擴及全球一副沒事的樣子；在整個行程中，中方代表一句話都沒談到病毒。沒人提到這件事——雙方都沒有。

接待中國代表團的美國官員甚至沒想到要問病毒的事。中國官員結束簽約和記者會的兩天行程後，沒有提出任何警告，但他們當時一定知道——新的傳染病比大家知道的更嚴重、更具傳染力、有更多無症狀者、更無法控制，但他們提都不提。

接下來十天，博明的電郵信箱湧進大量可靠消息指出，中國的疫情比中國政府所說的嚴重許多。他開始搜尋中國的社群媒體，搜集武漢疫情爆發的第一手消息，而這些消息很快就被中國網路審查員刪掉了。武漢中心醫院資深醫師艾芬在微信上首先貼出這個病毒的消息。武漢醫師李文亮也分享了訊息。兩人都被中國當局懲處，因為沒有事先得到政府批准。掩飾行動正在進行。任何敢公開警告這個病毒比官方所說更危險的中國衛生官員，都被強迫道歉或逮捕。

一月二十四日晚上，博明到劉迪孟家吃中國年夜飯。這天不是正式的賓果俱樂部聚會，但來的人都一樣（我那個週末不在華府，所以錯過了）。出席的中國異議人士請求博明趕快調查，他們堅稱武漢的危機比公開情況更嚴重。

博明吃完飯回家，立刻聯絡他在中國的一些醫生朋友，這些人是他在二〇〇三年為《華爾街日報》報導SARS的消息來源。SARS是第一個在全球爆發的冠狀病毒危機，而這種病原體極少有人研究，人們了解非常有限。

這位副國安顧問很震驚，但也不意外，因為歷史總會重演。二〇〇三年爆發的是嚴重急性呼吸道冠狀病毒症候群（SARS-CoV），剛開始起於廣東省，一般認為病毒是先從蝙蝠傳染給果子狸這種樹居型哺乳動物，然後再傳給人類。那場爆發最後被圍堵了，但在二十四個國家傳染了八千人，造成七百七十四人死亡。中國政府當時掩蓋疫情、沒有即時通報WHO，讓病毒傳播到全世界而沒有提出警示。

博明的反應不只是因為他個人在SARS事件的經驗。他剛好有兩個熟人提供他訊息和看法。博明的太太鄢唐是曾在疾管局任職的病毒學家。博明的哥哥保羅是西雅圖華盛頓醫學院的傳染病學教授。

由於他看得懂中文社群媒體，在中國有消息來源，家人有傳染病學專業，而且他還看得到美國政府的情報，博明的訊息比美國政府中任何人都多。他看出大流行迫在眉睫。但他的問題是：川普政府大多數人都不相信即將發生的事，或至少都不想出聲。

一九一八重演

一月二十七日星期一，在國家安全顧問羅伯特·歐布萊恩授權下，博明召開並主持了一場內閣級會議。相關部門的一把手或二把手都出席了：衛生及公共服務部部長阿札爾（Alex Azar）、疾管局局長羅伯特・雷德菲爾德（Robert Redfield）、副國務卿史蒂芬・比根（Stephen Biegun）、國家過敏及傳染病研究所所長安東尼・佛奇（Anthony Fauci）。博明告訴他們他在二〇〇三年在中國報導SARS的經驗，他說中國當時掩蓋真相，沒有告知任何真實訊息，現在又看到同樣的模式。

「你們必須說服我為什麼我們不應該關閉中國來客」，博明對會與眾人說。「我們該有的做法就是關閉。」

其他官員沒有一個同意。他們認為博明瘋了。第二天早上，博明和中國一位非常高層的醫生通話，這位醫師和各省許多衛生官員討論過，包括武漢。他對現場真實情況的掌握是可信的。

「這會像二〇〇三年的SARS一樣糟嗎？」，他問這位醫生說。這位醫生的名字必須保密。

「忘了二〇〇三年的SARS吧」，這位醫生說，「這是一九一八年」。他指的是二十世紀最致命的大流行病：全世界殺死約四千萬人的大流感。

這位醫生告訴博明說，有一半病例都沒有症狀，政府必須知道這一點。他還說有好幾個省分已出現大規模人傳人的現象，而SARS沒有無症狀傳染的情況。第二天，一月二十八日星期二，歐布萊恩和博明在橢圓形辦公室向川普做簡報。

「這是您總統任內最重大的國安危機，現在正在發生」，歐布萊恩對總統說。

「這會像一九一八年」，博明告訴川普。

「他媽的」，總統回說。

歐布萊恩和博明建議川普要立刻關閉從中國來美國的旅客。川普所有官員都反對，甚至包括佛奇在內。直到一月三十日星期四，美國第一個人傳人的病例確診，衛生專家才轉而支持出入國禁令。但白宮幕僚長米克·馬瓦尼（Mick Mulvaney）和梅努欽堅持不肯，警告川普說這會重創股市、傷到航空業。

川普站在歐布萊恩和博明這一邊。他在一月三十一日星期五宣布禁令。

「你無論如何也難以相信，這在當時完全不是共識」，博明後來告訴我。「川普完全憑直覺關閉國門」。

川普宣布中國旅遊禁令看來很極端。確實很極端。這是大選年，經濟成功是川普連任的主要訴求。沒有人認為這是必要的。政策執行起來一團混亂，引起的問題比答案更多。而川普還是持續淡化風險的嚴重性，這讓中國旅遊禁令看來像是反應過度。

二月一日，也就是川普宣布凡是過去十四天到過中國的人，除了美國人之外不能進入美國的第二天，一位民主黨總統初選參選人推文說，「我們要以科學為指導——而不是唐納・川普的歇斯底里、仇外心態和製造恐慌」，歐巴馬的副總統、長久以來有可能當上總統的拜登寫道。[1]拜登陣營後來推脫說，拜登並沒有指川普的中國旅遊禁令是「仇外心態」，而是指川普講「中國病毒」。但從推文的時機點看來，拜登確實就是在指旅遊禁令。拜登陣營一直要到四月初才表態支持中國旅遊禁令。[2]

馬瓦尼擔心政治上的後座力，試圖約束博明。他把歐布萊恩拉到一邊，跟他說，「你得讓博明節制一點」。博明太年輕了，馬瓦尼說，當副國家安全顧問還太不成熟。在白宮官員中，馬瓦尼是最質疑病毒威脅真實性的人。二月底，當股市崩盤，馬瓦尼說媒體誇大威脅，目的是拉川普下台，還說這是「今日最大騙局」。他為白宮規畫的危機處理預算只有區區八億美元。（馬瓦尼在三月初被搞下台）。[3]

歐布萊恩不理會馬瓦尼要他節制博明。他把國務院全球愛滋病協調官黛博拉・比克斯（Deborah Brix）召回國，當時她在非洲開會。她被調到國安會，直屬副總統潘斯辦公室，潘斯在二月底開始負責新成立的冠狀病毒任務小組。

與此同時，博明繼續組織和召開跨部門危機會議——直到潘斯的任務小組接手——因為沒有人想幹。「他完全是自告奮勇」，一名白宮官員告訴我。「他在一月中就警告過這個鬼東西了。我們當時都專注在〔美國幹掉伊朗軍事領袖〕蘇雷曼尼的事，他卻用中文和有第一手經驗的中國醫生在討論」。

然而，整個政府對採取更強烈措施仍然普遍抵制。歐布萊恩提出要派兩艘軍事醫療船到紐約和洛杉磯支援其醫療體系，但國防部長馬克·艾斯培提出質疑。

艾斯培認為白宮過於倉促，沒有規劃好這些船要怎麼用。但川普不理他照幹，艾斯培不得不陪川普到維吉尼亞諾福克港大讚這是個好主意，祝安慰號醫療船開往紐約一路順風。[4]

川普一貫在公開場合淡化病毒的威脅，部分原因是這符合他的政治利益，部分原因是他相信幕僚的樂觀預測。多數幕僚都不了解也不相信北京居然會這般神秘和誤導性的處理這個危機。在博明最初召開的會議中，阿札爾說，「那麼，我們只能靠中國當局來處理了」。強硬派比衛生部長更了解中國共產黨，他們假定中國當局會按其一貫作風行事。他們是對的。

另外一個在一開始就提出警告的高層官員只有納瓦羅。他從一月二十九日開始寫了一系列備忘錄給川普，力促總統要考慮二〇二〇年的爆發有可能像是一九一八年的大流行，不能低估這種最壞情況的可能性。納瓦羅估計，如果美國不能快速圍堵其傳播，降低損害，有可能感染上億美國人，造成一、兩百萬人死亡，經濟損失三點八兆。新冠疫情造成的損失將遠大於此，但納瓦羅的估計是最接近的。

掩蓋真相

從新冠危機一開始，北京種種隱瞞訊息、要吹哨者閉嘴、發布假數據、阻止外界調查的作為罄竹難書。只要注意北京在初期處理危機的方式，就可以看出其手法非常粗魯，而且是故意造成外界誤解和混淆，讓世界各國無法反應，在剛開始幾個星期讓情況迅速惡化。

中國當局是在十二月三十一日首次向WHO通報武漢有不知名的肺炎在流傳，但他們說「這種病是可防可控的」。同一天，台灣官員也向WHO通報武漢有「非典型肺炎」的病例[5]，並說中國衛生部門表示這應該不是SARS。[6]也是在同一天，中國社群媒體審查員開始在中國網路上刪除「武漢不知名肺炎」、「SARS變種」、「武漢海鮮市場」等名詞，以及任何批評政府反應的言論。但中國官員還是默不作聲。第二天，武漢醫師李文亮被公安局傳訊，要他為言論不實和擾亂公共秩序簽名道歉，因為他在微信社群提醒其他七名醫師要注意新型的類SARS病毒。[7]

政府最初的說法是，新病毒是源於武漢的華南海鮮市場，因為最初一些病例和那裡有關連。當局很早就認定這種說法，但這種說法既無法被證明，也無法被否定。初期確實有跡象顯示，當疫情爆發的公開訊息還被掩蓋時，武漢官員就把注意力放在華南市場。一月一日，武漢市政府完全清空和消毒華南海鮮市場，但沒有從動物或工作者身上採集任何血液或體液樣本，這表示病毒起於市場的任何證據都被消滅殆盡。中國研究人員後來在知名醫學雜誌《刺胳針》上發表的研究指出，最早在十二月一日確診的病例，以及最初群聚感染中的三分之一病例，都和華南市場沒有關連，病毒不太可能來自那裡。[8]北京一開始就說海鮮市場是爆發的源頭，同時又確保後來的調查者根本無法證明或否定。

中國當局後來又透露，世界頂尖的蝙蝠病毒研究機構武漢病毒研究所在一月二日就完成基因定序。他們從樣本看出這個病毒是類SARS冠狀病毒，這表示他們在處理一種高危險、高傳染力和未知的病毒。

病毒基因序對圍堵傳播和著手開發治療方案至關重要，但中國當局卻在病毒散播時坐擁這些重要資料。一月五日，上海公共衛生臨床中心也通報中國政府，已經成功對新病毒做完基因定序。政府卻阻止臨床中心對外分享資料。六天後，研究人員不顧命令，逕自對外發布。該實驗室隨後就被關閉「糾正」。[9]

WHO從一開始就在思量北京關於病毒的說法。一月十四日，WHO推文說，「根據中國政府的初步調查，中國武漢的新型冠狀病毒（2019-nCov）沒有發現人傳人的現象。」[10]據報導，同一天，國家衛健委主任馬曉偉在和各省官員的內部視訊會議中表示，這個病毒是「二〇〇三年SARS以來最嚴重的挑戰」。接下來六天，北京沒有和中國政府之外的任何人溝通。與此同時，幾千萬中國人正在進行農曆新年的全國大春運，包括武漢，加速疫情爆發。

WHO官員直到一月二十一日才被允許進入武漢，發現確實有人傳人的現象，證實了北京專家小組的首席科學家鍾南山在前一天的說法。然而，WHO仍然沒有發布此為「國際關注公衛緊急事件」。兩天後，中國當局完全封鎖武漢。一月三十日，IHR緊急委員會（WHO的一個單位）還發聲明稱讚中國政府「致力於透明性」。[11]二月三日，WHO秘書長譚德塞稱讚中國的防疫策略，稱讚北京防止了更多病例爆發。[12]

距離海鮮市場只有幾英里的武漢病毒研究所被下令銷毀病毒樣本，不准再和合作的德州實驗室美方研究人員分享資料。中國軍方派出首席流行病學家和病毒學家陳薇少將接管武漢病毒研究所。曾經貼出未經批准的病毒訊息的研究人員、記者和醫師，都被逮捕和消失。

與此同時，病毒繼續擴散。李文亮——他是在社群媒體上貼出疫情而被逮捕的「八人幫」之一——也從病患身上染疫。他在病床上告訴《紐約時報》說，「如果官方提前公布疫情信息我想會好很多。應該更公開透明」。[13]他在二月七日去世。

和ＳＡＲＳ期間一樣，中國當局在新冠病毒流行之初，一致對外界提供錯誤訊息，也錯失在開始傳染之初就阻止其蔓延的機會。他們沒有警告人民這種病會人傳人，沒有更早禁止武漢人往外移動，沒有和國際科學界和外國政府分享資訊。

凡是研究過中國政府在ＳＡＲＳ期間行為的人，對這些做法都不會驚訝，事實上都在意料之中。中共的特色本就是偏執狂、自我防衛心態、對事實和透明性不屑一顧。但這些缺點是第一次威脅到成千上萬美國人的生命。

北京的宣傳與勒索

在危機剛開始幾個星期，國務院和中方維持了頗為良好和建設性的溝通。國務院高度關注美國外交人員及其家人的健康，最後派出飛機將其撤離。這些飛機載有重要醫療設備給有需要的武漢醫院。中國也在搞對外援助攻勢。到了三月底，中國已對外援助一百二十個國家，發動了大規模的「口罩外交」。[14]在一開始，中方的援助很受歡迎，但到後來，「口罩外交」變成中國以援助來逼人不要批評其錯誤處理新冠爆發的同義詞。

在川普宣布中國旅遊禁令後，美國政府和中國政府的合作大致上就終止了。中國政府害怕其他國家也會跟進譴責中國、傷害到中國經濟，於是北京發動全球攻勢，阻止其他國家對中國發布旅遊禁令。中國外交部長王毅在二月一日對印度外長說，中國「反對個別國家採取的渲染緊張、甚至製造恐慌的做法」。

當美國開始處理自己國內的疫情爆發，川普仍舊淡化其嚴重性。博明和納瓦羅請求川普要認真對待疫情，但習近平卻傳話給川普，讓他們的話起不了太大作用。

習近平和川普通了很長的電話，說服美方中國已控制住疫情，貿易協議也不受影響。白宮在這通電話後發布聲明說，「川普總統有信心中國有能力面對二〇一九年新冠疫情的挑戰」。聲明還說，「兩位領袖同意雙邊繼續溝通合作。他們也強調美中第一階段貿易協議的巨大成就，重申要加以執行的決心」。[15]

但事實上，根據一名有參與這通電話的政府官員的說法，習近平在二月六日那天一直在提供假訊息給川普，通完電話後，川普對這場危機的看法就完全失真。

這名官員說，習近平在通話中告訴川普，他反對美國對中國關閉邊界的做法。川普要求習近平要讓美國疾管局官員進到當時還在封鎖中的武漢。習近平拒絕，要求川普不要採取會造成進一步恐慌的舉動，意思就是要他繼續淡化威脅。習近平還告訴川普，中國已經控制住疫情，病毒不會對外國造成威脅，而且病毒對溫度很敏感，等天氣變暖就可能消失。這些說法沒有一句是真的，但川普相信——或者心裡想要相信——開始對內對外大談特談。這名官員說，「這是一通打來安慰的電話」，習近平的意思是「這裡什麼都沒有，我們都處理好了，不要反應過度」。「習近平對整件事輕描淡寫。」而這些話，美國人很快就會直接從總統嘴巴聽到。

「現在，我們在談的這個病毒，你知道，很多人認為會在四月份隨著天氣變熱而消失」，川普於二月十日在白宮和各州州長會面時說。但川普沒說的是，他所謂的「很多人」，其實就是中國國家主席。當幕僚還在為怎麼處理危機爭執不下，習近平的保證已讓美國總統對危險性胡說八道——也讓許多美國人相信這場大流行只是短暫的威脅。

與此同時，全世界的科學家和官員都在拚命搞清楚他們所面對的東西。川普向各州州長說那番話的同一天，負責為新病毒命名的國際委員會把病毒稱為「嚴重急性呼吸道症候群二型」（SARS-CoV-2）」，表示它和原來的ＳＡＲＳ病毒在基因上的相似性。同時，ＷＨＯ也把這種新病毒造成的疾病稱為COVID-19。

隨著COVID-19病例在美國大量出現，川普團隊才知道自己被騙了，開始指責中國。他們說一定要搞清楚疫情的來源。但在這個階段，國務院不想因為責怪中國而被說是對亞洲人或亞裔美人種族歧視。政府各單位經過一番討論後，決定由龐培歐稱其為「武漢病毒」，這個名詞的意涵很強烈，但又不致過於煽動。

但三月十二日，強硬的中國外交部發言人趙立堅推文說，病毒也許是美國軍人帶進武漢的，此舉讓一切都走了樣。[16]在三月十八日針對疫情的記者會中，川普不顧幕僚提醒，直接把COVID-19稱為「中國病毒」，他後來又持續講了超過二十次。宣傳戰開打了，兩國官員在公開和私下互相詆毀。

中國外交官曾在私下明確威脅國務院官員說，如果華府再不節制攻擊北京的言論，他們可能會切斷中國出口到美國的醫療用品。這個威脅是川普政府必須認真面對的。北京已經表明會根據其他國家幫中國擋住批評的表現，用醫療用品來加以獎賞或懲罰，這基本上就是用老百姓受苦來勒索他國政府。北京要把怪罪病毒起源於中國的聲浪完全消音，不讓任何人說北京有隱瞞病毒的真相或釋放錯誤訊息。北京甚至一度暫停出口口罩，即使有些口罩是由3M這類美國公司在中國的工廠製造的。此舉被美國官員視為報復行為，納瓦羅就在福斯商業台說，中國是在「把我們的公司3M給國有化」。川普政府必須小心處理，寧可私下談判而不點名北京，以免危及美國人的性命。

三月二十六日，幕僚再度安排了一次川習通話。這一次，習近平告訴川普說中國已經過了高峰期，病例數大幅下降。他還說中國現在的新病例都是外國人帶進來的病毒。習近平並沒有直接威脅川普說，如果他再繼續批評中國，中國就會暫停出口個人防護裝備。但他委婉地告訴美國總統說，美國的說法會影響到中國的合作。習近平還說漢方草藥對病毒很有療效。

兩位領導人同意停火，各自約束屬下先暫停指責，合作對抗病毒。但北京已發出過威脅，中國也確實掌控了美國公司在中國的工廠，這讓白宮所有人都意識到美國依賴中國供應鍊的問題。「在飛機從中國飛到之前，我們得把嘴閉上」，一名高層官員當時告訴我。「但我要讓你知道，等這件事結束，我們絕不會再讓自己陷入這處境。」

停火只持續了兩個星期左右。而我在無意之間促成了再度交火。

武漢電報被國務院忽視

二〇一七年底，美國駐北京大使館的衛生科學官員參加了中國首都的一場研討會。他們看到一群中國科學家及美國國家衛生研究院（NIH）聯合對一項新研究做簡報，其中有數名科學家來自武漢病毒研究所。NIH資助的好幾個研究項目都有武漢病毒研究所的科學家參與，包括武漢實驗室大部分對蝙蝠冠狀病毒的研究，這些研究是為了防止類SARS疫情爆發、預測其如何發生的國際合作項目。該項新研究叫做「發現蝙蝠SARS相關冠狀病毒的豐富基因庫對於SARS冠狀病毒的起源提供洞見」。[17]

美國官員得知，這些研究人員在雲南省的山洞發現了一個蝙蝠群體，可以解釋SARS冠狀病毒的來源和傳播。美國官員尤其注意到其中一段話：「細胞進入研究證明，這三種新發現的、有不同S蛋白序列的SARS冠狀病毒，都可以利用人類的ACE2作為受體，這進一步顯示這個洞穴的族系與〔當初二〇〇二至二〇〇三年〕SARS冠狀病毒的密切關係」。

ACE2受體是一種附在肺臟、心臟、動脈、腎臟與腸道細胞膜上的酵素。SARS冠狀病毒主要就是從這裡進入人類的肺臟，原因是病毒和人體之間有一種罕見、簡單又高度有效的相容性：當病毒的S蛋白和人類肺臟的ACE2受體相結合，病毒就可以把基因物質注入宿主的細胞，其DNA就可以在細胞內複製，再感染下一個細胞。現在，武漢科學家報告說他們發現了三種可以這麼做的新病毒。這些研究人員很高興他們發現了當初SARS冠狀病毒的來源。但美國外交人員關心的是這三種新發現的病毒對人類的潛在危險，而這些病毒又是在一間他們幾乎不了解的實驗室中。

知道武漢病毒學家發現的重要性，也知道武漢的生物安全第四級實驗室是相當新的實驗室，美國駐北京大使館的衛生科學官員決定到武漢去看一看。從二〇一七年末到二〇一八年初，大使館總共派過三組人去和武漢病毒研究所的科學家會面，其中有一位是人稱「蝙蝠女」的石正麗，因為她研究蝙蝠冠狀病毒經驗豐富。

美國外交人員也很擔心武漢病毒研究所做的「功能增益」（gain of function）實驗*，也就是刻意強化危險病原體的傳染力或致病力。這種實驗的目的是在自然發生之前，先一步預測病毒會如何演化來傷害人類。這種實驗跳過病原體的自然演化路徑，一旦實驗室發生意外就有人為爆發的風險。正因為如此，歐巴馬政府才在二〇一四年暫停所有功能增益實驗，只允許一個在北卡大學的實驗繼續進行。[18]石正麗是該項研究的研究人員之一，以功能增益實驗來製造更容易傳染人體細胞的新型蝙蝠冠狀病毒。《自然》雜誌在二〇一五年末就有一篇文章警告這種實驗太危險。[19]

美國外交官和武漢科學家會面後，對聽到的東西相當震驚。中國研究人員承認，他們沒有足夠的合格技術人員來管理生物安全第四級實驗室。武漢科學家請求提供支援，讓實驗室能達到最高標準。前兩組人是由技術專家和低階官員組成，第三組人則是高階官員，帶頭的是駐武漢總領事傅杰明（Jamison Fouss）和領事館環境、科學、科技和環境參贊瑞克·斯維策（Rick Switzer）。

針對到武漢實驗室的訪問，這些外交官寫了兩份電報給華府。他們說應該幫這個實驗室達到安全標準，呼籲華府要出面。他們也警告，武漢病毒研究所已證明蝙蝠冠狀病毒很容易感染人體細胞，和當初SARS冠狀病毒一樣都是利用ACE2受體。「這個發現強烈顯示，蝙蝠身上的類SARS冠狀病毒可以傳染給人類，造成類SARS疾病」，電報說。「從公衛的角度，持

---

* 譯註：功能增益研究是以增加致病性、傳播性或宿主範圍的方式改變生物體或疾病。這種研究是為了更好地預測新出現的傳染病並開發疫苗和治療劑。例如，B型流感只能感染人類和斑海豹。假如讓B型流感病毒突變而能感染兔子，就是「功能增益」，因為該病毒以前不具備這種功能。

續監控蝙蝠的類SARS冠狀病毒、研究動物與人類的傳染介面，對於預測和防止冠狀病毒在未來爆發是至關重要的」。

美國外交官是在警告華府的同事，武漢病毒研究所正在進行的研究很可能造成公衛危機。他們沒有把電報列為機密文件，為的是讓更多人能夠讀到。但國務院總部沒有任何回應。隨著美中關係緊張在二〇一八年升高，美國外交官再沒有機會去參訪武漢病毒研究這樣的實驗室，再也看不到他們希望美國政府重視的東西。

「這封電報是個警告」，一名美國官員說。「他們是在拜託大家注意這個問題」。全世界很快就注意到了，但一切都已太晚。

自然外溢理論

三月初，一名消息人士告訴我有這些電報存在，我用盡一切方法取得。我甚至直接去找龐培歐的高層幕僚，要他們把東西拿出來。龐培歐考慮後拒絕了。他必須維持和中國的表面關係，此事曝光會讓他很難做。這些電報並不是川普政府的政治官員（意指龐培歐）外洩的，許多媒體都猜錯了。事實上，龐培歐對電報外洩非常生氣。

我終於找到一個手上有這份電報的消息人士，他未經授權就把電報給了我。我四處打電話給我信任的科學家和美國官員，請他們回應。我發現，疫情開始幾個月後，已有許多政府官員相信病毒是從武漢病毒研究所跑出來的，而不是如中國政府一開始所聲稱，是在武漢海鮮市場或其他自然環境中從動物跑到人類身上。

病毒是自然出現、和武漢病毒研究所無關的假說，完全是建立在間接證據之上。因為過去許多病毒爆發都是「自然外溢」（spill over），所以和武漢病毒研究所有合作的美國科學家都說這次一定也是這樣。他們說，新冠病毒根本不可能跑得出實驗室。「蝙蝠女」石正麗在二月三日也聲明表示，武漢病毒研究所搜尋過其資料庫，資料庫中並沒有這種病毒存在。[20]

但石正麗在二月三日《自然》雜誌的一篇科學文章說，武漢病毒研究所確實有一種和新冠病毒基因相似度高達百分之九十六點二的病毒。此病毒名為RaTG13，基因序列和SARS-CoV-2（科學家當時也稱其為2019-CoV，即二〇一九新冠病毒）非常接近。石正麗的文章指出，「RaTG13是新冠病毒最接近的近親，是SARS冠狀病毒的一個獨立支系」。所以RaTG13不但是新冠病毒的近親，甚至可能是新冠病毒的直接先祖：這個相近的病原體是在野外發現被帶到武漢實驗室，而新冠病毒可能就是從它直接演化而來。但因為她的檔案中並沒有新冠病毒這個東西，石正麗就堅持它不可能是從實驗室跑出來的。[21]

不過，就算是最近的近親，基因序列還是會有差異——在這個案例中，兩種冠狀病毒雖然相似，但基因差異還是很大。有一位研究人員估計，如果是隨機突變的話，兩者在演化上要差距三十到五十年。[22]但也有研究人員說差距沒有這麼大。[23]有些研究人員猜測，新冠病毒可能在實驗室外經過演化，先跳到直接宿主如穿山甲身上，再傳染給人。[24]穿山甲在市場裡是有的，在牠們身上也有發現和新冠病毒稍微遠一點的近親。其他研究人員則認為，沒有證據顯示新冠病毒和穿山甲身上發現的病毒是直接來自蝙蝠。[25]最重要的是，到目前還沒有發現RaTG13和新冠病毒有直接關聯的證據。

接下來很快又發現，RaTG13這種病毒早就被證明對人類有致命性。面對不斷質疑，石正麗表示RaTG13本來被命名為Bt-CoV/4991，是他們實驗室二〇一三年在雲南默江一個洞穴中的蝙蝠糞便中發現的——武漢病毒研究所當初也是在雲南一個洞穴中發現那三種有超級感染力的病毒，讓美國領事館緊張的發出武漢電報。在Bt-CoV/4991被發現之前，有六名清理蝙蝠糞便的礦工得到神秘的疾病。他們被送到武漢治療，其中有三人死亡。據一位醫師在其碩士論文中的描述，這些礦工的症狀和二〇二〇年新冠病毒的症狀相當類似。這篇論文很快被西方研究人員譯成英文，在二〇二〇年七月出版。[26]

在二〇二〇年三月的專訪中，石正麗承認她有到過那些礦工得病的礦坑，但她說武漢研究人員後來發現那種病是真菌感染，不是因為病毒。[27]然而，武漢病毒研究所在二〇一二和二〇一三年派了四組人到那個雲南礦坑，他們是去尋找蝙蝠冠狀病毒，並不是去找真菌。當他們去的時候，有些礦工還在醫院。石正麗在二〇一六年發表武漢病毒研究所的發現結果時，把從雲南礦坑找到的一種病毒命名為**Bt-CoV/4991**。她後來承認這就是**RaTG13**。

以上這些事實非常重要。第一，這表示武漢病毒研究所六年來都知道**RaTG13**可以傳染給人類。第二，這表示新冠病毒的最近親（以及可能的先祖）是在距離武漢很遠的地方被發現的。

關於疫情起源的理論必須要解釋，為什麼新冠病毒會首先爆發在武漢，而且就在蒐集全世界最多蝙蝠冠狀病毒、擁有和新冠病毒最接近的**RaTG13**的武漢病毒研究所附近？如果新冠病毒真的是從雲南洞穴中的蝙蝠身上自然演化出來的，那它出現在千里之外的武漢的唯一可能解釋是，新冠病毒或其直接先祖是附在動物身上遠行千里，就這麼剛好在距離武漢病毒研究所十多英里、距離武漢疾病管制中心實驗室不到一千英尺的地方外溢出來。

自然外溢理論不太可信的另一個理由是，如果病毒真的是「自然地」從雲南遠行千里到武漢，那一路上應該有些小規模病毒爆發才對。RaTG13是由研究人員帶到武漢的，但如果自然外溢理論是對的，那麼新冠病毒或其直接先祖應該是依附在動物宿主身上來到武漢的。這表示這些具高度傳染力的病毒在到武漢之前都乖乖待著不動，直到抵達武漢才開始傳染給人類。

石正麗自己在三月份的專訪中也承認，當她第一次聽到武漢有病毒爆發時，她以為官方是搞錯了，因為她認為這種爆發應該發生在蝙蝠眾多的中國南方。「我沒想到這種事會發生在武漢，在中國中部」，她說。

簡單說，外溢理論有很大的漏洞。它站不住腳的地方就引起其他理論競爭。其中有一個理論在許多美國人看來相當不可思議。但不是所有美國人都如此。

實驗室意外理論

四月份，美國國安會和國務院官員開始搜集支持另一個理論的間接證據，也就是病毒來自武漢病毒研究所，而不是海鮮市場。他們認為前一種解釋是完全合理的，而後一種解釋才是世界歷史上最不可能的巧合。但官員不能大聲嚷嚷，因為沒有堅實的證據。如果美國政府在缺乏堅實證據下指控中國，北京一定會升高緊張，美國可能拿不到對付新冠病毒迅速蔓延所需要的醫療用品。

阿肯色州參議員湯姆．柯頓毫無忌憚。二月十六月，他在福斯新聞說病毒可能來自中國的生化戰實驗室——也就是說，它是刻意設計出來殺害人類的。他還批評中國政府缺乏透明度，呼籲要調查證據——這兩點都是正確的，但柯頓在證據薄弱的狀況下指控中國政府刻意製造新冠病毒，這就削弱了他的論點。

柯頓因為提到生化武器，立刻被批評和抹黑成陰謀論者。[28]科學家大致都同意病毒不是刻意「設計」出來的。新冠病毒並沒有人為基因操作的痕跡。而且武漢病毒研究所早就發表過蝙蝠病毒會傳染給人類的研究——這對秘密武器來說未免太不秘密。

柯頓不只害到自己，也害到美國政府找出新冠病毒來源和性質的努力。從那時起，新聞記者和政治人物都把新冠病毒是生化武器，以及新冠病毒是武漢病毒研究所「功能增益實驗」的產物但意外跑出實驗室這個比較合理的解釋，都混淆在一起了。

剛開始，許多科學家都不願公開談論實驗室意外的理論，以免像柯頓那樣被攻擊是陰謀論者。自從我四月十四日在《華盛頓郵報》專欄報導了「武漢電報」之後，大家才比較公開討論到底是自然外溢理論還是實驗室意外理論比較合理。[29]

川普政府內外人士開始公開質疑自然外溢理論。例如，龐培歐雖然沒把電報拿給我，但也認為實驗室意外要比自然外溢更有可能，他公開說，除了武漢電報之外還有「大量證據」存在。但他拒絕提出更多資料。

與此同時，有些情報單位向我在《華盛頓郵報》的同事透露說，所謂病毒來自實驗室「沒有堅實證據」。這在某種意義上並沒有錯。博明曾要求情報單位研究疫情爆發的所有可能情境，包括實驗室意外，但沒有找到堅實的證據。但沒有證據並不證明沒有。情報是有落差的。向我《華盛頓郵報》同事質疑電報真實性的情報人員並沒有兩面俱呈，因為他們也可以說疫情來自海鮮市場「沒有堅實證據」，這在技術上完全沒錯，但講了等於沒講。

科學界有很多人詆毀我的報導，他們說許多病毒爆發都是因為自然外溢，自然外溢通常是元凶，不是實驗室意外。但很多幫武漢病毒研究所講話的人都是石正麗的研究夥伴和資助者，例如非營利全球公衛組織「生態健康聯盟」的主席彼得．達扎克（Peter Daszak）。他們的研究和她綁在一起，如果武漢實驗室和疫情爆發有關，他們就得面臨很嚴重的質疑。*

同樣的，認識石正麗和與她合作的美國科學家也沒辦法肯定的說她的實驗室是無辜的。他們沒辦法知道除了合作項目之外，武漢病毒研究所還幹了什麼。澳洲和歐盟只是提出要對病毒來源做獨立性調查，北京也對他們威脅。

安東尼·佛奇也說，「沒有科學證據」顯示病毒是在實驗室設計或人為操作出來的。[30]但他其實是在攻擊稻草人。病毒不需要被設計才能從武漢病毒研究所跑出來。佛奇被追問說病毒會不會是意外從實驗室跑出來的，他說這個問題並不重要，因為即便這樣，它也是自然演化的。但佛奇並沒有被直接問到武漢病毒研究所在做的功能增益研究，而這才能解釋為什麼實驗室會發生「自然外溢」（也就是在實驗室中進行會造成自然外溢的相同演化過程，並將其不斷加速）。和達扎克一樣，佛奇也有利益衝突之處：美國國家衛生院有資助武漢病毒研究所的功能增益研究，而佛奇身為所長的美國國家過敏和傳染病研究所也是支持的。†（川普政府在四月份停掉美國政府的資助。）

* 譯註：二〇二一年六月二十二日，著名醫學期刊《刺胳針》把達扎克從其COVID-19調查委員會除名，因為他有利益衝突問題。

† 譯註：二〇二一年五月二十六日，佛奇在參議院聽證會上承認，國家衛生院有給武漢病毒研究所六十萬美元研究蝙蝠冠狀病毒是否會傳染給人類。

五月份，中國疾管局官員在中國媒體宣稱，他們已經排除病毒起於海鮮市場的可能，完全否定官方原來的說法。北京現在的說法是，病毒既不來自海鮮市場，也不來自實驗室。[31]在本書寫作時，這依然是北京的官方立場。

「蝙蝠女」石正麗本人倒不認為實驗室意外理論完全不可能。在三月的專訪中，她說自己在聽聞武漢疫情爆發時，曾瘋狂查找她實驗室的紀錄。她說她曾經問過自己，「可不可能是來自我們實驗室？」

石正麗說，當她在檔案中沒找到新冠病毒的紀錄時，她鬆了一口氣。「這真的讓我放下了心頭的一塊大石」，她說。「我好幾天都沒合眼」。當然，就算她真的有發現病毒，她也不會承認，因為中國政府在全世界都堅持說實驗室和疫情爆發無關。

不可告人的實驗

中美科學家質疑實驗室意外理論的一個主要論點是，這些中國研究人員是光明正大進行實驗，也有公布他們對冠狀病毒的研究成果。凡是不相信中國科學家否認其實驗室要對疫情負責的人，都被用這個論點反駁。但一名政府高層官員告訴我，許多政府官員——尤其是國安會和國務院官員——開始相信這些研究人員並沒有說實話。他們有證據指出，中國實驗室所進行的功能增益研究要比公開揭露的規模大上許多。他們還有很多實驗室在進行風險更高的研究，遠超出外界所知。這個看法回頭支持了實驗室意外理論。

二〇二〇年七月初，中國研究人員發布一份少有人注意到的論文，這些研究人員中有數名是軍科院軍事醫學研究院人員。這些科學家說，他們開發出一種研究新冠病毒的新模型，也就是用CRISPR基因編碼技術讓老鼠的肺細胞擁有人類ACE2受體——新冠病毒就是利用這個受體來感染人類肺部。這篇論文說，「由於缺乏疫苗和抗病毒物質，讓我們迫切需要這種動物模型」，並且說，雖然這些老鼠在研究期間都沒有死亡，但感染後的症狀與人類感染新冠病毒後很相似。研究人員宣稱，這種老鼠模型對研究病毒、病狀及可能的解藥是「很有用的工具」。[32]

那名高層官員告訴我說，這篇中文報告藏有這些科學家隱瞞其過去研究的重大線索。這篇論文說，這些北京科學家研究了一些三十個月大、染上新冠病毒的老鼠，這些老鼠的症狀比老鼠寶寶嚴重得多。但要讓這些老鼠在三十個月大的時候感染新冠病毒，這些科學家一定是在新冠病毒被公開確定的幾個月之前就已開發出老鼠模型。

美國高層官員在聽到這項研究時相當困惑。以老鼠模型來做新冠病毒測試相當平常，把ACE2受體加到老鼠身上、把老鼠「人類化」也非罕見。但這些中國科學家從沒有提到他們早在新冠病毒爆發之前，就在開發老鼠模型研究類SARS冠狀病毒。由於人類ACE2受體的老鼠模型已運用在冠狀病毒研究多年，中國科學家可能早就在用這種模型。但因為他們從來沒有說過這一點，這就顯示他們先前的研究也是不透明的。「他們很可能早就有這種老鼠了，但他們沒說。也許真的就是這樣，但他們就是沒說」，這名政府高層官員告訴我。「所以到底是怎麼回事？為什麼他們不乾脆說，我們還有用這些老鼠做別的研究？」

和專家討論後，一些美國官員開始相信，這間北京實驗室很可能早在新冠病毒爆發之前，就用帶有ACE2受體的老鼠在進行冠狀病毒實驗，這些實驗他們都沒有公布，也繼續不承認。這件事本身並沒有解釋新冠病毒的來源，但讓美國官員了解到中國實驗室有很多高風險的冠狀病毒研究在進行，外界根本不知道。「北京和武漢在不安全的實驗室用ACE2的老鼠玩弄冠狀病毒，這些都只是冰山一角」，這名政府高層官員說。「這些活動，西方既不了解也無前例可循，我們只是以管窺豹」。

北京這份研究讓美國政府許多人更加懷疑疫情是由人類的行為造成的，尤其是中國的研究人員。病毒本身也許不是被設計出來的，但用來測試病毒的動物宿主則是經過設計的，這可以解釋為什麼病毒會在短時間內就從自然中發現的東西演化成現代史上對人類最致命的傳染病。「如果新冠病毒是從實驗室的功能增益研究產生的，其動物模型就非常有可能是帶有人類ACE2受體的老鼠」，羅格斯大學微生物學家暨生物安全專家理查德・埃布萊特（Richard H. Ebright）說。「這只是很可能，但沒有證據。要拿到證據，除非有人承認或進行調查」。

但至少有證據顯示，武漢的科學家和北京的科學家一樣，都在用老鼠做基因突變工程。埃布萊特說，二〇一四年，「生態健康聯盟」及其下包商武漢病毒研究所向國家衛生院申請研究補助，明白提出會運用帶有人類ACE2受體的老鼠，而補助款就是透過彼得・達扎克的「生態健康聯盟」。二〇二〇年六月，石正麗的實驗室公布以帶有人類ACE2受體的老鼠來研究新冠病毒的成果。石正麗說這些老鼠是從北卡大學研究人員拉爾夫・巴里克（Ralph Baric）的實驗室拿來的，而巴里克多年來都和武漢病毒研究所合作蝙蝠冠狀病毒和功能增益研究。[33]

如果在二〇二〇年疫情爆發之前，武漢研究人員多年來都用帶有人類ACE2受體的老鼠模型來研究冠狀病毒，那他們極可能有用到一種特定的病毒：Bt-CoV/4991，亦稱RaTG13——新冠病毒的已知最近親。那就不難想像，被基因編碼過的宿主再加上功能增益研究法，很可能從中產生特別能利用人類ACE2受體感染人類細胞的新種病毒。但武漢病毒研究所從未公布對RaTG13的研究，這讓許多科學家覺得奇怪，因為它是在礦工生病的同一地點被發現的。

此外，當武漢病毒研究所科學家在做冠狀病毒研究期間，其實驗室並沒有達到最嚴格的安全標準。武漢病毒研究有十七間生物安全標準二級的實驗室，只有兩間三級的實驗室。研究所後來企圖在網站上刪除這個訊息。[34]直到二〇一七年，生物安全標準四級的實驗室才啟用。

此外，在六月份，有兩名在美國的中國研究人員發表一篇論文，對石正麗二月三日在《自然》的文章提出「嚴重質疑」。[35]石正麗在那篇文章中說，她率先發現了一種可以把新冠病毒追溯到蝙蝠的病毒。這兩位研究人員說，石正麗這篇關於RaTG13的論文漏掉了關鍵細節，也就是RaTG13究竟是如何被發現，及其與殺死礦工的Bt-CoV/4991的關係。武漢病毒研究說原始資料已經沒有了，手上也沒有RaTG13的樣本可以提供給其他科學家研究。也就是說，石正麗第一篇論新冠病毒的文章經不起科學檢視。其他科學家也同意。埃布萊特告訴我，「石正麗二〇二〇年文章對RaTG13的說法是明顯有問題的。有些資料被省略，有些資料是不實陳述」。

六月份這篇論文的作者猜測，武漢病毒研究所也許是捏造資訊來支持自然外溢理論。石正麗「急著把蝙蝠冠狀病毒和新冠病毒做聯結，以新冠病毒起源於蝙蝠的可能性來支持從蝙蝠到人類的人畜傳染」，他們寫道。「然而，這種聯結是奠基在RaTG13這個蝙蝠病毒株，但由於缺乏關鍵資訊，這個病毒很可能根本不存在」。

這種欺瞞和混淆視聽的模式，再加上新曝光關於中國實驗室如何以西方同儕所不知道的方式處理危險的冠狀病毒，讓一些美國官員越來越相信，中國當局是在操控科學資料來符合其說法。但因為太不透明，美國政府根本無法證明什麼。「就算有證據，中共也連同敢講話的人一起埋掉了」，一名美國官員告訴我。「我們也許永遠無法證明什麼，這正是北京的目的」。

早在二〇一七年，參訪武漢實驗室的美國外交官就已預料到這些事，但當時沒有人肯聽，什麼事都沒做。「我們試圖警告那個實驗室有嚴重危險性」，參觀過實驗室的「武漢電報」作者之一告訴我。「我必須承認，我曾經想過SARS也許會再爆發一次。如果我當時知道會變成人類史上最大的傳染病，我一定會做出更大的動作」。

撕破臉

二〇二〇年夏天，隨著病毒在美國肆虐、川普連任前景低迷，總統放手讓國安團隊拿出所有手段來對付中國。第一階段貿易協議陷入困境，當美國經濟損失以兆計算，數百萬美國人失去工作，賣五百億黃豆給中國根本不算什麼。而且現在也沒有什麼關係好維持了。

司法部持續逮捕和起訴隱瞞身分、竊取研究成果的中國科學家。美國海軍加強美國在南中國海和台灣海峽的航行權。五月份，國務院規定中國媒體的簽證效期從無限停留改為只有九十天。商務部制裁了幾十家涉及武器擴散和侵害人權的中國公司。就連財政部也對中國動起真格，引用可以追訴任何國家官員的全球馬格尼茨基法（Global Magnitsky Act）來懲罰侵害人權的中國官員。

川普政府逐漸取消香港的特殊經貿待遇，指名道姓的針對北京對香港的鎮壓。政府先是取消香港輸入敏感美國科技的特權，然後又整個取消香港的特別經濟地位，在投資和貿易上把香港和中國內地城市一視同仁。這是很極端的措施，等於是把快溺水的朋友再往水裡按。但香港民運領袖反而呼籲川普政府要這麼做，因為他們認為不能讓北京一方面扼殺香港的自由，一方面又從香港的特殊待遇得利。

川普政府幾個最高官員也陸續對中國講出硬話。龐培歐、司法部長威廉・巴爾（William Barr）、ＦＢＩ局長克里斯多福・瑞伊、國家安全顧問歐布萊恩都說中共就是惡棍，呼籲美國人和其他民主國家的人民要覺醒，共同對抗來自中國政府的全面威脅。

七月初，我隨歐布萊恩前往亞利桑那州斯科茨代爾，這裡是二〇二〇年大選的搖擺州，歐布萊恩發表演說談中共的全球野心及其在美國境內的影響力運作。「美國，在川普總統領導下，終於覺醒到中國共產黨的行為已威脅到我們生活方式」，他對著三十幾個保持室內社交距離的聽眾說。

在回程的飛機上，我問他疫情對美中關係的整體影響。「我們曾經希望關稅和第一階段貿易協議可以改變中國的行為，會有所調整」，國家安全顧問告訴我。「但武漢疫情爆發讓美國人很清楚，中國是不會改變的。中國把新冠肺炎當武器，他們想趁此危機取代美國在全球的地位」。

兩週後，歐布萊恩被確診得到新冠肺炎。

中國露出真面目

北京認為新冠疫情既是挑戰，也是機遇，讓中國有機會證明其制度比混亂的西方民主更有效率和能力。由於中國是第一個病毒爆發的國家，也是第一個把疫情控制下來的國家，這讓北京占據優勢。但北京運用優勢的手法反而引起更多國家不滿。

北京沒有和全世界科學家合作，分享其匯集到的資料，反而要求所有中國研究人員除非受政府明確批准，不得透露新冠的研究成果。美國吉列德公司把抗病毒藥物瑞德西韋的樣品寄給中國研究人員，請他們嘗試治療中國的病人，武漢病毒研究所居然想自己拿去申請專利。[36]美國政府也公開指控中國政府以網路駭客和其他情報搜集手法，試圖竊取美國實驗室的疫苗和治療藥物。

中國科學家努力在治療上贏得競賽，中國官員和專家則開始規畫如何擴張中國的經濟觸角和影響力，尤其是在5G等高科技領域。「現在可以把危機變成轉機，擴大世界各國對『中國製造』的信任和依賴」，中國科學院暨中國工業經濟聯合會主任韓劍在三月四日寫道。[37]

中國也在區域鄰國最脆弱的時候大秀肌肉。中國軍隊跨過喜馬拉雅山邊境，挑起軍事衝突。中國橡皮圖章的全國人大通過新版香港國安法，摧毀港人賴以維持言論自由和有限自治的「一國兩制」。該法通過後，香港警察立刻逮捕重要民主人士，搜索獨立媒體機構。中國也加大力度威脅台灣、挑起南海爭端、鎮壓維吾爾人。但全世界都無暇抗議。

但中國的行為並不是沒人看得出來。中國政府一方面把自己裝扮成全球守護者，是其他國家可以求助的對象，一方面又威脅這些國家除非避免抨擊北京，否則就要撤回協助。這種威脅利誘的手段證明中國並不是個善意的超級強國。這也讓世界各國人民對中國產生反感。在民主國家，政府必須回應人民的要求。當歐洲和澳洲人民要求調查病毒的起源，北京就威脅他們的政府。於是這些政府才了解到——有些政府是初次了解到——依賴中國在政治上的脆弱性。

世界各國現在都對中共有所覺醒，許多國家的戰略計算也跟著改變。例如，英國政府改變政策，決定禁用華為的網路設備（龐培歐還跑到倫敦去慶賀）。荷蘭召回六十萬個中國送的有瑕疵口罩後，北京隨即威脅荷蘭，讓荷蘭大為不滿。荷蘭政府一面溫和地申明其主權獨立，一面提升駐台辦公室的名稱以示支持台灣，*這讓中國政府又威脅要停止醫療援助作為懲罰。同樣，澳洲政府呼籲要調查病毒的起源，中國就使出經濟制裁，禁止澳洲牛肉進口。這對疫情危機中的澳洲經濟是一大打擊。

對於希望由美國來領導、大膽反擊中國的美國政府官員來說，這無疑是天賜良機。但美國無法好好利用中國在全世界招引的敵意，因為在美國國內，川普的白宮已招引太多敵意。

---

* 譯註：二〇二〇年四月，「荷蘭貿易暨投資辦事處」（Netherlands Trade & Investment Office）改名為「荷蘭在台辦事處」（Netherlands Office Taipei）。

北京拜登

北京的本能是盡量利用惡劣的情勢，華府的本能則是讓情勢更惡劣。川普總統堅持要停止美國給WHO的分擔金以懲罰其親北京的立場，接著更讓美國完全退出WHO，這在如此嚴重的國際公衛危機中真的很難看。龐培歐拒簽G7關於疫情的共同聲明，因為其他G7國家拒絕稱其為「武漢病毒」。川普本來應該主辦二〇二〇年六月的G7峰會，先是延到九月，最後完全取消。他說這是一個「過時的國家集團」，毫無來由的污辱美國盟邦。

經過二〇二〇年夏天，民調清楚顯示美國兩黨選民都因為疫情對中國不滿，要求美國要採取更強硬的對中政策。這對民主黨是個難題。民主黨想對中國強硬，但又不想因為疫情懲罰中國——否則等於是幫川普處理國內危機失敗轉移焦點。此外，民主黨也確實擔心川普的反中言論會煽起對亞洲人和亞裔美人的攻擊。為了展現對中國主動出擊，民主黨占多數的眾議院在疫情期間提出多項關於西藏、維吾爾和香港的法案，都在兩黨高度共識下通過。但當共和黨提出要中國對疫情負責或調查病毒來源時，眾議院院長南西．裴洛西下令她的派系不要和共和黨合作。

印第安納共和黨眾議員吉姆．班克斯提案要調查病毒來源，眾議員塞斯．穆爾頓（Seth

Moulton）是唯一連署的民主黨人。同為眾議員的趙美心打給穆爾頓罵他是種族歧視，然後他就撤簽了。新冠病毒扼殺了國會中對中國問題剛萌芽的跨黨派共識。兩黨已籌劃超過一年，要設立一個新的中國任務小組來協調政策、推動重要立法。但在任務小組要對外公布之前，民主黨臨時抽腿。

川普的言行讓跨黨派合作非暫停不可，因為他煽動種族主義，還在群眾大會上用「功夫流感」（Kung Flu）這種名詞。拜登陣營原來指責川普對中國太過強硬，但很快就轉而攻擊他在疫情之初對習近平太卑躬屈膝。在八月份的民主黨全國代表大會上，中國幾乎沒有被提起。但在共和黨的大會上，中國扮演了大反派的角色。川普在大會上數度提到「中國病毒」。川普二世則著重指出，依照美國反情報和安全中心主任威廉・埃維尼納（William Evanina）的判斷，北京領導人希望川普輸，因為他「太不可預測」。[38]「『北京拜登』對中國太軟弱，情報界都判斷中國共產黨希望拜登贏」，總統的大兒子說。妮基・海莉說，拜登「對共產中國很好」，而川普「對中國強硬」。[39]競選總幹事金伯利・加法葉（Kimberly Guilfoyle）則說，民主黨會「自私的為了自己賺錢，把你們的工作送給中國」。[40]

當美國在二〇二〇年十一月進入總統大選時，美中關係基本上凍結了。川普和習近平不再通電話。川普笑說習近平也許不愛他了。川普官員心知可能不久後就要下台，加緊在年底之前盡量推出新的中國政策。國務院宣布在美國境內的中國媒體和孔子學院總部是「外國使館」，必須向聯邦政府報告其活動，他們聘用的說客也要。總統發出公告，禁止和中國軍方有關的理工研究人員來美國。川普政府還下令關閉休斯頓的中國領事館，因其涉嫌大規模間諜行為和竊取研究機密。聯邦通信委員會把華為和中興列為國家安全威脅，禁止用聯邦經費購買他們的設備。

與此同時，中國領導人似乎正靜待選舉結果，不再認真和華府打交道。龐培歐飛到夏威夷和政治局委員、上次大選後第一個造訪川普大樓的楊潔篪見面。儘管兩人千里迢迢而來，但都沒怎麼想要推動雙邊關係，離去時毫無成果。

雙方都心知肚明，不管誰贏得二〇二〇年大選，美中關係都將永遠改變，新的常態不會再回到交往和「合作共贏」。所有跡象都顯示，習近平政權會繼續搞經濟侵略、軍事擴張、內部鎮壓、介入其他民主社會。拜登陣營標榜其中國政策將保留川普競爭路線的一些元素。他們承諾會更注重多邊戰略與盟國關係，考慮撤銷川普施加的關稅。但他們不會再走回歐巴馬政府二〇一六年的對中路線——當時，蘇珊·萊斯及約翰·凱瑞一心把美中合作擺在第一位，任何不愉快的問題都放在一邊。

拜登陣營內部也在醞釀對於中國問題的鬥爭。一些歐巴馬時代傾向交往的人還在，例如歐巴馬前亞洲顧問傑佛瑞・貝德。而拜登身邊也有對中共質疑的民主黨人——例如柯特・坎培爾——在內部主張強硬路線。但真正的鬥爭要到拜登贏得大選後再說。

但就算拜登那些最傾向交往、最親北京的顧問當上重要職位，他們也沒辦法扭轉國會、學術界、科技業、華爾街和美國媒體對中國挑戰的大覺醒。在華府，雙邊緊張升高、經濟脫鉤的壓力和中國議題政治化的趨勢正在不斷加速。下一任政府的工作是管理好這些趨勢，不要走到雙方都不想要的直接衝突。

「拿破崙曾經警告，不要喚醒睡獅」，哈佛大學教授約瑟夫・奈伊在二〇二〇年八月的線上阿斯彭安全論壇說。「但他講的是中國，而我們講的是美國」。

尾聲

二〇二〇年十一月三日晚上，史提夫・班農人在距離美國國會山莊四分之一英里的憲法大街一〇一號辦公大樓樓頂。他在樓頂架設了轉播設備，以國會大樓為背景。二〇一六年大選之夜，CNN也是在這個樓頂做轉播，但這次的場景換成了「讓美國再度偉大」。班農自己現場直播大選之夜，這也是他在Youtube和Podcast上的極右派新聞節目「戰情室：病毒大流行」的年度重頭戲。

班農的大選之夜也把美國政治和中國政治攪在一起到了極點。坐在班農旁邊的是路德，也叫王定剛。他是流亡中國大亨郭文貴的左右手和宣傳大將。班農的「戰情室：病毒大流行」節目就是和郭文貴的GTV傳媒集團合作。GTV傳媒旗下有許多新聞網站，包括GNews。據報導，FBI和證交會在大選期間調查了GTV違法募款的問題。[1]班農在因為詐欺侵占被捕之前是

GTV傳媒集團的靈魂人物，他在保釋候審期間顯然還是無法忘情郭文貴的媒體平台。

郭文貴稱自己是「新中國聯邦」運動領導人，宗旨是讓中國共產黨倒台。藉由郭文貴的宣傳媒體和源源不絕的資金，他的運動確實吸引不少支持者。這個組織現在和班農及總統律師朱利安尼（Rudy Giuliani）合作，對付川普的競選對手。

有好幾個星期，GNews和旗下一大堆社群媒體帳號都在張貼據稱是拜登小兒子杭特・拜登的淫穢照片和影片。在投票前三個星期，班農和朱利安尼開始公布一些文件，其中有拜登家族成員和一些中國公司不當交易的檔案。他們說這些東西是來自杭特・拜登在德拉瓦州送修的筆電，店家正好是川普的支持者。

筆電中最不堪的東西是杭特・拜登嗑藥做愛的影片，大多數都是GNews網站以及與郭文貴和他的「吹哨者運動」相關的網軍分享出去的。這些網軍還大肆宣傳川普團隊與郭文貴的關係，貼出郭文貴、路德、班農和朱利安尼在郭文貴家中一起抽雪茄的照片。在大選之夜節目的最高潮，班農感謝路德幫忙宣傳「來自地獄的硬碟」。[2]路德沒辦法待太久，他在附近攝影棚還要主持自己的GNews中文節目。

杭特・拜登的東西就是班農和朱利安尼所謂的「十月驚奇」，他們想用這個新素材來讓川普得利，因為他們認為在上次大選中，FBI局長詹姆士·柯米（James Comey）透露安東尼·韋納（Anthony Weiner）的筆電內容（硬碟中有希拉蕊的電子郵件）就造成這個效果。*但這次筆電事件的效果有限，因為主流媒體在二〇一六大選時曾淪為俄國電郵駭客的工具，這次都拒絕報導。此外，朱利安尼拒絕讓媒體檢視硬碟，無法判定內容真偽。所以，儘管關於這台筆電來源的說法充滿漏洞（來自德拉瓦州一間電腦維修店），在本書寫作時也沒有其他解釋。

從某些方面看來，這個筆電外流事件充滿外國影響力運作的痕跡。在私底下，拜登陣營根本不相信它是來自德拉瓦州的電腦維修店，而是懷疑有俄國人介入。但他們在公開場合絕口不談，怕給這條新聞火上加油。但無論如何，並沒有證據顯示杭特·拜登的材料是外國駭客搞出來的，只是懷疑而已。

儘管沒有外國駭客的證據，但眼下就有一個外國富豪親自在散播這台筆電的內容。他還不是

＊ 譯註：韋納涉嫌和未成年少女有不當行為，被FBI盯上。同時，FBI還在調查希拉蕊不當使用電郵的問題。由於韋納的妻子阿貝丁為希拉蕊做事，兩項的調查撞到一起。聯邦特工在搜查韋納筆電時，發現了一批希拉蕊和阿貝丁的電郵往來。在大選臨近時，局長柯米宣佈重新調查希拉蕊電郵，後來又宣佈沒有發現問題。這一「十月驚奇」被普遍認為嚴重影響了希拉蕊的選情。

一般的富豪，而是一個在川普政府與中國關係——不是與俄國關係—許多時點上極有爭議的人物。國家情報總監辦公室曾在八月七日發出聲明警告說，「中國希望川普不要贏得選舉，北京認為他難以預測」。[3]但這個筆電事件絕不是中國在介入大選。該份聲明所說的介入，是指中國政府做出明顯有利拜登、傷害川普的行為：中國官媒激烈抨擊川普政府、炮轟美國民主的惡質，大批網軍散布的假消息有些是針對川普，有些是為了製造美國政治討論的混亂。[4]

不，這一次的介入是一個自稱是中國異議分子的人士在幫川普對付拜登。郭文貴在二〇二〇年末的行為顯示，他和中共的關係遠比表面上複雜。雖然他公開說要打倒中共，他其他的作為卻符合中共的一個主要目標：讓生活在美國的異議人士閉嘴。

郭文貴派支持者去跟蹤、騷擾和威脅全美各地多位中國民運領袖，包括傅希秋牧師，也就是那位幫忙救出華盛頓大學學生周月明的人。在Youtube上，郭文貴說傅希秋和其他人權民主人士都是中共的間諜，呼籲支持者去「消滅」他們。[5]「新中國聯邦」的支持者在他家外頭「抗議」，高舉威脅他生命的標語，叫罵他是「假牧師和中共間諜」。傅希秋不得不帶著家人躲藏起來。在社群媒體上，郭文貴的支持者散播傅希秋被拷打流血的圖片。與此同時，中國官媒《環球時報》也在攻擊在美國的民運人士，包括傅希秋。

傅希秋告訴我說，郭文貴是假扮成異議人士在獵殺異議人士。我問郭文貴為什麼要如此對付其他異議人士，他說他是在剷除中共的間諜，叫我去查查北京為什麼一定要川普把他遣送回國。「如果我和中共有關聯，為什麼中共要給埃利奧特・布洛迪（Elliott Broidy）八百萬美元把我遣返，還答應事成之後再給一大筆錢？」，郭文貴反問我。*「這是典型的中共假訊息大一必修課，而傅希秋和他的朋友都算是碩士。」

一名政府高層官員告訴我，情報界有很多人認為郭文貴是在和中共內部一個派系合作，在搞中共體制內的派系鬥爭，只是假裝成異議人士用美國的平台來攻擊別的派系。敵對派系在敵對政府搞敵對的干預活動，這在美國前所未見——但這就可以解釋為什麼美國情報界雖然判斷中國介入美國總統大選是在支持拜登，但背景疑點重重、其作為符合中共利益的富豪郭文貴，卻介入同一場選舉支持拜登的對手。

郭文貴涉入筆電事件還有另一種可能的解釋，但這個解釋要比中共內部派系鬥爭更複雜。

---

* 譯註：布洛迪是川普頂級籌款人。二〇二〇年十月，布洛迪承認他接受馬來西亞富商劉特佐九百萬美元（其中一些隨後支付給了一名同夥），以推動川普政府遣返郭文貴，並撤銷與馬來西亞主權財富基金貪污計劃有關的案件。美國指控劉特佐是案件背後的操縱者。

GNews涉入杭特・拜登的新聞，明顯讓這條新聞的可信度大打折扣。GNews用戶剪接杭特・拜登的影片，告訴大家材料是來自北京，不是班農和朱利安尼講的德拉瓦州電腦維修店。GNews還剪出一些杭特・拜登和女神卡卡、瑪莉亞・歐巴馬及花木蘭女主角的不雅影片，一看就知道是做假。這些東西太過荒謬，讓其他東西也被質疑。這些東西其實會傷到川普陣營，而如果北京真的希望拜登打敗川普，這正好符合北京的利益。

郭文貴的真正動機依然不明，但不管其目的為何，他介入筆電事件就是另一種性質的中國勢力干預，還有總統的律師和前首席戰略家在幫忙。班農和郭文貴的合作實質上就是引入中國資金，在投票前夕抹黑川普對手的家庭成員。

我逼問班農，郭文貴說他要摧毀中共，為什麼又做對中共有利的事？班農堅稱郭文貴是異議人士，但他承認並不了解中共內部政治。「隨它去吧，這是中國城」，班農用羅曼・波蘭斯基（Roman Polanski）電影的最後一句對白回我。他並不在乎。他只是利用郭文貴搞自己的議題，還有搞錢。中國政治和美國政治已經被攪和在一起，華府完全搞不懂是怎麼回事，但這對美國民主絕對是不是好事。

中國介入美國大選的另一個惡劣影響是，中國議題變成美國黨派政治的政治足球。對於中國崛起的挑戰進行真心誠意、全國性、跨黨派討論的可能性變得越來越小——不管誰輸誰贏，似乎都無法改變。

回到原點

在大選前幾個月，川普總統已完全放棄貿易談判以及和習近平主席的交情，利用各種機會炮轟中國。川普對選民的終極訴求，就是把新冠疫情及其對美國經濟的影響怪到中國頭上，指控拜登和中共勾結。在造勢場合和辯論時，川普都提到杭特．拜登的筆電內容，說美中關係不能交給拜登來處理，因為他的家族早就被中國政府收買了。

公平的說，川普和拜登在競選期間都不想深入討論中國議題。拜登在競選初期犯了錯誤，在川普宣布中國旅遊禁令那天批評川普「排外」。旅遊禁令後來證明是對的，但還不夠，於是拜登就轉而批評川普對中國太軟弱，指責川普稱讚習近平在危機初期的處理方式。拜登陣營發現中國議題的政治學和拜登在白宮時代已經有天壤之別，兩黨選民都希望對中國硬起來。

在大選前「六十分鐘」節目的專訪中，拜登被問到哪一個國家是美國最大的威脅。拜登說是俄國，然後又加一句說中國是最大的「競爭者」。他顯然是要留下和習近平維持關係的空間。拜登自己曾說，他在當副總統時曾和習近平相處過二十五個鐘頭，一起吃過晚餐。[6]

在十月二十三日最後一場辯論中，川普和拜登都指責對方拿中國好處。但兩人都沒有說出事實。拜登否認他的兒子杭特有拿中國的錢，但他從未直接回答杭特有沒有和中國國有企業合夥，有沒有代表過一名後來被貪污定罪的中國商人。而川普說杭特從中國拿到十五億美元則是誇大其詞。當兩人被問到如何讓中國遵守規則時，兩人都含糊其詞：拜登一面吹噓歐巴馬時代的關稅很有用，一面又批評川普用關稅打貿易戰；川普則胡扯說中國交了幾十億美元關稅給美國國庫。整場美中關係的討論都是在打混戰。

對川普最大的諷刺是，他當初勝選是因為他對中國的路線，後來敗選又怪給中國。他成也中國，敗也中國，這是沒錯，但也不全對。

川普民粹主義、民族主義、保護主義的競選路線，加上他承諾不會再對幾十年來中國占美國便宜置若罔聞，讓他在二〇一六年選舉中吸引到搖擺州的藍領階級，這些人是他險勝的關鍵。而中國錯誤處理新冠疫情以及對美國經濟造成的傷害（川普自己讓情況更惡化），本來可以再幫他拉到中間選民，但這些人最後成為拜登贏得二〇二〇總統大選的關鍵。

川普在整個競選連任過程中，幾乎每次造勢都要怪罪「中國瘟疫」。就連民主黨全國委員會主席在投票前一天都說，「如果他輸了，就是因為新冠肺炎」。[7]當然，總統選舉的結果不會只有單一因素。社會正義、種族關係、未來的健保、最高法院的組成結構等等，在在都是選舉中的重要議題。但總統只願意相信是疫情把他拖垮了。隨著新冠疫情在政治上對他的傷害越來越明顯，他和中國方面的關係也越來越僵。在本書寫作期間，他和「好朋友」習近平主席最後一次通話是在三月底，已是他下台十個月前的事。

也就是說，川普兜了一圈又回到原點，把美國所有問題都怪給中國，盡可能將一切議題政治化。但這段兜回原點的旅程實在工程浩大。川普一開始激怒習近平，然後和他建立交情，然後用貿易戰考驗這段交情，然後宣布停火，然後又因為疫情爆發再次開火。川普兜了一大圈，這真是一段漫長又奇異的旅程。

馬雲被整肅

當川普政府忙著打選戰，只有少數身經百戰的老兵從頭到尾見證了美中關係從二〇一六到二〇二〇年的演變。在川普原來的中國團隊中，能堅持撐過整個總統任期的是博明、納瓦羅、賴海哲、羅斯和梅努欽。高盛幫富豪和華爾街人士都退出了，因為川普不再重視他們和北京的地下管道。白邦瑞從未謀得政府職位，但當初視他為怪胎的中國專家現在都認為他是最接近美國總統的中國通，他一定覺得很安慰。

政府內部對中國政策的鬥爭從頭鬥到尾，雙方涇渭分明。趁著川普對習近平不滿，國家安全團隊說服總統賣武器給台灣、擴大制裁參與迫害維吾爾族的企業、以行政命令禁用抖音和微信、限制與中國軍方有關的公司踏進美國資本市場。但這些措施梅努欽都反對，繼續捍衛華爾街把美國投資人的錢投向各種中國公司。結果是，川普政府到最後的對中政策就像開始一樣混亂和莫衷一是。

最明顯的一個案例是，在大選前幾個月，川普聽從國安官員建議下令禁用抖音和微信，但很快就把抖音交給梅努欽去處理。梅努欽把優先順序從保護國家安全變成拯救這家公司。梅努欽在抖音的中國母公司字節跳動和川普最愛的科技公司甲骨文之間磋合，由甲骨文接手抖音在美國的營運，好讓抖音能如期在華爾街IPO，大家都能賺到錢。問題是，北京並不想在槍口下讓字節跳動把智慧財產賣給中國。現在換成中國指控美國強迫科技轉移、逼字節跳動要搞合資才能進入美國市場。這說得也沒錯。川普還要求抖音要給美國政府五十億美元的「押金」，更讓這筆交易顯得專橫無理。在本書寫作時，抖音和微信還在美國法院訴訟中。博明在二〇二〇年末還想擴大禁止十幾種中國APP，但法院的訴訟讓他難以實現。

當二〇二〇年即將結束，華爾街加倍投資中國。馬雲的螞蟻金服即將在香港和上海股市IPO，美國人將投入幾十億美元的資金。兩地的IPO總額高達三百五十億美元，這顯示香港在自由民主被鎮壓後依然是頂級金融中樞。

川普的國安官員試圖阻礙此事。他們知道大選快到了，時間緊迫，但不能讓北京在摧毀香港自治之後還能利用香港吸收西方資金。

最後是習近平自己出手解決這個問題。中國當局在十一月封殺了螞蟻金服的IPO。媒體都報導習近平要壓制馬雲變得太富有、權力太大、話說太多。雖然中國政府喜歡炫耀其科技金融巨頭是世界級的公司，但習近平斷然出手，指責馬雲的公司不適合承擔社會責任。對習近平來說，政治永遠高於經濟。中國共產黨真的是赤裸裸的政治和意識形態高於一切。[8]

對川普的國安官員來說，這件事證明了他們一直以來的看法——美國人投資中國公司有絕大的風險——因為中國公司和公司領導人可以毫無預兆地被北京領導人搞倒。為了展現全面的政治控制力，習近平完全摧毀了中國公司穩定安全的企業形象。現在非常清楚，中國公司根本不可能不聽中共指揮。華爾街不能再假裝不是這麼回事。

博明的最後一搏

在二〇二〇年投票前幾個星期，美中關係已降到歷史最低點。在美國內部，中國議題被政治化和極端化到完全沒有建設性討論的地步，雙方都用中國來指控對手貪婪和叛國。川普的國安官員到全國造勢場合演講，猛轟中國共產黨（講的大部分是對的）。他們既搞政策，又搞政治——因為強硬路線是現在的政治寵兒。

以博明為首的川普國安官員心知拜登可能勝出，他們也將離開，所以要搶在新政府上台改變路線之前，盡可能鞏固美中關係競爭的勝利成果。司法部宣布破獲一個非法綁架異議分子回中國的中國情報網——檢查官稱其為「獵狐行動」。國務院持續把更多中國媒體和組織列為外國代理人，規定他們要報告其活動，讓下任政府難以撤銷。

博明和許多外國政府官員進行視訊會議，向大家闡述他所建立的競爭架構。他的主要對象是加拿大、印度和英國等盟邦。他要把戰略轉向給體制化，盡可能讓拜登政府保留下來。

在大選前兩個星期，博明在倫敦的「政策交流委員會」視訊會議上做了最終陳述。他用還不錯的中文說，全世界現在終於能嚴肅討論中國在其境外的活動。他把川普的政策成果總結為兩個原則：互惠和坦誠。他警告不能再回到舊思維：一方面淡化中共的戰略威脅，一方面又說我們做不了什麼。他呼籲聽他講話的中國聽眾要去對抗其領導人在新疆的反人道罪行。「基於友誼、反省和坦誠的精神，我籲請在中國的朋友們去研究你們政府對維吾爾人和其他宗教少數民族的政策」，他說。「我在中國哲學、宗教或道德中找不到能用來支持集中營的東西」。[9]

博明還說，中共想改變民主國家的政治和資訊環境，盡量搜集這些國家人民的資料，這代表一種新型態的數據集權主義，所有自由民主社會都該挺身對抗。「我們每天用來聊天、搜尋、購物、瀏覽、銀行交易、祈禱和吐露心聲的智慧型手機，讓我們的思想和行為就像雙層公車的排氣管一樣被網路駭客盡收眼底。中國共產黨的國安戰略就是搜集這些數據排氣，擴大黨的力量和勢力範圍」，博明說。「中共的目標，簡單說，就是要把個人，或甚至國家，拉攏或恐嚇到進入一種對北京的龐大野心有利的心理狀態」。[10]

貿易戰的真正目的

在川普總統任內，華府人士都認為川普政府沒有真正的中國戰略。但更精確的說，川普政府其實是有好幾套戰略，而川普本人在其間隨意遊走。川普以自己沒有固定模式的直覺引領美中關係發展，決定了不同派系的成敗和起落。

強硬派的戰略是基於他們認為自己比華爾街幫更了解中國共產黨。他們正確預料到，川普根本不可能讓美中關係站在一個新而平等的經濟基礎上。這不是因為川普沒有嘗試，而是習近平領導的中共根本無意迎合美國的要求去改變其戰略。強硬派也料到川普總有一天會明白這一點。美國總統似乎也真的覺醒了，雖然非常慢。

川普在許多方面都誤解了中國，而中國在許多方面也誤解了川普政府。例如，在剛上台第一年，川普、羅斯和梅努欽都不了解中共到底如何看待美中關係。他們以為習近平最有興趣的是做生意，以為兩邊很快就可以達成貿易協議。在川普及其高層經濟官員眼中，那些搞國家安全的傢伙都很礙事。但一旦真的和北京打交道，負責談判的川普官員才慢慢發現，中共最在意的不是做生意，而是黨的利益。大家終於搞清楚在中國的體制中，權力最大的是國安部門，不是外交部或經濟官員。

川普政府的強硬派終於成功把政府推向與中國前所未有的競爭態勢。但他們能夠成功，不是因為他們的戰略文件有多精闢，也不是因為他們比華爾街幫及交往派更會玩馬基維利的手段。強硬派所以能勝出，是因為中共證明了他們才是對的。習近平從來沒有讓川普身邊的交往派官員和企業家能夠證明，北京有一點點想要改變貿易、科技或意識形態政策。

川普離大選投票日越近，習近平的權力越鞏固，越致力推動「中國夢」的復興。在十月底的五中全會上，習近平展現自信，下令要自力更生，加速中國在科技、產業和軍事上的擴張。五中全會的公報宣稱，「我們一定能夠戰勝前進道路上出現的各種艱難險阻，一定能夠在新時代把中國特色社會主義更加有力地推向前進」。[11]

中國研究學者會爭辯習近平是真的自信還是假的自信，但中共高層的內部政治根本不為外界所知。不過，博明認為川普政府已經逼得習近平要加速推進，讓他犯下過分擴張和四處霸凌的錯誤。川普政府的壓力已讓習近平處於不利之境。

回頭看，如果北京能在二〇一八年就簽下讓川普滿意的貿易協議，北京的處境將明顯更有利。中國領導人本來能阻止強硬派和鷹派把美國政府及美國的對外政策從交往轉向競爭和施壓，但中國不圖此為，這才導致中國的產業政策不斷被抨擊，高關稅成為常態。這必將拉高中國的生產成本，而中國的工人也在要求更好的生活和更高的工資。中國可能會掉入經濟發展理論所稱的「中等收入陷阱」，也就是一個國家的工資漲得太高，無法再支撐低端製造業，但又還沒發展出有競爭力的高端產業。

由於強硬派從來不相信中國會改變經濟政策，就設計用關稅來懲罰中國的經濟惡行，同時延緩其技術發展。他們沒有公開講出來的目的是，關稅會把中國推向中等收入陷阱，卡住中國的經濟運作。

「我們對他們設下陷阱，而他們掉進去了」，一名前白宮中國事務官員告訴我。「這是讓他們自討苦吃的最好方法」。

川普第一階段貿易協議的真正意義，不在於北京承諾要買多少美國農產品或保護智慧財產權，因為北京從來不會遵守。第一階段貿易協議真正的意義是，它保留了大部分關稅，提高了和中國做生意的成本和風險，逼習近平要加強黨對經濟的控制、壓制自由市場改革。這是川普政府戰略的一環，只有少數政府官員才懂得這一點。

「這是刻意設計的」，這名前白宮官員說。「只是川普本人並不知道」。

拜登必須做出解釋

早在二〇二〇年十一月三日很久以前，華府所有新聞記者、智庫學者和外交官都在拚命猜想拜登會有什麼樣的對外政策，尤其是對於中國。

在大選前，拜登陣營內部有幾百個非正式顧問組成幾十個政策小組。這些小組不過是為了讓智庫學者有事可忙，為了謀求日後的政府職位提出一堆政策備忘錄。真的有影響力的只有少數幾個負責對外政策的競選團隊成員，其中又首推前副國務卿布林肯。

在競選期間一系列公開談話中，布林肯說拜登將修正川普對中政策的錯誤。「現在，在各個層面上，中國的戰略地位都變得更強，而美國變得更弱」，他在九月份對美國商會說，承諾拜登政府會矯正川普貿易協議所沒有處理的美中貿易關係的結構性問題。[12]

在大選前，拜登的主要顧問及可能的未來內閣成員——德拉瓦州參議員克里斯・康斯（Chris Coons）——告訴我說，拜登政府也許會以民主國家聯盟的正式旗號，號召全世界自由開放國家共同對抗中國的惡行、反制數位集權主義在全世界的興起。拜登團隊「既要反制中國，但也會提供適當合作的機會，還要對付其在國內違反人權和在區域內的野心」，康斯說。

拜登圈子裡的許多人都抱持這種競爭的觀點。但也有不少歐巴馬時代的人並不贊同。其中有代表歐巴馬政府和中國領導人在二〇一六年大選前會談的蘇珊．萊斯，以及前國家安全顧問湯姆．唐尼隆，他現在是華爾街最大力投資中國的貝萊德投資集團主席。

十一月七日星期六，前副總統拜登在賓州票數領先，媒體宣布他已贏得二〇二〇美國總統大選，而拜登將如何和中國打交道成為大家最關切的問題。接下來幾天，拜登忙著組成交接團隊，川普用各種方法否認敗選，中國卻詭異的保持沉默。中國領導人無疑比較希望建制派候選人而不是搗亂分子當選。但當其他國家忙著恭喜總統當選人拜登，中國則拖到十一月十三日才小心發出聲明說，中國政府恭喜拜登，但也了解選舉結果「將依照美國法律和程序來決定」。[13] 這清楚表示，北京領導人並不確定下階段會怎麼走。

和川普政府一樣，拜登政府內部也有不同派系在爭奪對中國議題的控制權和影響力，爭論要走向競爭還是交往。在本書寫作期間，這些鬥爭才剛剛開始。誰贏誰輸既要看哪一派在新政府中拿到重要職位，也要看當習近平第一次用甜言蜜語引誘拜登回到舊路線、模糊重要議題時，拜登會如何回應。還要看新政府是否會延續拜登前任的政策。

有一些川普中國政策的元素，拜登團隊若棄之不用是很愚蠢的。不管關稅當初是怎麼來的，都是拜登可以聰明運用的籌碼，不必為了重啟談判就先拿掉。司法部也應該繼續抓中國間諜，但要注意到亞裔美國人的感受，也要保障他們的人權。兩黨也應該一致要求外國對美國機構的捐助要透明化、北京對待美國人要遵守互惠原則。拜登陣營曾批評川普對北京迫害人權毫無作為，但新政府將會發現其實有做不少——當然還要做更多。

和川普政府一樣，拜登政府也將發現美中關係中有根深柢固的利益衝突現象。在大選期間，拜登團隊絕口不提杭特．拜登和中國國有企業與腐敗中國高管的往來。但在大選之後，拜登不能再以「干預選舉」為由，迴避他家族和美國最大地緣戰略競爭者的關係。事實上，在變成禁忌話題之前，杭特和幾家中國公司的往來早就被廣為報導：《紐約時報》在二〇一八年有一個長篇報導；[14]彼得．施魏策（Peter Schweizer）在二〇一八年的《邪惡帝國》也有寫過；杭特也在二〇一九年的《紐約客》承認，他曾幫一家中國能源公司和路易斯安那州談交易，並擔任一個後來被定罪的中國企業家的個人律師。[*]該能源公司董事長在邁阿密送杭特一個二點八克拉的鑽石，而杭

---

* 譯註：中國商人葉簡明的公司華信能源曾在拜登的幫助下，拿下美國路易斯安那州猴島一個價值四千萬美元的液化石油氣投資工程。後來，葉簡明的副手何志平因涉嫌洗錢被美國調查，杭特擔任他的律師，不過何志平最終因賄賂罪罪名成立，被判三年監禁。二〇一八年，葉簡明涉嫌貪污在中國被捕後，猴島的計畫無疾而終。

特說他轉送給一個合夥人。「他們賄賂我幹嘛？」，杭特告訴《紐約客》說。「我爸爸已經不在位子上了」。[15]

拜登的弟弟詹姆斯也沒有回答他和中國做生意的基本問題。杭特和詹姆斯都是和華信能源合資的「中國鷹控股」的合夥人，而華信能源的董事長葉簡明就是送杭特鑽石的人。[16]葉簡明有軍事情報界的背景，二〇一八年因為貪污腐敗被捕，從此人間蒸發。

杭特・拜登的自辯不是不誠實，就是過於天真。中共不是在官員掌權時才會賄賂。而是長期投資建立關係，對兩黨官員及其家人下手。要終結這種貪腐的模式，拜登總統必須正面回答他弟弟和兒子的問題，他們顯然打著家族招牌在中國撈錢多年。

誠實面對中國

已故參議員約翰・馬侃（John McCain）經常引用毛澤東的話說：「天要全黑之前天最黑」。沒有證據顯示毛澤東說過這句話。事實上，毛澤東也不太可能知道這句話（最早出自英國神學家湯馬斯・富勒），更不可能拿來當成幽默。馬侃之所以經常用這句話是因為他覺得很有趣。不管出處為何，這句話可說是川普下台前華府氣氛的寫照。馬侃根本不喜歡中共或川普，他也無法活著看到這時的狀況，這讓這句話更加貼切。

一系列事件把美中關係搞到川普下台時的地步，當初既無人能料到，也絕非必然。不論是在美國還是中國，沒人能料到會出現川普這樣不受傳統觀點束縛、只按自己直覺行事的總統。他讓一堆新政策成為可能，但又把政府運作得亂七八糟，使得這些政策幾乎不可能執行。

川普是個很會把棋局打亂但無法重新擺棋的人。然而，他一舉扭轉了關於中國的討論，再也變不回去。這種轉變也是因為美國社會各階層逐漸覺醒到中國挑戰的範圍和規模。與此同時，世界各國也醒悟到中共的本質，了解到中共試圖改變全球秩序、干預自由開放社會的種種手法。

中共用情報和影響力等各種手段讓維持民主社會健康的抗體無法運作，攏絡其菁英，讓支撐西方民主制度的各種機構對中共產生依賴。起而對抗的第一步，就是讓美國民眾醒悟到這種挑戰，而川普總統任期的成就，就是逼所有美國人都來參與討論，而大部分人都還是第一次參與。

新冠疫情是一道避雷針，逼著所有國家都要去討論過去未曾被討論過的中國在世界上的角色。當人民起身要求要面對中國崛起的挑戰時，各國政府都得面對難題。球賽開打了，不管你覺得川普在第一局打得怎麼樣。

美國是在和中國打冷戰嗎？這個問題問得不正確，因為它不會問出有用的答案。這種歷史類比很不精準，但有一部分倒是真實的，那就是中共和習近平自認為是在和西方打一場生死攸關的意識形態和政治鬥爭。有些人會說意識形態根本不重要，但習近平花這麼多時間精力在意識形態上，就證明它對中國確實很重要。有些人還說美國及其盟邦要避免把美中競爭說成是意識形態之爭，但這場戰爭早已開打。習近平確實是在打意識形態的戰爭，西方不打就只有認輸。

沒人知道結局會是如何。美國及其盟邦不可自大的以為可以把自己那套政治、社會或經濟體制強加在中國頭上。中國的發展終歸要由中國人自己決定。但中國的發展不能以自由開放社會人民的安全、繁榮、自由和公共衛生為代價。雖然所有相信人類尊嚴的人都希望，中國政府能改變其在國內的行為，尤其是不要再大規模鎮壓自己的人民，但比起改變中國，更重要的是改變中國在世界上的作為。

要共同面對中國的挑戰，各國要做的第一步是強化民主社會，要改革民主體制、彌補國安漏洞、強化經濟體質、保護人民的公共衛生。如果讓川普再亂搞下去，美國政府根本無法競爭。如果美國自己無法在國內珍視法治、人權、政治多元和言論自由等核心價值，就無法領導世界來捍衛這些價值。美國兩黨政治人物都不該把中國議題當成國內政治鬥爭的武器。政策制定者一定要體認到，中國才是我們對外政策的頭等大事，其他議題都要排在後面。美國政府必須環繞著這個任務來重新架構。美國所有政策工具都要動用起來。

美國所立基的價值——民主、法治、人權、言論自由、宗教自由、思想自由——不僅是人與人之間應該如何互相對待的原則。這些價值也是美國和中國這種威權主義模式競爭的利器。

美國無法「師中之長技以制中」，也根本不該嘗試。美國的政策不該特別針對中國人和華裔美人，中國政府的作為不能要他們負責，他們也對美國社會貢獻良多。美國不該成為對中國人不友善的地方，如同中國對美國人不友善。在自由民主的價值上，美國要以身作則，身體力行。如果要比墮落，自由開放的社會一定會輸。唯有比高尚，自由開放的社會才會贏。

可以確定的說，中國的挑戰會持續一整個世代。要加以回應，自由開放的政府和社會就必須好好處理內部利益衝突的問題。經濟上的甜頭永遠會誘使各國政府去忽視國家安全的威脅。所有應對方案都不會是完美的，都有成本、風險和取捨。當全世界被新冠疫情摧毀經濟、激化社會和政治衝突之時，這些東西在未來幾年還會繼續上演。

美國及其志同道合國家的目標，應該是為中國和世界建立一套雙方能夠共存的關係，避免雙方都不想要的衝突。拜登政府有機會領導世界走向這個目標，但必須向前走，而不是往後退。北京和美國內部與之唱和的勢力永遠會想施壓，想回到前川普時代的交往路線，希望問題能自行消失。但這種希望不能成為戰略。

要面對中國的挑戰，先決條件是要承認舊政策的失敗，要用新的策略對待習近平領導的中國共產黨。美國人必須放下歧見，和盟邦及夥伴共同制定新策略。否則天下只會繼續大亂。

銘謝

本書累積了我四年來對川普政府美中關係政策的報導，訪問了超過三百位官員、議員、專家、學者、科學家、運動人士、外交官和幕僚，這些人遍及政府、國會、學界、非營利組織、智庫和企業，每一位都為本書提供了獨特的觀點，為我要解開的謎團貢獻了部分解答。

有幾十位身在川普政府的官員——從內閣層級到幕僚助理都有——願意接受我訪問、提供我文件、幫我了解川普政府在對中政策上的內部運作。川普政府和媒體的關係非常糟糕，這些官員之所以干冒個人和專業上的風險來幫我，是因為他們相信，美國人民有必要了解在這段關鍵時期，在這個重大議題上，美國政府內部到底發生了什麼。我也很幸運有幾位歐巴馬政府的國安高層給我提供意見和資訊。

有多名官員提供了對某些事件的親身經歷，他們願意正式具名。也有不少官員因為在本書寫作時還擔任敏感的政府職務，只能不具名提供背景解說。有些官員和消息來源則完全不願被認出來，因為他們與政府立場相左，或未經官方授權曝露了政府內部機密。我在本書已盡力做到消息來源的透明性，標準和我在《華盛頓郵報》的報導一樣。

我要真心感謝那些敢冒絕大風險在本書中發出聲音的人。這幾十位維吾爾人、香港人和中國異議分子都知道，當他們在美國行使言論自由的權利時，他們在中國的家人會被中國政府報復。這些人敢冒險，是因為他們希望講出自己的故事，讓世界了解——甚或做出行動來阻止——他們的家人朋友被中國共產黨迫害的苦難。我要感謝他們敢把故事告訴我，希望我不負所託。

鼓勵我寫作此書的是彼得．馬提斯這位老朋友和真正的愛國者。我要感謝他，還有幾十位在政府內外為國貢獻的美國人，他們幫我揭露出中國在美國內部的影響力運作，幫我把各個部分拼湊起來。當我深入此類型的報導時，為我做開路先鋒的是一群澳洲學者和記者，包括約翰．加諾、約翰．菲茨傑拉德（John Fitzgerald）、克萊夫．漢密爾頓、周安瀾。周安瀾和戴味閒（Hana Meihan Davis）是本書的研究人員，他們是下一代中國研究學者的翹楚。兩人的專業生涯前程遠大。

感謝我在Javelin出版社的超級經紀人Keith Urbahn及Matt Latimer，他們帶領我走過從概念到提案的整個過程。感謝Houghton Mifflin Harcourt出版社全體團隊的傑出和專業，包括其前任老闆Bruce Nichols和現任老闆Deb Brody、Laura Brady、Lori Glazer、Megan Wilson、Michael Dudding、Andrea DeWerd、Olivia Bartz、Tommy Harron、Brian Moore、Wendy Muto、David Eber。特別感謝我的編輯Alex Littlefield，他既能對初稿做出幾百處的改進，又能天衣無縫不失整個輪廓。他不僅是編輯，還是本書真正的合作夥伴。

沒有我在《華盛頓郵報》同事的幫忙和支持，本書是不可能完成的，尤其是專論版總編佛瑞德．希特和副總編Jackson Diehl。我在二〇一六年告訴他們，關於中國的議題值得我投注這麼大的時間精力，他們相信我，儘管其他議題好像更有新聞性。我也要感謝專論版的其他主管，包括Ruth Marcus、Jo-Ann Armao、Michael Duffy、Michael Larabee、Mark Lasswell、Trey Johnson、Eli Lopez、Christian Caryl、Mili Mitra、James Downie、Becca Clemons，等等。我還要感謝《華盛頓郵報》一眾令人仰望的專欄作家，包括David Hoffman、Robert Samuelson、Charles Lane、David Ignatius，以及其他許多人。我也一定要感謝《華盛頓郵報》的老闆貝佐斯及發行人Fred Ryan，他們在新聞界和政界如此動盪的時期全力支持新聞工作，維持了最高標準的正直和品格。

我也非常感謝有幸能和CNN的傑出新聞從業人員一道工作，包括Jeff Zucker、Sam Feist、

Rebecca Kutler、Wolf Blitzer、Jake Tapper、Chris Cuomo、Anderson Cooper、Brooke Baldwin、Brianna Keilar、Kate Bolduan、John Berman、Alisyn Camerota、Jim Sciutto、Poppy Harlow、Erin Burnett、Dana Bash，還有一大群製作人、約訪人、新聞助理、攝影師、化妝師和技術人員。正因為有這些人，有線電視才會有高品質的新聞。

我在新聞工作上若有任何成就，都要歸功於那些雇用過我、指導過我的傑出新聞人。這些人包括我在《彭博新聞》的前總編David Shipley、Tim O'Brien、Toby Harshaw；《每日野獸》的John Avlon、Noah Shachtman;《外交政策》雜誌的Moises Naim、Susan Glasser、Blake Hounshell;《國會季刊》的Jonathan Broder and Jeff Stein；《聯邦電腦周刊》的Chris Dorobek；《朝日新聞》的Nishimura Yoichi、Sakajiri Nobuyoshi、Ishiai Tsutomu。

還要特別感謝《華盛頓郵報》專欄作家E. J. Dionne，他在我大學剛畢業還在布魯金斯研究所實習時，就聘用毫無經驗的我。他給予我在新聞工作和人生的最佳教誨是：善待他人，自有回報。我還要特別感謝我過去的寫作夥伴Eli Lake，是他帶領我這個年輕記者認識華府和新聞工作。

報導川普政府的對中政策有如寓言中的瞎子摸象。一群瞎子摸過大象之後，爭辯誰說的才是對的。有人摸了象牙，有人摸了尾巴，有人摸了腿，以此類推，於是每個人描述的都不一樣。

等到有一名智者來跟他們說各自摸到不同的地方，他們才知道從各自的主觀經驗來說，自己講的都沒錯。我在報導過程中試圖盡量摸到各個部分。但若沒有許多其他記者同時也出版了關於此議題的著作，我是無法寫出這本比較全面的論述的。我已在內文和附註中盡量把功勞歸於他們，尤其是Bethany Allen-Ebrahimian、Bill Bishop、Chris Buckley、Bob Davis、Ana Fifield、Mike Forsythe、Joshua Kurlantzick、David Nakamura、Kate O'Keefe、John Pomfret、Austin Ramzy、Emily Rauhala、Gerry Shih、Isaac Stone-Fish、Nahal Toosi、Aruna Viswanatha、Lingling Wei，與歐逸文跟伍德華。

我要謝謝我的父母Michael Rogin和Sharon Rogin，這本書要獻給他們。還有我的妹妹Naomi Kaplan，我的連襟Max Weinberg、Rebecca Weinberg、Barry Kaplan、Jay Weinberg、Chloe Weinberg，謝謝他們多年來對我的容忍。最後，我每天都感謝「優雅、能幹、好勝的」妻子Ali對我的愛與支持。我在婚禮時被要求用三個詞來形容她，我當時就選了這三個詞，至今不變。我愛你。

註釋

序幕

1 "John Kerry Hosts Yang Jiechi for 'Frank' Talks at His Boston Home," South China Morning Post, October 19, 2014, https://www.scmp.com/news/china/article/1619633/john-kerry-hosts-yang-jiechi-frank-talks-his-boston-home

2 "Yang Jiechi Holds Working Meeting with US Side," Chinese Embassy, November 2, 2016, http://no.china-embassy.org/eng/zyxw/t1412858.htm

3 "Statement by NSC Spokesperson Ned Price on National Security Advisor Susan E. Rice's Meeting with State Councilor Yang Jiechi of China," White House, November 1, 2016, https://obamawhitehouse.archives.gov/the-press-office/2016/11/01/statement-nsc-spokesperson-ned-price-national-security-advisor-susan-e

4 "Remarks by President Obama and President Xi Jinping of the People's Republic of China After Bilateral Meeting," White House, June 8, 2013, https://obamawhitehouse.archives.gov/the-press-office/2013/06/08/remarks-president-obama-and-president-xi-jinping-peoples-republic-china-

5 David Feith, "The Great American Rethink on China," Wall Street Journal, May 28, 2015, https://www.wsj.com/articles/the-great-american-rethink-on-china-1432832888

6 "Xi Jinping Meets with President Barack Obama of US," Ministry of Foreign Affairs of the People's Republic of China, September 3, 2016, https://www.fmprc.gov.cn/mfa_eng/topics_665678/XJPCXBZCESGJTLDRDSYCFHJCXYGHD/t1395073.shtml

7 伯格蒙太古事務所率先在美國法庭以集體訴訟策略控告外國實體，向瑞士銀行求償十二點五億美元賠償給大屠殺倖存者。"Holocaust Victim Asset Litigation," Berger & Montague, accessed September 21, 2020, https://bergermontague.com/cases/holocaust-

victim-asset-litigation/

8 艾森曼後來寫了兩本論中國在非洲和全球外交的重要著作。第六章談中國對美國校園的滲透時也會再提到他。他現在是聖母大學中國政策助理教授。

9 Joshua Rogin and Joshua Eisenman, "China Must Play by the Rules in Oil-Rich Sudan," Alexander's Gas and Oil Connections: An Institute for Global Energy Research, accessed September 1, 2020, http://www.gasandoil.com/news/africa/d776167ab2c93b59d67da62becc94122.

10 Joshua Rogin, "DOD: China Fielding Cyberattack Units," FCW: The Business of Federal Technology, May 25, 2006, https://fcw.com/articles/2006/05/25/dod-china-fielding-cyberattack-units.aspx

11 Josh Rogin, "Cyber Officials: Chinese Hackers Attack 'Anything and Everything,'" FCW: The Business of Federal Technology, February 13, 2007, https://fcw.com/articles/2007/02/13/cyber-officials-chinese-hackers-attack-anything-and-everything.aspx

12 Graham Allison, "The Thucydides Trap: Are the U.S. and China Headed for War?," Atlantic, September 24, 2015, https://www.theatlantic.com/international/archive/2015/09/united-states-china-war-thucydides-trap/406756/.

第一章　政權交接

1 Julie Hirschfeld Davis and Eric Lipton, "Bob Dole Worked Behind the Scenes on Trump-Taiwan Call," New York Times, December 6, 2016, https://www.nytimes.com/2016/12/06/us/politics/bob-dole-taiwan-lobby-trump.html

2 Davis and Lipton, "Bob Dole."

3 Donald J. Trump (@realDonaldTrump), "The President of Taiwan called me today to wish me congratulations on winning the Presidency. Thank You!," Twitter, December 2, 2016, 4:44 p.m., https://twitter.com/realDonaldTrump/status/804848711599882240

4 Elizabeth Shim, "Henry Kissinger Visits China to Ease Concerns amid Trump Transition," UPI, December 2, 2016, https://www.upi.com/Top_News/World-News/2016/12/02/Henry-Kissinger-visits-China-to-ease-concerns-amid-Trump-transition/3041480733459/

5 John Fialka, "Mr. Kissinger Has Opinions on China—and Business Ties," Wall Street Journal, September 15, 1989.

6 "Kissinger Against Politicizing Olympics," Xinhua News Agency, April 9, 2008.

7 "Full Transcript: Donald Trump's Jobs Plan Speech," Politico, June 28, 2016, https://www.politico.com/story/2016/06/full-transcript-trump-job-plan-speech-224891

8 "China's Economy Grows 6.7% in 2016," BBC News, January 20, 2017, https://www.bbc.com/news/business-38686568

9 Marie Brenner, "After the Gold Rush," Vanity Fair, September 1990, https://archive.vanityfair.com/article/share/e515a2cd-a51b-4f83-8d61-6ebb9a104e0a

10 Donald Trump, The America We Deserve (New York: St. Martin's, 2013), 104.

11 Trump, America We Deserve, 110.

12 Trump, America We Deserve, 111.

13 Trump, America We Deserve, 112.

14 Donald Trump, Time to Get Tough: Making America Great Again! (New York: Regnery, 2015), 162.

15 Trump, Time to Get Tough, 164.

16 Donald J. Trump, Crippled America: How to Make America Great Again (New York: Threshold Editions, 2015), 102.

17 Trump, Crippled America, 63.

18 Trump, Crippled America, 59.

19 公方彬，〈毛澤東讓中華民族站起來，鄧小平讓中國人富起來，習近平會讓中國人強起來〉，中國共產黨新聞，October 21,2014, http://theory.people.com.cn/n/2014/1021/c49150-25876113.html

20 "Full Text: China's New Party Chief Xi Jinping's Speech," BBC News, November 15, 2012, https://www.bbc.com/news/world-asia-china-20338586.

21 "Document 9: A ChinaFile Translation," ChinaFile, November 8, 2013, https://www.chinafile.com/document-9-chinafile-translation.

22 Chris Buckley, "China Takes Aim at Western Ideas,"New York Times, August 19, 2013, https://www.nytimes.com/2013/08/20/world/asia/chinas-new-leadership-takes-hard-line-in-secret-memo.html

23 John W. Rollins et al., "U.S.–China Cyber Agreement," CRS Insight, October 16, 2015, https://fas.org/sgp/crs/row/IN10376.pdf

24 "Remarks by President Obama and President Xi of the People's Re- public of China in Joint Press Conference," White House, September 25, 2015, https://obamawhitehouse.archives.gov/the-press-office/2015/09/25/remarks-president-obama-and-president-xi-peoples-republic-china-joint

25 Kurt Campbell, The Pivot: The Future of American Statecraft in Asia (Boston: Grand Central, 2016).

26 Josh Rogin, "The End of the Concept of 'Strategic Reassurance'?," Foreign Policy, November 6, 2009, https://foreignpolicy.com/209/11/06/the-end-of-the-concept-of-strategic-reassurance/

27 David B. Larter, "White House Tells the Pentagon to Quit Talking About 'competition' with China," Navy Times, September 26, 2016, https://www.navytimes.com/news/your-navy/2016/09/26/white-house-tells-the-pentagon-to-quit-talking-about-competition-with-china/

28 Mark Landler, "Confrontations Flare as Obama's Traveling Party Reaches China," New York Times, September 3, 2006, https://www.nytimes.com/2016/09/04/world/asia/obama-xi-staff-shouting-match.html

29 Adam Entous and Evan Osnos, "Jared Kushner Is China's Trump Card," New Yorker, January 20, 2018, https://www.newyorker.com/magazine/2018/ 01/29/jared-kushner-is-chinas-trump-card

30 Henry Kissinger, "Jared Kushner: The World's 100 Most Influential People," Time, April 20, 2017, https://time.com/collection/2017-time-100/4742700/jared-kushner/

31 Politico Staff, "Kushner Takes a Walk with McDonough, Stoking Chief of Staff Speculation," Politico, July 29, 2020, https://www.politico.com/story/2016/11/jared-kushner-chief-of-staff-trump-cabinet-231182

32 John Avlon, "Gen Xer Joins the U.S. Marines," New York Sun, December 27, 2005, https://www.nysun.com/opinion/gen-xer-joins-the-usmarines/24995/

33 Matthew Pottinger, Michael T. Flynn, and Paul D. Batchelor, "Fixing Intel: A Blueprint for Making Intelligence Relevant in Afghanistan," Center for a New American Security, January 4, 2005, https://www.cnas.org/publications/reports/fixing-intel-a-blue- print-for-making-intelligence-relevant

34 Matthew Rosenberg, Mark Mazzetti, and Eric Schmitt, "In Trump's Security Pick, Michael Flynn, 'Sharp Elbows' and No Dissent (Published 2016)," New York Times, December 3, 2016, sec. U.S., https://www.nytimes.com/2016/12/03/us/politics/in-national-security-adviser-michael-flynn-experience-meets-a-prickly-past.html

35 US Congress, Executive Session of the Permanent Select Committee on Intel- ligence, interview of Susan Rice, September 8, 2017, 46–47, https://intelligence.house.gov/ uploadedfiles/sr44.pdf

第二章　人馬到齊

1 "Presidential Memorandum Regarding Withdrawal of the United States from the Trans-Pacific Partnership Negotiations and Agreement," White House, January 23, 2017, https://www.whitehouse.gov/presidential-actions/presidential-memorandum-regarding-withdrawal-united-states-trans-pacific-partnership-negotia tions-agreement/

2 Glenn Thrush and Maggie Haberman, "Bannon Is Given Security Role Usually Held for Generals," New York Times, January 29, 2017, https://www.nytimes.com/2017/01/29/us/stephen-bannon-donald-trump-national-security-council.html

3 Shawn Boburg and Emily Rauhala, "Stephen K. Bannon Once Guided a Global Firm That Made Millions Helping Gamers Cheat,"

Washington Post, August 4, 2017, https://www.washingtonpost.com/investigations/steve-bannon-once-guided-a-global-firm-that-made-millions-helping-gamers-cheat/2017/08/04/ef7ae442-76c8-11e7-803f-a6c989606ac7_story.html

4 Michael S. Schmidt, Sharon LaFraniere, and Scott Shane, "Emails Dispute White House Claims That Flynn Acted Independently on Russia," New York Times, December 2, 2017, https://www.nytimes.com/2017/12/02/us/russia-mcfarland-flynn-trump-emails.html

5 Demetri Sevastopulo and Shawn Donnan, "White House Civil War Breaks Out over Trade," Financial Times, March 10, 2017, https://www.ft.com/content/ badd42ce-05b8-11e7-ace0-1ce02ef0def9

6 Bob Woodward, Fear: Trump in the White House (New York: Simon and Schuster, 2018), 165.

7 "Zhu Rongji on Sino-US Relations," China Daily, October 4, 2001, http://www.china.org.cn/english/2001/Oct/20021.htm

8 Suzanne Craig, "Jared Kushner, a Trump In-Law and Adviser, Chases a Chinese Deal," New York Times, January 7, 2017, https://www.nytimes.com/2017/01/07/us/politics/jared-kushner-trump-business.html

9 "The Aspen Strategy Group Presents: The Struggle for Power: U.S.-China Relations in the 21st Century," Aspen Institute, January 13, 2020, https://www.aspeninstitute.org/events/the-struggle-for-power-u-s-china-relations-in-the-21st-century/

10 "Readout of the President's Call with President Xi Jinping of China," White House, February 9, 2017, https://www.whitehouse.gov/briefings-statements/readout-presidents-call-president-xi-jinping-china/

11 "Remarks by Deputy Assistant Secretary of State Alex Wong at the American Chamber of Commerce in Taipei Hsieh Nien Fan," American Institute in Taiwan, March 21, 2018, https://www.ait.org.tw/remarks-deputy-assistant-secretary-state-alex-wong-american-chamber-commerce-taipei-hsieh-nien-fan/

第三章　海湖莊園之後

1 Michael Kranish, "Trump's China Whisperer: How Billionaire Stephen Schwarzman Has Sought to Keep the President Close to Beijing," Washington Post, March 12, 2018, https://www.washingtonpost.com/politics/trumps-china-whisperer-how-billionaire-stephen-schwarzman-has-sought-to-keep-the-president-close-to-beijing/2018/03/11/67e369a8-0c2f-11e8-95a5-c396801049ef_story.html

2 Jason Kelly, "How Blackstone's CEO Made It Through Wall Street's Most Turbulent Decade," Bloomberg, June 6, 2017, https://www.bloomberg.com/features/2017-blackstone-steve-schwarzman-interview/

3 Kranish, "Trump's China Whisperer"

4 Stephen A. Schwarzman, What It Takes: Lessons in the Pursuit of Excellence (New York: Avid Reader Press / Simon and Schuster, 2019).

5 Gerard Baker, Carol E. Lee, and Michael C. Bender, "Trump Says He Offered China Better Trade Terms in Exchange for Help on North Korea," Wall Street Journal, April 12, 2017, https://www.wsj.com/articles/trump-says-he-offered-china-better-trade-terms-in-exchange-for-help-on-north-korea-1492027556

6 Ivanka Trump (@IvankaTrump), "Very proud of Arabella and Joseph for their performance in honor of President Xi Jinping and Madame Peng Liyuan's official visit to the US!," Twitter video, April 7, 2017, 4:20 p.m., https://twitter.com/IvankaTrump/status/850488492828360704

7 Associated Press, "Ivanka Trump Won Chinese Trademarks the Same Day She Dined with China's President," Los Angeles Times, April 18, 2017, https://www.latimes.com/business/la-fi-ivanka-trump-brand-20170418-story.html

8 Bob Davis and Lingling Wei, "Superpower Showdown: How the Battle between Trump and Xi Threatens a New Cold War," June 2020, 157

9 "Statement from the Press Secretary on the United States-China Visit," White House, April 7, 2017, https://www.whitehouse.gov/ briefings-statements/statement-press-secretary-united-states-china-visit/

10 Maria Godoy, "Chinese Chicken Is Headed to America, but It's Really All About the Beef," NPR, May 12, 2017, https://www.npr.org/sections/thesalt/2017/05/12/528139468/chinese-chicken-is-headed-to-america-but-its-really-all-about-beef

11 Martin Crutsinger, "China, U.S. Reach Agreement on Beef, Poul- try and Natural Gas," Chicago Tribune, May 12, 2017, https://www.chicagotribune.com/business/ct-china-us-trade-agreement-beef-poultry-natural-gas-20170512-story.html

12 Ben Schreckinger, "Wilbur Ross's Chinese Love Affair," Politico, January 2, 2017, https://www.politico.com/magazine/story/2017/01/wilbur-rosss-chinese-love-affair-214590

13 Peter Navarro and Wilbur Ross, Scoring the Trump Economic Plan: Trade, Regulatory, & Energy Policy Impacts, September 29, 2016, https://assets.donaldjtrump.com/Trump_Economic_Plan.pdf

14 Rachel F. Fefer and Vivian C. Jones, Section 232 of the Trade Ex- pansion Act of 1962, In Focus IF10667 (Congressional Research Service, 2020), https://fas.org/sgp/crs/misc/IF10667.pdf

15 Kate O'Keeffe, Aruna Viswanatha, and Cezary Podkul, "China's Pursuit of Fugitive Businessman Guo Wengui Kicks Off Manhattan Caper Worthy of Spy Thriller," Wall Street Journal, October 23, 2017, https://www.wsj.com/articles/chinas-hunt-for-guo-wengui-a-fugitive-businessman-kicks-off-manhattan-caper-worthy-of-spy-thriller-1508717977

16 Linette Lopez, "And Now It's Clear How China Will Exploit Steve Wynn's Moment of Weakness," Business Insider, January 20, 2018, https://www.businessinsider.com.au/how-china-responds-to-steve-wynn-allegations-2018-1

17 Linette Lopez, "STEVE WYNN: 'In My 45 Years of Experience I've Never Seen Anything like This Before,'" Business Insider,

October 15, 2016, https://www.businessinsider.in/steve-wynn-in-my-45-years-of-experience-ive-never-seen-anything-like-this-before/articleshow/49396379.cms

18 Bob Bryan, "STEVE WYNN: China's Economic Policies Have Done Something 'Unequaled in the History of Civilisation,'" Business Insider, February 17, 2016, https://www.businessinsider.com.au/wynn-chinese-economic-policies-unequaled-in-history-2016-2?r=US&IR=T

19 Bryan, "STEVE WYNN."

20 Jane Li, "Billionaire Steve Wynn Resigns as Chairman of Wynn Macau, Shares to Resume Trading on Thursday," South China Morning Post, February 7, 2018, https://www.scmp.com/business/china-business/article/2132372/billionaire-steve-wynn-steps-down-ceo-wynn-resorts-wynn

21 Alex Isenstadt, "Republicans Take $400k from Casino Mogul Accused of Sexual Assault," Politico, May 17, 2019, https://www.politico.com/story/2019/05/17/republicans-steve-wynn-sexual-assault-1331479

22 Jonathan Swan and Erica Pandey, "Exclusive: Steve Bannon's $1 Mil- lion Deal Linked to a Chinese Billionaire," Axios, October 29, 2019, https://www.axios.com/steve-bannon-contract-chinese-billionaire-guo-media-fa6bc244-6d7a-4a53-9f03-1296d4fae5aa.html

23 Aruna Viswanatha and Kate O'Keeffe, "Chinese Tycoon Holed Up in Manhattan Hotel Is Accused of Spying for Beijing," Wall Street Journal, July 22, 2019, https://www.wsj.com/articles/chinese-tycoon-holed-up-in-manhattan-hotel-is-accused-of-spying-for-beijing-11563810726

24 "How a Member of the Fugees Got Caught Up in Pro-China Lobbying," Mother Jones, December 2018, https://www.motherjones.com/politics/2018/12/ how-fugees-pras-michel-got-caught-up-in-pro-china-lobbying-elliott-broidy/

25 Matt Zapotosky, "Longtime GOP Fundraiser Elliott Broidy Charged with Acting as a Foreign Agent, Is Likely to Plead Guilty," Washington Post, Octo- ber 8, 2020, https://www.washingtonpost.com/national-security/trump-fundraiser-broidy-charged/2020/10/08/f2640488-f1f7-11ea-b796-2dd09962649c_story.html

26 Peter Navarro, "Economic Security as National Security: A Discussion with Dr. Peter Navarro," Center for Strategic and International Studies, November 13, 2018, https:// www.csis.org/analysis/economic-security-national-security-discussion-dr-peter-navarro

27 Matt Schrader (@MattSchrader_DC), "He's on the international advisory board of China Investment Corporation, the PRC's sovereign wealth fund," Twitter, January 12, 2019, 12:52 p.m., https://twitter.com/MattSchrader_DC/status/1084191345135271938

28 Foreign Affairs: John L. Thornton, "Long Time Coming," Foreign Affairs, January 2008, https://web.archive.org/web/20150822083851/https://www.foreignaffairs.com/articles/asia/2008-01-01/long-time-coming

29 Brookings Institution, "John Thornton: Chinese Need Advice, Not Help on Concepts," YouTube video, March 25, 2013, 3:45, https://www.youtube.com/watch?v=MjhoOHsfbhg

第四章 走向戰爭

1 Philip Rucker and Robert Costa, "Bob Woodward's New Book Reveals a 'Nervous Breakdown' of Trump's Presidency," Washington Post, September 4, 2018, https://www.washingtonpost.com/politics/bob-woodwards-new-book-reveals-a-nervous-breakdown-of-trumps-presidency/2018/09/04/b27a389e-ac60-11e8-a8d7-0f63ab8b1370_story.html

2 Mao Tse-tung, "Introducing the Communist," Marxists, October 4, 1939, https://www.marxists.org/reference/archive/mao/selected-works/volume-2/mswv2_20.htm

3 Alex Joske, "The Party Speaks for You: Foreign Interference and the Chinese Communist Party's United Front System," Strategist, June 9, 2020, https://www.aspistrategist.org.au/the-party-speaks-for-you-foreign-interference-and-the-chinese-communist-partys-united-front-system/

4 The United Front in Communist China," Central In- telligence Agency, May 1957, https://www.cia.gov/library/readingroom/docs/CIA-RDP78-00915R000600210003-9.pdf

5 Alex Joske, "The Party Speaks for You," Australian Strategic Policy Institute, June 9, 2020, https://www.aspi.org.au/report/party-speaks-you

6 Josh Rogin, "China's Smear Campaign Against a U.S. Admiral Backfires," Washington Post, May 8, 2017, https://www.washingtonpost.com/news/josh-rogin/wp/ 2017/05/08/chinas-smear-campaign-against-a-u-s-admiral-backfires/

7 David Nakamura and Anne Gearan, "Disagreement on North Korea Policy Derails White House Choice for Ambassador to South Korea," Washington Post, January 30, 2018, https://www.washingtonpost.com/politics/disagreement-on-north-korea-policy-could-derail-white-house-choice-for-ambassador-to-south-korea/2018/01/ 30/3a21191c-05da-11e8-94e8-e8b8600ade23_story.html

8 Victor Cha, "Giving North Korea a 'Bloody Nose' Carries a Huge Risk to Americans," Washington Post, January 30, 2018, https://www.washingtonpost.com/opinions/victor-cha-giving-north-korea-a-bloody-nose-carries-a-huge-risk-to-americans/2018/01/30/ 43981c94-05f7-11e8-8777-2a059f168dd2_story.html

9 Josh Rogin, "Bannon's Departure Has Huge Implications for the U.S.-China Relationship," Washington Post, August 18, 2017, https://www.washingtonpost.com/news/josh-rogin/wp/2017/08/18/bannons-departure-has-huge-implications-for-the-u-s-china-relationship/

10 Josh Rogin, "Without Rex Tillerson's Protection, a Top State Department Asia Nominee Is in Trouble," Washington Post, March 15, 2018, https://www.washingtonpost.com/news/josh-rogin/wp/2018/03/15/without-rex-tillersons-protection-a-top-state-department-nominee-is-in-trouble/

11 Joseph Bernstein, "Sources: McMaster Mocked Trump's Intelligence at a Private Dinner," BuzzFeed News, November 20, 2017, https://www.buzzfeednews.com/ article/josephbernstein/sources-mcmaster-mocked-trumps-intelligence-in-a-private

第五章　川普家族在亞洲

1 "Remarks by President Trump and President Xi of China in Joint Press Statement — Beijing, China," White House, July 30, 2020, https://www.whitehouse.gov/briefings-statements/remarks-president-trump-president-xi-china-joint-press-state ment-beijing-china/

2 Kayla Tausche, "West Virginia Is Still Waiting on a Game-Changing $84 Billion Investment from China That Was Promised in 2017," CNBC, June 21, 2019, https://www.cnbc.com/2019/06/20/west-virginia-still-waiting-on-84-billion-investment-from-china.html

3 Remarks by President Trump at APEC CEO Summit — Da Nang, Vietnam," White House, November 10, 2017, https://www.whitehouse.gov/briefings-statements/remarks-president-trump-apec-ceo-summit-da-nang-vietnam/

4 Josh Rogin, "Trump to Skip Key Asia Summit in Philippines to Go Home Earlier," Washington Post, July 30, 2020, https://www.washingtonpost.com/news/josh-rogin/wp/2017/10/24/trump-to-skip-key-asia-summit-in-philippines-to-go-home-earlier/

5 Josh Rogin, "Trump Reverses Course, Decides to Attend the East Asia Summit," Washington Post, November 3, 2017, https://www.washingtonpost.com/news/josh-rogin/wp/2017/11/03/trump-reverses-course-decides-to-attend-the-east-asia-summit/

6 Ben Wescott, "US President Trump Says He Called Xi Jinping the 'King' of China," CNN, April 2, 2019, https://www.cnn.com/2019/04/02/politics/trump-xi-king-of-china-intl/index.html

7 Kayla Tausche, "Trump Administration Has Yet to Reveal Details of Jared Kushner's Secretive 2017 Meeting in China," CNBC, January 30, 2020, https://www.cnbc.com/2020/01/30/trump-administration-mum-on-secretive-kushner-meeting-in-china-in-2017.html

8 Emily Rauhala and William Wan, "In a Beijing Ballroom, Kushner Family Pushes $500,000 'Investor Visa' to Wealthy Chinese," Washington Post, May 6, 2017, https://www.washingtonpost.com/world/in-a-beijing-ballroom-kushner-family-flogs-500000-investor-visa-to-wealthy-chinese/2017/05/06/cf711e53-eb49-4f9a-8dea-3cd836fcf287_story.html

9 Brennan Weiss, "The SEC Is Investigating the Kushner Family's Company over Its Use of a Controversial Visa Program," Business Insider, January 6, 2018, https://www.businessinsider.com/sec-launches-probe-into-kushner-companies-for-use-of-eb-5-visa-program-2018-1

10 Chris Isidore, "Trump Tower's Chinese Investors Buy a Path to U.S. Citizenship," CNNMoney, March 8, 2016, https://money.cnn.com/2016/03/08/news/companies/donald-trump-wealthy-chinese-visas/index.html

11 Julianna Goldman, "Trump's Rhetoric and Financial Interests in China Present Conflicts of Interest," CBS News, November 16, 2016, https://www.cbsnews.com/news/donald-trump-rhetoric-financial-interests-in-china-present-conflicts-of-interest/

12 Robert Lawrence, "Column: Trump's Outrage over Outsourcing Doesn't Ap- ply to His Own Merchandise," PBS NewsHour, March 8, 2016, https://www.pbs.org/newshour/ economy/column-trumps-outrage-over-outsourcing-doesnt-apply-to-his-own-merchandise

13 Josh Rogin, "China's Jack Ma Has Penetrated the Trump Administration—and He Knows What He Wants," Washington Post, July 19, 2017, https://www.washingtonpost.com/ news/josh-rogin/wp/2017/07/19/chinas-jack-ma-has-penetrated-the-trump-administration-and-he-knows-what-he-wants/

14 Kayla Tausche, "Trump Administration Has Yet to Reveal De- tails of Jared Kushner's Secretive 2017 Meeting in China," CNBC, January 30, 2020, https://www.cnbc.com/2020/01/30/trump-administration-mum-on-secretive-kushner-meeting-in-china-in-2017.html

15 "The Fabulous Life of Wendi Deng Murdoch, a Close Friend of Ivanka Trump Whom Jared Kushner Was Reportedly Warned May Be a Chinese Spy," Business Insider, July 30, 2020, https://www.businessinsider.com.au/fabulous-life-of-wendi-deng-murdoch-2017-12?r=US&IR=T

16 Eric Ellis, "Wendi Deng Murdoch," The Monthly, June 6, 2007, https://www.themonthly.com.au/issue/2007/june/1311127304/eric-ellis/wendi-deng-murdoch

17 John Lippman, "Rupert Murdoch's Wife Wendi Wields Influence at News Corp.," Wall Street Journal, November 1, 2000, https://www.wsj.com/articles/SB973040597961 4712

18 "Rupert and Wendi on Their Chinese Joyride," Crikey, May 6, 2000, https://www.crikey.com.au/2000/05/07/rupert-and-wendi-on-their-chinese-joyride/

19 Roy Greenslade, "Rupert Murdoch on His Divorce from Wendi, His Sons and His Accident," Guardian, April 10, 2014, https://www.theguardian.com/media/greenslade/2014/apr/10/rupert-murdoch-lachlan-murdoch

20 "Read Wendi Deng Murdoch's Mash Note Allegedly About Tony Blair: 'He Has Such Good Body,'" Vanity Fair, March 1, 2014, https://www.vanityfair.com/style/2014/03/wendi-deng-note-tony-blair

21 "Deng Wendi Is the Leading Spy of the Chinese Communist Party" [in Chinese], Aboluowang.com, June 19, 2013, http://archive.vn/4pR77

22 Kate O'Keefe and Aruna Viswanatha, "U.S. Warned Jared Kushner About Wendi Deng Murdoch," Wall Street Journal, January 15, 2018, https://www.wsj.com/articles/u-s-warned-jared-kushner-about-wendi-deng-murdoch-1516052072

23 Keeffe and Viswanatha, “U.S. Warned Jared Kushner.”

24 Doretta Lau, “My Life: Ivanka Trump Talks Family, Branding and China,” South China Morning Post, November 11, 2012, https://www.scmp.com/magazines/ post-magazine/article/1077792/my-life-ivanka-trump

25 Simon Denyer, “Trump’s Granddaughter Gets Praise and Sympathy for Singing for Chinese President,” Washington Post, November 9, 2017, https://www.washingtonpost.com/news/worldviews/wp/2017/11/09/trumps-granddaughter-gets-praise-and-sympathy-for-singing-for-chinese-president/

26 Sidney Leng, “Was Wendi Deng a Spy? Claims Fuel Debate in China,” South China Morning Post, January 18, 2018, https://www.scmp.com/news/china/society/article/2129581/report-wendi-deng-murdoch-could-be-spy-fuels-debate-china

27 Michael Wolff (@MichaelWolfNYC), “Since their divorce, Murdoch has been telling anybody who would listen that Wendi is a Chinese spy — and had been throughout the marriage,” Twitter, January 15, 2018, 4:01 p.m., https://twitter.com/MichaelWolffNYC/status/953054474532261888

28 Derek Hawkins, “Dalai Lama, Long Friendly with U.S. Presidents, Says He Has ‘No Worries’ About Trump,” Washington Post, November 23, 2016, https://www.washingtonpost.com/news/morning-mix/wp/2016/11/23/dalai-lama-long-friendly-with-u-s-presidents-says-he-has-no-worries-about-trump/

29 “Countries and Territories,” Freedom House, accessed July 30, 2020, https://freedomhouse.org/countries/freedom-world/scores

30 Xi Jinping promised: “China to ‘Smash’ Tibet Separatism,” BBC News, July 19, 2011, https:// www.bbc.com/news/world-asia-pacific-14205998

第六章　賓果俱樂部

1 “Read the Criminal Complaint: United States of America v. Yujing Zhang,” Washington Post, April 2, 2019, https://www.washingtonpost.com/context/read-the-criminal-complaint-united-states-of-america-v-yujing-zhang/0cda8f8c-a523-4c40-8afd-036036b99eb3/

2 Anna Fifield, “How China’s ‘Dr. Charles’ Claims to Have a Pipe- line to U.S. Power. The Reality Appears Far More Murky,” Washington Post, April 3, 2019, https://www.washingtonpost.com/world/asia_pacific/how-chinas-dr-charles-peddles-claims-of-access-to-us-power/2019/04/03/516a792c-5617-11e9-aa83-504f086bf5d6_story.html

3 “UNCFA’s New Year Greetings and Overview of Key Activities,” Business Wire China, January 16, 2012, http://www.businesswirechina.com/en/ news/12383.html

4 Fifield, "How China's 'Dr. Charles.'

5 Brian Spegele, "Political Donors Linked to China Won Access to Trump, GOP," Wall Street Journal, June 23, 2020, https://www.wsj.com/articles/political-donors-linked-to-china-won-access-to-trump-gop-11592925569

6 Brian Spegele, "Political Donors Linked to China Won Access to Trump, GOP," Wall Street Journal, June 23, 2020, https://www.wsj.com/articles/political-donors-linked-to-china-won-access-to-trump-gop-11592925569

7 Daniel Schulman, David Corn, and Dan Friedman, "The Massage Parlor Owner Peddling Access to Trump Has Ties to Chinese Government-Linked Groups," Mother Jones, March 10, 2019, https://www.motherjones.com/politics/2019/03/the-massage-parlor-owner-peddling-access-to-trump-has-ties-to-chinese-government-linked-groups-cindy-yang/

8 Alex Joske, "The Party Speaks for You," Australian Strategic Policy Institute, June 9, 2020, https://www.aspi.org.au/report/party-speaks-you

9 Bethany Allen-Ebrahimian, "This Beijing-Linked Bilionaire Is Funding Policy Research at Washington's Most Influential Institutions," Foreign Policy, November 28, 2017, https://foreignpolicy.com/2017/11/28/this-beijing-linked-billionaire-is-funding-policy-research-at-washingtons-most-influential-institutions-china-dc/

10 Jeffrey A. Bader, Obama and China's Rise: An Insider's Account of America's Asia Strategy (Washington, DC: Brookings Institution, 2013)

11 "Nature and Position," National Committee of the Chinese People's Political Consultative Conference, July 3, 2012, http://www.cppcc.gov.cn/zxww/2012/07/03/ARTI1341301557187103.shtml

12 "U.S.-China Forum: Prospects for U.S.-China Relations," Eventbrite, Novem- ber 16, 2017, https://www.eventbrite.com/e/39514232132?aff=efbneb

13 Michael D. Swaine and National Defense Re- search Institute, The Role of the Chinese Military in National Security Policymaking, rev. ed. (Santa Monica, CA: RAND, 1998)

14 Gao Lu, "Economic Collaboration Driving Force in U.S.-China Relations: Neil Bush," Xinhua, November 8, 2017, http://www.xinhuanet.com/english/2017-11/08/c_136735014.htm

15 May Zhou, "Neil Bush Urges Talks, Not Tariffs," China Daily, Octo- ber 25, 2018, http://www.chinadaily.com.cn/a/201808/24/WS5b7f033ea310add14f387788.html

16 Reuters, "Bush Brother's Divorce Reveals Sex Romps," CNN, November 26, 2003, https://edition.cnn.com/2003/ALLPOLITICS/11/25/bush.brother.reut/

17 "Chronology: China Focus," Carter Center, accessed September 25, 2020, https://www.cartercenter.org/peace/china_elections/chronology.html

18 "China-U.S. Relations Held in Suzhou," China-United States Exchange Foundation, accessed September 10, 2020, http://archive.vn/EFth1

19 "U.S. States and the China Competition," US Department of State, February 8, 2020, https://www.state.gov/u-s-states-and-the-china-competition/

20 "Strengthening U.S.-China Sub-national Co- operation: The U.S.-China Governors Forum," US Department of State, January 19, 2011, https://web.archive.org/web/20200428094212/https://2009-2017.state.gov/r/pa/prs/ps/ 2011/01/154874.htm

21 Michael Forsythe et al., "A 'Bridge' to China, and Her Family's Business, in the Trump Cabinet," New York Times, June 2, 2019, https://www.nytimes.com/2019/06/02/us/politics/elaine-chao-china.html

22 Tanya Snyder, "Did Elaine Chao's DOT Interviews Help Her Family's Business?," Politico, May 6, 2018, https://politi.co/2KHPhHe

第七章　磨犁成劍

1 "Daines Leads Congressional Delegation to China and Japan," Office of Senate Steve Daines, April 17, 2017, https://www.daines.senate.gov/news/press-releases/daines-leads-congressional-delegation-to-china-and-japan

2 Freddy Monares, "Daines, China Ambassador Discuss Future Trade Opportunities," Bozeman Daily Chronicle, September 9, 2017, https://www.bozemandailychronicle.com/news/daines-china-ambassador-discuss-future-trade-oppor tunities/article_32f8354d-33fa-5822-9c27-89aca614caf8.html

3 Zhao Huanxin, "Tibetans Invite US Lawmakers to Region," China Daily, December 7, 2017, http://www.chinadaily.com.cn/a/201712/07/WS5a28a4a2a310fcb6fafd2b25.html

4 Josh Rogin, "How China Got a U.S. Senator to Do Its Political Bidding," Washington Post, December 17, 2017, https://www.washingtonpost.com/opinions/global-opinions/how-china-got-a-us-senator-to-do-its-political-bidding/2017/12/17/8eee82c6-e1dc-11e7-8679-a9728984779c_story.html

5 Rogin, "How China."

6 "CFIUS Reform: Examining the Essential Elements," United States Sen- ate Committee on Banking, Housing, and Urban Affairs, January 18, 2018, https://www.banking.senate.gov/hearings/cfius-reform-examining-the-essential-elements

7 "Secretary Ross Releases Steel and Aluminum 232 Reports in Co- ordination with White House," US Department of Commerce, July 30,

2020, https://www.commerce.gov/news/press-releases/2018/02/secretary-ross-releases-steel-and-aluminum-232-reports-coordination

8 "GE and AVIC Sign Agreement for Integrated Avionics Joint Venture," GE Aviation, January 21, 2011, https://www.geaviation.com/press-release/ systems/ge-and-avic-sign-agreement-integrated-avionics-joint-venture

9 Joel Hruska, "Report: China's New Comac C919 Jetliner Is Built with Stolen Technology," Extreme Tech, October 16, 2019, https://www.extremetech.com/extreme/300313-report-chinas-new-comac-c919-jetliner-is-built-with-stolen-technology

10 "Presidential Order Regarding the Proposed Takeover of Qual- comm Incorporated by Broadcom Limited," White House, March 12, 2018, https://www.whitehouse.gov/presidential-actions/presidential-order-regarding-proposed-takeover-qualcomm-incorporated-broadcom-limited/

11 Julie Steinberg, "HNA Scuttles Deal for Scaramucci's Sky- Bridge," Wall Street Journal, April 30, 2018, https://www.wsj.com/articles/hna-set-to-drop-acquisition-of-skybridge-capital-1525117804

12 Evelyn Cheng, "Scaramucci Says SkyBridge Will Form Joint Ven- ture with HNA to Tap Chinese Market," CNBC, May 1, 2018, https://www.cnbc.com/2018/05/01/scaramuccis-skybridge-forming-joint-venture-with-hna-to-tap-chinese-market.html

13 "Ingram Micro and HNA Group Announce Completion of Acquisition," Ingram Micro, accessed September 2, 2020, https://ingrammicro.gcs-web.com/news-releases/news-release-details/ingram-micro-and-hna-group-announce-completion-acquisition

14 Charles Forelle and Dennis K. Berman, "In Davos, Anthony Scaramucci Translates Trump Message to Global Elite," Wall Street Journal, January 17, 2017, https://www.wsj.com/articles/trump-represents-last-great-hope-for-globalism-adviser-anthony-scaramucci-says-in-davos-1484671450

15 Sharon LaFraniere, Michael Forsythe, and Alexandra Stevenson, "Trump Aide's Deal with Chinese Firm Raises Fear of Tangled Interests," New York Times, January 31, 2017, https://www.nytimes.com/2017/01/31/us/anthony-scaramucci-business-white-house.html

16 Julie Steinberg, "HNA Group Questions Bank of America's Stance on Working with the Company," Wall Street Journal, July 24, 2017, https://www.wsj.com/articles/hna-group-questions-bank-of-americas-stance-on-working-with-the-company-1500901095

第八章　為未來而戰

1 Donald J. Trump (@realDonaldTrump), "President Xi of China, and I, are working together to give massive Chinese phone company, ZTE, a way to get back into business, fast. Too many jobs in China lost. Commerce Department has been instructed to get it done!," Twitter, May 13, 2018, 8:01 a.m., https://twitter.com/realDonaldTrump/status/ 995680316458262533

2 Damian Paletta et al., "Penalties Against China Telecom Giant ZTE Become a Bargaining Chip as White House, Chinese Officials Discuss Potential Trade Deal," Washington Post, May 13, 2018, https://www.washingtonpost.com/news/the-switch/wp/ 2018/05/13/trump-pledges-to-help-chinese-phone-maker-zte-get-back-into-business

3 Eli Okun, "Wilbur Ross: We're Exploring 'Alternative Remedies' for ZTE Ban," Politico, May 14, 2018, https://politi.co/2IHFq62

4 Eli Okun, "Wilbur Ross: We're Exploring 'Alternative Remedies' for ZTE Ban," Politico, May 14, 2018, https://www.politico.com/story/2018/05/14/wilbur-ross-zte-ban-584713

5 Donald J. Trump (@realDonaldTrump), Twitter, May 14, 2018, 1:06 p.m., https://twitter.com/realDonaldTrump/status/996119678551552000

6 Josh Rogin, "China Gave Trump a List of Crazy Demands, and He Caved to One of Them," Washington Post, May 15, 2018, https://www.washingtonpost.com/news/josh-rogin/wp/2018/05/15/china-gave-trump-a-list-of-crazy-demands-and-he-caved-to-one-of-them/

7 Donald J. Trump (@realDonaldTrump), "The Washington Post and CNN have typically written false stories about our trade negotiations with China. Nothing has hap- pened with ZTE except as it pertains to the larger trade deal. Our country has been losing hundreds of billions of dollars a year with China... ," Twitter, May 16, 2018, 6:09 a.m., https://twitter.com/realDonaldTrump/status/996739372723638272

8 Damian Paletta, "Top Trump Trade Officials Still at Odds After Profane Shouting Match in Beijing," Washington Post, May 16, 2018, https://www.washingtonpost.com/news/business/wp/2018/05/16/top-trump-trade-officials-still-at-odds-after-profane-shouting-match-in-beijing/

9 "Statement from the President Regarding Trade with China," White House, June 18, 2018, https://www.whitehouse.gov/briefings-statements/ statement-president-regarding-trade-china-2/

10 "CNBC Transcript: President Donald Trump Sits Down with CNBC's Joe Kernen," CNBC, July 20, 2018, https://www.cnbc.com/2018/07/20/cnbc-transcript-president-donald-trump-sits-down-with-cnbcs-joe-kern.html

11 "The Analects Attributed to Confucius [Kongfuzi], 551–479 BCE by Lao-Tse [Lao Zi], Translated by James Legge (1815–1897)," US-China Institute, University of Southern California, Annenberg, accessed September 14, 2020, https://china.usc.edu/confucius-analects-13

12 Jane Perlez, "Pence's China Speech Seen as Portent of 'New Cold War,'"New York Times, October 5, 2018, https://www.nytimes.com/2018/10/05/world/asia/pence-china-speech-cold-war.html

13 Josh Rogin, "The Trump Administration Just 'Reset' the U.S.-China Rela- tionship," Washington Post, October 4, 2020, https://www.washingtonpost.com/opinions/global-opinions/the-trump-administration-just-reset-the-us-china-relationship/2018/10/ 04/c727266e-c810-11e8-b2b5-79270f9cce17_story.html

14 "Remarks by Vice President Pence on the Administration's Policy Toward China," White House, October 4, 2018, https://www.whitehouse.gov/briefings-statements/remarks-vice-president-pence-administrations-policy-toward-china/

15 "Ambassador John Bolton: Foreign Policy Challenges for the Trump Administration," Daniel Morgan Graduate School of National Security, February 21, 2018, https://dmgs.org/foreign-policy-challenges-facing-the-trump-administration-presentation-by-ambassador-john-bolton/

16 Josh Rogin, "The White House Bickering Endangers National Security," Washington Post, November 15, 2018, https://www.washingtonpost.com/opinions/global-opinions/the-white-house-bickering-endangers-national-security/2018/11/15/a21371de-e8ef-11e8-bbdb-72fdbf9d4fed_story.html

17 Josh Rogin, "John Bolton's New Deputy Is a Hawk with Sharp Elbows, Just like Him," Washington Post, April 23, 2018, https://www.washingtonpost.com/news/joshrogin/wp/2018/04/23/john-boltons-new-deputy-is-a-hawk-with-sharp-elbows-just-like-him/

18 Josh Rogin, "Inside China's 'Tantrum Diplomacy' at APEC," Washington Post, November 20, 2018, https://www.washingtonpost.com/news/josh-rogin/wp/2018/11/20/ inside-chinas-tantrum-diplomacy-at-apec/

19 Elise Viebeck, "Kudlow: Trump Didn't Know About Huawei Executive's Arrest Before Dining with Chinese Leader," Washington Post, December 9, 2018, https://www.washingtonpost.com/politics/kudlow-trump-didnt-know-about-huawei-executives-arrest-before-dining-with-chinese-leader/2018/12/09/da667a6c-fbc4-11e8-83c0-b06139e540e5_story.htm

20 John R. Bolton, The Room Where It Happened: A White House Memoir (New York: Simon and Schuster, 2020), 277

21 Bolton, Room Where It Happened, 277.

22 Doina Chiacu and Jeff Mason, "U.S. Says China Reneged on Trade Com- mitments, Talks Continue," Reuters, May 6, 2019, https://www.reuters.com/article/us-usa-trade-china-talks-idUSKCN1SC247

23 "Executive Order on Securing the Information and Communica- tions Technology and Services Supply Chain," White House, May 15, 2019, https://www.whitehouse.gov/presidential-actions/executive-order-securing-information-communica tions-technology-services-supply-chain/

24 Jeanne Whalen and David J. Lynch, "Trump Calls Huawei 'Dangerous' but Says Dispute Could Be Resolved in Trade Deal," Washington Post, May 23, 2019, https://www.washingtonpost.com/business/economy/trump-calls-huawei-dangerous-but-says-dispute-could-be-resolved-in-trade-deal/2019/05/23/ed75c4a0-7da6-11e9-8ede-f4ab- f521ef17_story.html

25 Huawei Facts (@HuaweiFacts), "U-turn? Donald Trump suggests he would allow #Huawei to once again purchase U.S. technology! #HuaweiFacts," Twitter, June 29, 2019, 1:17 a.m., https://twitter.com/HuaweiFacts/status/1144882620804689921

26 Bolton, Room Where It Happened, 282.

第九章　新世界秩序

1 Austin Ramzy and Chris Buckley, "'Absolutely No Mercy': Leaked Files Expose How China Organized Mass Detentions of Muslims," New York Times, No- vember 16, 2019, https://www.nytimes.com/interactive/2019/11/16/world/asia/china-xin- jiang-documents.html

2 Ramzy and Buckley, "'Absolutely No Mercy.'" "the China Cables": Bethany Allen-Ebrahimian, "Exposed: China's Operating Manuals for Mass Internment and Arrest by Algorithm," International Consortium of Investigative Journalists, November 24, 2019, https://www.icij.org/investigations/china-cables/exposed-chinas-operating-manuals-for-mass-internment-and-arrest-by-algorithm/

3 Adam Withnall, "China Sends State Spies to Live in Uighur Muslim Homes and Attend Private Family Weddings and Funerals," The Independent, November 30, 2018, https://www.independent.co.uk/news/world/asia/china-uighurs-muslim-xin- jiang-weddings-minority-communist-party-a8661006.html

4 "Permanent Forum," United Nations Department of Economic and Social Affairs: Indigenous Peoples, accessed September 3, 2020, https://www.un.org/development/desa/indigenouspeoples/unpfii-sessions-2.html

5 17th Meeting, Committee on Non-governmental Organizations — 2018 Resumed Session," United Nations Web TV, May 21, 2018, http://webtv.un.org/watch/17th-meeting-committee-on-non-governmental-organizations-2018-resumed-session/ 5787832316001/?term=

6 Sophie Richardson, "Is China Winning Its Fight Against Rights at the UN?," Human Rights Watch, December 12, 2018, https://www.hrw.org/news/2018/12/ 12/china-winning-its-fight-against-rights-un

7 "Only US Rejects China's UN Human Rights Resolution," March 26, 2018, https://www.aljazeera.com/news/2018/03/rejects-chinas-human-rights-resolution-180326144912907.html

8 "Dr. Fang Liu of China Becomes First-Ever Woman Appointed Secretary General of ICAO," Council of the International Civil Aviation Organization, March 11, 2015, https://www.icao.int/Newsroom/Pages/Dr-Fang-Liu-of-China-becomes-first-ever-woman-appointed-Secretary-General-of-ICAO.aspx

9 Reuters, "Sorry, You're Not Invited: UN Aviation Agency Snubs Taiwan in Sign of Pressure from Beijing," South China Morning Post, September 23, 2016, https://www.scmp.com/news/china/policies-politics/article/二〇二一950/sorry-youre-not-invited-un-aviation-agency-snubs-taiwan

10 "UN Aviation Agency ICAO Was 'Hacked by Chinese Group' and Tried Conceal It, Report Claims," South China Morning Post, February

28, 2019, https://www.scmp.com/news/world/united-states-canada/article/2188034/un-aviation-agency-icao-was-hacked-chinese-group-and

11 Allison Lambert, “U.S. Withholds U.N. Aviation Dues, Calls for Immediate Whistleblower Protections,” Reuters, October 12, 2019, https://www.reuters.com/article/ us-un-aviation-us/u-s-withholds-u-n-aviation-dues-calls-for-immediate-whistleblower-protections-idUSKBN1WH2C1

12 Kong Wenzheng, “ITU Vows to Join Hands with China,” China Daily, April 24, 2019, http://global.chinadaily.com.cn/a/201904/24/WS5cbfbb1aa 3104842260b7f2f.html

13 “Huawei Allegations Driven by Politics Not Evidence: U.N. Telecoms Chief,” Reuters, April 5, 2019, https://www.reuters.com/article/us-usa-china-huawei-tech-un-idUSKCN1RH1KN

14 Colum Lynch, “China Enlists U.N. to Promote Its Belt and Road Project,” Foreign Policy, May 10, 2018, https://foreignpolicy.com/2018/05/10/china-enlists-u-n-to-promote-its-belt-and-road-project/

15 “UN DESA, China to Set Up Big Data Research Institute to Boost Statistical Capacity,” Global Times, June 4, 2019, http://www.globaltimes.cn/content/1153151.shtml

16 Echo Huang, “A Knife Emoji, Then Silence: The Strange Story of How China Detained the Head of Interpol,” Quartz, October 8, 2018, https://qz.com/1416651/the-strange-story-of-how-china-detained-interpol-head-meng-hongwei/

17 Michael Igoe, “Will the World Bank Push China’s Belt and Road Ini- tiative in the Right Direction?,” Devex, November 2, 2018, https://www.devex.com/news/sponsored/will-the-world-bank-push-china-s-belt-and-road-initiative-in-the-right-direc tion-93657

18 Jim Yong Kim, “World Bank Group President Jim Yong Kim’s Remarks at the In- ternational Forum on China’s Reform and Opening Up and Poverty Reduction,” World Bank, November 1, 2018, https://www.worldbank.org/en/news/speech/2018/11/01/world-bank-group-president-jim-yong-kim-remarks-at-the-international-forum-on-chinas-reform-and-opening-up-and-poverty-reduction

19 “Shaolin Yang,” World Bank, accessed September 28, 2020, https://www.worldbank.org/en/about/people/s/shaolin-yang

20 Elliot Wilson, “Jin-Yong Cai: An Activist at the IFC,” Euromoney, September 6, 2013, http://www.euromoney.com/article/b12kjwfn6f6k9p/jin-yong-cai-an-activist-at-the-ifc

21 Ian Talley, “World Bank Probes $1 Billion China Loan,” Wall Street Journal, February 3, 2015, https://www.wsj.com/articles/world-bank-probes-1-billion-china-loan-1423012000

22 金墉聘請律師事務所調查此案，但律師事務所的報告是找不到非法的證據。

23 Gillian Tan and Andrew Mayeda, “GIP Hires Ex-TPG, World Bank Executive Jin-Yong Cai,” BloombergQuint, May 2, 2019, https://www.bloombergquint.com/business/gip-is-said-to-hire-ex-tpg-world-bank-executive-jin-yong-cai

第十章　冷戰回歸

1 "The Sources of Soviet Conduct": X [George F. Kennan], "The Sources of Soviet Conduct," Foreign Affairs, July 1947, http://slantchev.ucsd.edu/courses/pdf/Kennan%20-%20The%20Sources%20of%20Soviet%20Conduct.pdf

2 United States Objectives and Programs for National Security, NSC 68, April 14, 1950, https://digitalarchive.wilsoncenter.org/document/116191.pdf?v=2699956db534c1821edefa61b8c13ffe

3 ""NSC-68, 1950," Office of the Historian, Foreign Service Institute, accessedSeptember 29, 2020, https://history.state.gov/milestones/1945-1952/NSC68

4 "Future Security Forum 2019," New America, April 29, 2019, http://newamerica.org/conference/future-security-forum-2019/

5 Paul Musgrave, "The Slip That Revealed the Real Trump Doctrine," For- eign Policy, May 2, 2019, https://foreignpolicy.com/2019/05/02/the-slip-that-revealed-the-real-trump-doctrine/

6 Daniel W. Drezner, "Let's Grade the State Department's Director of Policy Planning on Her Grand Strategy Musings!," Washington Post, May 1, 2019, https://www.washingtonpost.com/outlook/2019/05/02/lets-grade-state-departments-director-policy-planning-her-grand-strategy-musings/

7 Nahal Toosi and Eliana Johnson, "Top State Department Adviser Fired over 'Abusive' Management Style," Politico, August 2, 2019, https://politi.co/2MB2ip6

8 Sheng Zhong, "'Clash of Civilizations' Theory Will Come to No Good End," Global Times, May 26, 2019, https://www.globaltimes.cn/content/1151639.shtml

9 "Speech at the 18th Shangri-La Dialogue by Gen. Wei Fenghe, State Councilor and Minister of National Defense, PRC," Ministry of National Defense of the People's Republic of China, June 2, 2019, http://eng.mod.gov.cn/leadership/2019-06/02/content_4842884.htm

10 Paul McLeary, "Acting SecDef Shanahan's First Message: 'China, China, China,'" Breaking Defense, January 2, 2019, https://breakingdefense.com/2019/01/acting-secdef-shanahans-first-message-china-china-china/

11 Indo-Pacific Strategy Report: Preparedness, Partnerships, and Promoting a Networked Region (US Department of Defense, June 1, 2019), https://media.defense.gov/2019/Jul/01/2002152311/-1/-1/1/DEPARTMENT-OF-DEFENSE-INDO-PACIFIC-STRATEGY-REPORT-2019.PDF

12 Josh Rogin, "Pence: It's Up to China to Avoid a Cold War," Washington Post, November 13, 2018, https://www.washingtonpost.com/news/josh-rogin/wp/2018/11/ 13/pence-its-up-to-china-to-avoid-a-cold-war/

13 Josh Rogin, "Esper: 'We're Not the Ones Looking for a Cold War' with China," Washington Post, November 19, 2019, https://www.washingtonpost.com/opinions/2019/11/19/esper-were-not-ones-looking-cold-war-with-china/

14 Josh Rogin, "Russia Fever Is Distracting the United States from the China Threat," Washington Post, June 25, 2017, https://www.washingtonpost.com/news/josh-rogin/wp/2018/07/25/russia-fever-is-distracting-the-united-states-from-the-china-threat/

15 Michael Pompeo, "The China Challenge (Speech)," US Department of State, October 30, 2019, https://www.state.gov/the-china-challenge/

16 .Michael Pompeo, "Silicon Valley and National Security," US Department of State, January 13, 2020, https://www.state.gov/silicon-valley-and-national-security/

17 Michael Pompeo, "U.S. States and the China Competition," US Department of State, February 8, 2020, https://www.state.gov/u-s-states-and-the-china-competition/

18 Bethany Allen-Ebrahimian, "How a Chinese Think Tank Rates All 50 U.S. Governors," Axios, February 10, 2020, https://www.axios.com/china-rating-us-governors-bff6cc73-e485-44f2-98d0-b7639af3f0aa.html

19 "How a Chinese Think Tank."

20 "The Sources of CCP Conduct": Mike Gallagher, "The Sources of CCP Conduct," American Interest, May 9, 2019, https://www.the-american-interest.com/2019/05/09/the-sources-of-ccp-conduct/

21 "The Sources of Chinese Conduct": Odd Arne Westad, "The Sources of Chinese Conduct," Foreign Affairs, October 2019, https://www.foreignaffairs.com/articles/china/2019-08-12/ sources-chinese-conduct

22 People's Republic of China: United States Strategic Approach to the People's Republic of China(White House, May 2020), https://www.whitehouse.gov/wp-content/uploads/2020/05/U.S.-Strategic-Approach-to-The-Peoples-Republic-of-China-Report-5.20.20.pdf

23 United States Strategic Approach, 1

第十一章　不寒而慄

1 Samantha Hoffman, "Social Credit," Australian Strategic Policy Institute, June 28, 2018, https://www.aspi.org.au/report/social-credit

2 "General Department of Civil Aviation Administration of China" [in Chinese], April 25, 2018, https://www.washingtonpost.com/r/2010-2019/WashingtonPost/2018/05/05/Editorial-Opinion/Graphics/AirlineLetter.pdf?itid=lk_inline_manual_4

3 Sarah Huckabee Sanders, "Statement from the Press Secretary on China's Political Correctness," White House, May 5, 2018, https://www.whitehouse.gov/briefings-statements/statement-press-secretary-chinas-political-correctness/

4 Josh Rogin, "How China Forces American Companies to Do Its Political Bidding," Washington Post, January 21, 2018, https://www.washingtonpost.com/opinions/global-opinions/how-china-forces-american-companies-to-do-its-political-bidding/2018/ 01/21/52a1d5a0-fd63-11e7-8f66-2df0b94bb98a_story.html

5 Pei Li, "Mercedes-Benz Apologizes to Chinese for Quoting Dalai Lama," Reuters, February 6, 2018, https://www.reuters.com/article/us-mercedes-benz-china-gaffe-idUSKBN1FQ1FJ

6 Wayne Ma, "Marriott Employee Roy Jones Hit 'Like.' Then China Got Mad," Wall Street Journal, March 3, 2018, https://www.wsj.com/articles/marriott-employee-roy-jones-hit-like-then-china-got-mad-1520094910

7 Tilman Fertitta (@TilmanJFertitta), "Listen... @dmorey does NOT speak for the @HoustonRockets. Our presence in Tokyo is all about the promotion of the @ NBA internationally and we are NOT a political organization. @espn," Twitter, October 4, 2019, 8:54 p.m., https://twitter.com/TilmanJFertitta/status/1180330287957495809

8 Enes Kanter (@EnesKanter), "The @NBA stands with me for freedom and democracy. It's made all the difference. I hope we can build bridges, instead of breaking them," Twit- ter, October 6, 2019, 7:37 p.m., https://twitter.com/EnesKanter/status/1181035791092465665

9 Joseph Tsai, "Open Letter to All NBA Fans," Facebook, October 6, 2019, https://www.facebook.com/joe.tsai.3781/posts/2653378931391524.

10 Ted Cruz (@tedcruz), "As a lifelong @HoustonRockets fan, I was proud to see @ dmorey call out the Chinese Communist Party's repressive treatment of protestors in Hong Kong. Now, in pursuit of big $$, the @nba is shamefully retreating," Twitter, October 6, 2019, 7:16 p.m., https://twitter.com/tedcruz/status/1181030464661999616

11 Beto O'Rourke (@BetoORourke), "The only thing the NBA should be apologizing for is their blatant prioritization of profits over human rights. What an embarrassment," Twitter, October 6, 2019, 8:22 p.m., https://twitter.com/BetoORourke/ status/1181047092875157504

12 Ben Cohen, "China Standoff Cost the NBA 'Hundreds of Millions,'" Wall Street Journal, February 16, 2020, https://www.wsj.com/articles/china-standoff-cost-the-nba-hundreds-of-millions-11581866522

13 "U.S. Department of Commerce Adds 28 Chinese Organizations to Its Entity List," US Department of Commerce, accessed September 4, 2020, https://www.commerce.gov/news/press-releases/2019/10/us-department-commerce-adds-28-chinese-organizations-its-entity-list

14 Robert Silverman, "LeBron James' China Comments Aren't Unique. The Criticism He Received Is," NBC News, October 20, 2019, https://www.nbcnews.com/think/ opinion/what-did-lebron-james-say-about-china-nearly-everyone-else-ncna1069131

15 Josh Rogin, "Americans Must Search Their Conscience and 'Google Uyghurs,'" Washington Post, October 31, 2019, https://www.washingtonpost.com/opinions/global-opinions/americans-must-search-their-conscience-and-google-uyghurs/2019/10/31/ 7487fdf6-fc1d-

11e9-8190-6be4deb56e01_story.html

16 John R. Bolton, The Room Where It Happened: A White House Memoir(New York: Simon and Schuster, 2020), 280

17 Rogin, "Americans Must Search."

18 "Trump Says It's Up to China to Deal with Hong Kong 'Riots,'" Reuters, August 2, 2019, https://www.reuters.com/article/us-hongkong-protests-trump/ trump-says-its-up-to-china-to-deal-with-hong-kong-riots-idUSKCN1US0OR

19 "Trump Says."

20 Aime Williams and Sue-Lin Wong, "US Barred Hong Kong Consul from Giving Critical Speech on Protests," Financial Times, July 8, 2019, https://www.ft.com/content/ce55c3f8-a1d3-11e9-a282-2df48f366f7d

21 Kevin Cirilli and Nick Wadhams, "Pompeo Urges China to 'Do the Right Thing' in Hong Kong Protests," Bloomberg, July 25, 2019, https://www.bloomberg.com/graphics/2020-coronavirus-dash/

22 Vivian Salama, "White House Told Officials to Go Easy on China over Hong Kong," Wall Street Journal, July 31, 2019, https://www.wsj.com/articles/white-house-tells-officials-to-go-easy-on-china-over-hong-kong-11564607899

23 Joe Tacopino, "US Monitoring Hong Kong as Chinese Forces Amass at Border," New York Post, July 30, 2019, https://nypost.com/2019/07/30/us-moni toring-hong-kong-border-as-chinese-forces-gather-en-masse/

24 Global Times (@globaltimesnews), "A blunt warning for #Hong- Kong secessionists and their foreign backers? First, the PLA's Hong Kong garrison com- mander vowed to safeguard Hong Kong's stability; then shortly after, the #garrison said it has the confidence to protect HK," Twitter, July 31, 2019, 9:27 a.m., https://twitter.com/ globaltimesnews/status/1156602387835940864

25 Donald J. Trump (@realDonaldTrump), Twitter, October 1, 2019, 3:54 a.m., https://twitter.com/realDonaldTrump/status/1178986524630802432

26 "Senator Hawley Statement on the 70th Anniversary of the People's Republic of China," Senator Josh Hawley, October 1, 2019, https://www.hawley.senate.gov/senator-hawley-statement-70th-anniversary-peoples-republic-china

27 Josh Rogin, "Trump and McConnell Are Failing the People of Hong Kong," Washington Post, November 7, 2019, https://www.washingtonpost.com/opinions/global-opinions/trump-and-mcconnell-are-failing-the-people-of-hong-kong/2019/11/07/ 913af586-0193-11ea-8bab-0fc209e065a8_story.html

28 Mitch McConnell, "We Stand with Hong Kong," Wall Street Jour- nal, August 20, 2019, https://www.wsj.com/articles/we-stand-with-hong-kong-11566341474

第十二章　覺醒與反制

1 “Confucius Institutes Rebrand After Overseas Propaganda and Influ- ence Rows,” South China Morning Post, July 4, 2020, https://www.scmp.com/news/china/diplomacy/article/3091837/chinas-confucius-institutes-rebrand-after-overseas-propaganda

2 Joseph Baucum, “UWF Cuts Ties with Controversial Chinese-Affiliated Confucius Institute,” Pensacola News Journal, February 7, 2018, https://www.pnj.com/story/money/business/2018/02/07/uwf-cuts-ties-chinese-run-confucius-institute-criticized-con troversial-chinese-government-affiliated/312966002/

3 “Florida-China Linkage Institute,” University of West Florida, accessed Sep- tember 30, 2020, https://uwf.edu/academic-engagement-and-student-affairs/departments/international-affairs/scholarships-and-linkages/florida-china-linkage-institute/

4 Josh Rogin, “Pentagon Barred from Funding Confucius Institutes on American Campuses,” Washington Post, August 14, 2018, https://www.washingtonpost.com/news/josh-rogin/wp/2018/08/14/pentagon-barred-from-funding-confucius-institutes-on-american-campuses/

5 Hannah Critchfield, “ASU Joins 15 Other Universities in Closing Confucius Institute,” Phoenix New Times, August 23, 2019, https://www.phoenixnewtimes.com/news/asu-joins-15-other-universities-in-closing-confucius-institute-11348296

6 Josh Rogin, “America’s Universities Are Finally Waking Up to the China Threat,” Washington Post, April 4, 2019, https://www.washingtonpost.com/opinions/global-opinions/americas-universities-are-finally-waking-up-to-the-china-threat/2019/04/04/ 1b21e616-5716-11e9-9136-f8e636f1f6df_story.html

7 Rachelle Peterson, “Outsourced to China: Confucius Institutes and Soft Power in American Higher Education,” National Association of Scholars, April 7, 2017, https://www.nas.org/reports/outsourced-to-china/full-report

8 Confucius, The Analects, trans. Simon Leys (New York: W. W. Norton, 1997), xvii at 2.24

9 Bethany Allen-Ebrahimian, “China’s Long Arm Reaches into American Campuses,” Foreign Policy, March 7, 2018, https://foreignpolicy.com/2018/ 03/07/chinas-long-arm-reaches-into-american-campuses-chinese-students-scholars-asso ciation-university-communist-party/

10 Bethany Allen-Ebrahimian, “Chinese Government Gave Money to George- town Chinese Student Group,” Foreign Policy, February 14, 2018, https://foreignpolicy.com/ 2018/02/14/exclusive-chinese-government-gave-money-to-georgetown-chinese-student-group-washington-china-communist-party-influence/

11 Chris Buckley, “China Says Its Students, Even Those Abroad, Need More ‘Patriotic Education,’” New York Times, February 10, 2016, https://www.nytimes.com/2016/02/11/world/asia/china-patriotic-education.html

12 Stephanie Saul, “On Campuses Far from China, Still Under Bei- jing’s Watchful Eye,” New York Times, May 4, 2017, https://www.

nytimes.com/2017/05/04/ us/chinese-students-western-campuses-china-influence.html

13 Judy Piercey and Christine Clark, “Tenzin Gyatso, His Holiness the 14th Dalai Lama to Speak at UC San Diego Commencement,” UC San Diego News Center, February 2, 2017, https://ucsdnews.ucsd.edu/feature/tenzin_gyatso_his_holiness_the_14th_dalai_lama_to_speak_at_uc_san_diego

14 “Chinese Student Organizations Denounce Dalai Lama as Com- mencement Speaker,” Triton, February 3, 2017, https://triton.news/2017/02/chinese-student-organizations-denounce-dalai-lama-commencement-speaker/

15 Larry Diamond and Orville Schell, eds., China’s Influence & American Interests: Promoting Constructive Vigilance, Report of the Working Group on Chinese Influence Activities in the United States (Stanford, CA: Hoover Institution, Stan- ford University, November 29, 2018), https://www.hoover.org/sites/default/files/research/docs/diamond-schell_corrected-april2020finalfile.pdf

16 Simon Denyer and Congcong Zhang, “A Chinese Student Praised the ‘Fresh Air of Free Speech’ at a U.S. College. Then Came the Backlash,” Washington Post, May 23, 2017, https://www.washingtonpost.com/news/worldviews/wp/2017/05/23/a-chinese-student-praised-the-fresh-air-of-free-speech-at-a-u-s-college-then-came-the-backlash/

17 “U.S. Department of Education Launches Investigation into Foreign Gifts Reporting at Ivy League Universities,” press release, US Department of Education, Febru- ary 12, 2020, https://www.ed.gov/news/press-releases/test-0

18 Rob Portman and Tom Carper, China’s Impact on the U.S. Education System, staff report (Washington, DC: US Senate, Permanent Subcommittee on Investigations, 2019).

19 Josh Rogin, “Congress Wants DeVos to Investigate Chinese Research Partner- ships on American Campuses,” Washington Post, June 20, 2018, https://www.washingtonpost.com/news/josh-rogin/wp/2018/06/20/congress-wants-devos-to-investigate-chinese-research-partnerships-on-american-campuses/

20 FBI, “FBI Counterintelligence Note: Chinese Talent Programs,” Public In- telligence, September 2015, https://publicintelligence.net/fbi-chinese-talent-programs/

21 Mihir Zaveri, “Wary of Chinese Espionage, Houston Cancer Center Chose to Fire 3 Scientists,” New York Times, April 22, 2019, https://www.nytimes.com/2019/04/22/ health/md-anderson-chinese-scientists.html

22 Sui-Lee Wee, “China Uses DNA to Track Its People, with the Help of American Expertise,” New York Times, February 21, 2019, https://www.nytimes.com/2019/02/21/business/china-xinjiang-uighur-dna-thermo-fisher.html

23 Adam Conner-Simons, “CSAIL Launches New Five-Year Collabora- tion with IFlyTek,” MIT News, June 15, 2018, https://news.mit.edu/2018/csail-launches-five-year-collaboration-with-iflytek-0615

24 Will Knight, "MIT Cuts Ties with a Chinese AI Firm amid Human Rights Concerns," Wired, April 21, 2020, https://www.wired.com/story/mit-cuts-ties-chinese-ai-firm-human-rights/

25 Madhumita Murgia and Christian Shepherd, "Western AI Researchers Partnered with Chinese Surveillance Firm," Financial Times, April 19, 2019, https://www.ft.com/content/41be9878-61d9-11e9-b285-3acd5d43599e

26 Paul Mozur, "One Month, 500,000 Face Scans: How China Is Us- ing A.I. to Profile a Minority, New York Times, April 14, 2019, https://www.nytimes.com/2019/04/14/technology/china-surveillance-artificial-intelligence-racial-profiling.html

27 Kate O'Keeffe and Aruna Viswanatha, "FBI Sweep of China Researchers Leads to Cat-and-Mouse Tactics," Wall Street Journal, September 7, 2020, https://www.wsj.com/ articles/fbi-sweep-of-china-researchers-leads-to-cat-and-mouse-tactics-11599471001

28 Paul Mozur and Jane Perlez, "China Bets on Sensitive U.S. Start-Ups, Wor- rying the Pentagon," New York Times, March 22, 2017, https://www.nytimes.com/2017/03/ 22/technology/china-defense-start-ups.html

29 Michael Brown and Pavneet Singh, China's Technology Transfer Strat- egy: How Chinese Investments in Emerging Technology Enable a Strategic Competitor to Access the Crown Jewels of U.S. Innovation (Defense Innovation Unit Experimental, Janu- ary 2018), 48.

30 Peter Thiel, "Good for Google, Bad for America," New York Times, August 1, 2019, https://www.nytimes.com/2019/08/01/opinion/peter-thiel-google.html

31 "Remarks by President Trump in Cabinet Meeting," White House, July 16, 2019, https://www.whitehouse.gov/briefings-statements/remarks-president-trump-cabinet-meeting-14/

32 Bowdeya Tweh, "Treasury Secretary Finds No Security Concerns with Google Work in China," Wall Street Journal, July 24, 2019, https://www.wsj.com/articles/treasury-secretary-finds-no-security-concerns-with-google-work-in-china-11563976459

33 Donald J. Trump (@realDonaldTrump), "@sundarpichai of Google was in the Oval Office working very hard to explain how much he liked me, what a great job the Administration is doing, that Google was not involved with China's military, that they didn't help Crooked Hillary over me in the 2016 Election, & that they... ," Twitter, August 6, 2019, 10:51 a.m., https://twitter.com/realDonaldTrump/status/1158797732821291018

34 Alex Joske, "The Chinese Military's Exploitation of Western Tech Firms," Strategist, April 11, 2019, https://www.aspistrategist.org.au/the-chinese-militarys-exploitation-of-western-tech-firms/

35 Gordon G. Chang, "U.S. Must Put a Ban on Google Helping China Develop a Global Digital Dictatorship," Daily Beast, March 26, 2019, https://www.thedailybeast.com/google-snubbed-the-pentagonbut-not-the-chinese-military

36 Josh Rogin, "Facebook Wakes Up to the China Challenge," Washington Post, October 24, 2019, https://www.washingtonpost.com/opinions/

facebook-wakes-up-to-the-china-challenge/2019/10/24/ae5b2fcc-f69f-11e9-8cf0-4cc99f74d127_story.html

37 Tony Romm, “Zuckerberg: Standing for Voice and Free Expression,” Washington Post, October 17, 2019, https://www.washingtonpost.com/technology/2019/10/17/zuckerberg-standing-voice-free-expression/

38 Josh Rogin, “Trump’s TikTok Deal Would Only Make the Problem Worse,” Washington Post, September 24, 2020, https://www.washingtonpost.com/opinions/global-opinions/trumps-tiktok-deal-would-only-make-the-problem-worse/2020/09/24/ 3b418b7c-fe9f-11ea-8d05-9beaaa91c71f_story.html

39 Nick Statt, “Apple’s iCloud Partner in China Will Store User Data on Servers of State-Run Telecom,” Verge, July 18, 2018, https://www.theverge.com/2018/7/18/17587304/apple-icloud-china-user-data-state-run-telecom-privacy-security

40 Washington Post Editorial Board, “Apple Accedes to China’s Despotic Demands,” Washington Post, October, 15, 2019, https://www.washingtonpost.com/opinions/the-costs-of-apples-business-in-china/2019/10/15/8a038dde-ef85-11e9-89eb-ec56cd414732_story.html

41 Stephen Warwick, “China Threatens Apple with Investigations and Restrictions in Response to U.S. Treatment of Huawei,” iMore, May 15, 2020, https://www.imore.com/china-threatens-companies-apple-investigations-and-restrictions-response-treatment-huawei

42 2017 Report to Congress of the U.S.-China Economic and Security Review Com- mission (Washington, DC: US Government Publishing Office, November 2017), 73. https://www.uscc.gov/sites/default/files/annual_reports/2017_Annual_Report_to_Congress.pdf

43 Walter Pavlo, “Fraud in Chinese Reverse Mergers on American Exchanges — and We’re Surprised?,” Forbes, April 8, 2011, https://www.forbes.com/sites/walterpavlo/2011/04/ 08/fraud-in-chinese-reverse-mergers-on-american-exchanges-and-were-surprised/

44 PCAOB Enters into Enforcement Cooperation Agree- ment with Chinese Regulators,” Public Company Accounting Oversight Board, May 24, 2013, https://pcaobus.org:443/News/Releases/Pages/05202013_ChinaMOU.aspx

45 Aaron Timms, “Deals of the Year 2014: Alibaba Sets IPO Record with NYSE Debut,” Institutional Investor, December 10, 2014, https://www.institutionalinvestor.com/article/b14zbh3xzm35m3/deals-of-the-year-2014-alibaba-sets-ipo-record-with-nyse-debut

46 Josh Rogin, “It’s Time to End the ‘China Hustle’ on U.S. Stock Exchanges,” Washington Post, August 30, 2018, https://www.washingtonpost.com/opinions/global-opinions/its-time-to-end-the-china-hustle-on-us-stock-exchanges/2018/08/30/ 50137c1a-ac8d-11e8-8a0c-70b618c98d3c_story.html

47 Mike Bird, “How China Pressured MSCI to Add Its Market to Ma- jor Benchmark,” Wall Street Journal, February 3, 2019, https://www.wsj.com/articles/how-china-pressured-msci-to-add-its-market-to-major-benchmark-11549195201

48 Asjylyn Loder, “Indexes to Unleash Flood of Money into Chinese Stocks,” Wall Street Journal, May 16, 2019, https://www.wsj.com/articles/indexes-to-unleash-flood-of-money-into-chinese-stocks-11558006200

49 Michael Wursthorn and Shen Hong, "Chinese Shares Gain Global Sway Thanks to Index Firm's Move," Wall Street Journal, March 1, 2019, https://www.wsj.com/articles/chinese-shares-gain-global-sway-thanks-to-index-firms-move-11551392626

50 Yen Nee Lee, "China's $13 Trillion Bond Market Marks a Mile- stone. Here's What It Means," CNBC, April 1, 2019, https://www.cnbc.com/2019/04/01/ china-bonds-debut-on-bloomberg-barclays-global-aggregate-index.html

51 Josh Rogin, "China's Infiltration of U.S. Capital Markets Is a National Secu- rity Concern," Washington Post, June 13, 2019, https://www.washingtonpost.com/opinions/ 2019/06/13/chinas-infiltration-us-capital-markets-is-national-security-concern/

52 John Gittlesohn, "Calpers Top Money Man Is Swept Up in Chi- nese Espionage Fears," Bloomberg, February 25, 2020, https://www.bloomberg.com/news/articles/2020-02-25/how-chinese-espionage-fears-ensnared-calpers-top-money-man

53 Josh Rogin, "Americans Shouldn't Be Forced to Invest in China's Military," Washington Post, August 27, 2020, https://www.washingtonpost.com/opinions/global-opinions/americans-shouldnt-be-forced-to-invest-in-chinas-military/2020/08/27/ e027b6f4-e89f-11ea-97e0-94d2e46e759b_story.html

第十三章　貿易戰第一回合

1 Remarks by President Trump Before Marine One Departure," White House, August 1, 2019, https://www.whitehouse.gov/briefings-statements/remarks-president-trump-marine-one-departure-56/

2 Damian Paletta et al., "Treasury Dept. Designates China a 'Currency Manipulator,' a Major Escalation of the Trade War," Washington Post, August 5, 2019, https://www.washingtonpost.com/world/asia_pacific/china-lets-currency-plunge-below-7-a-decade-low-after-trump-adds-new-tariffs/2019/08/05/c7415db6-b754-11e9-8e83-4e6687e99814_story.html

3 Todd Shriber, "Las Vegas Sands Boss Adelson Told Trump to Tread Care- fully with China," Casino.org, September 23, 2019, https://www.casino.org/news/las-vegas-sands-adelson-told-trump-to-tread-carefully-with-china/

4 Jeff Stein et al., "Trump Retaliates in Trade War by Escalating Tariffs on Chinese Imports and Demanding Companies Cut Ties with China," Washington Post, Au- gust 23, 2019, https://www.washingtonpost.com/business/2019/08/23/china-hits-us-with-tariffs-billion-worth-goods-reinstates-auto-levies-state-media-report/

5 Donald J. Trump (@realDonaldTrump), "For many years China (and many other countries) has been taking advantage of the United States on Trade, Intellectual Property Theft, and much more. Our Country has been losing hundreds of billions of dollars a year to China, with no end in sight... ," thread, Twitter, August 23, 2019, 2:00 p.m., https://twitter.com/realDonaldTrump/status/1165005927864512512

6 Donald J. Trump (@realDonaldTrump), "Our Country has lost, stupidly, Tril- lions of Dollars with China over many years. They have stolen our Intellectual Property at a rate of Hundreds of Billions of Dollars a Year, & they want to continue. I won't let that happen! We don't need China and, frankly, would be far... ," thread, Twitter, August 23, 2019, 7:59 a.m., https://twitter.com/realDonaldTrump/status/1164914959131848705

7 Bolton wrote: John R. Bolton, The Room Where It Happened: A White House Memoir (New York: Simon and Schuster, 2020), 375.

8 Donald J. Trump (@realDonaldTrump), "For all of the Fake News Reporters that don't have a clue as to what the law is relative to Presidential powers, China, etc., try looking at the Emergency Economic Powers Act of 1977. Case closed!," Twitter, August 23, 2019, 8:58 p.m., https://twitter.com/realDonaldTrump/status/1165111122510237696

9 "Trump: No Deadline for China Trade Deal, Might Follow 2020 Elec- tion," Reuters, December 3, 2019, https://www.reuters.com/article/usa-china-trade-trump-idUSL9N27702H

10 "Remarks by President Trump and Prime Minister Trudeau of Canada Before Bilateral Meeting — London, United Kingdom," White House, December 3, 2019, https://www.whitehouse.gov/briefings-statements/remarks-president-trump-prime-minister-trudeau-canada-bilateral-meeting-london-united-kingdom/

11 Josh Rogin, "Trump Is Getting Played by China on Trade," Washington Post, December 12, 2019, https://www.washingtonpost.com/opinions/global-opinions/trump-is-getting-played-by-china-on-trade/2019/12/12/a8381362-1d2d-11ea-b4c1-fd0d- 91b60d9e_story.html

12 Josh Rogin, "Trump Is Getting Played by China on Trade," Washington Post, December 12, 2019, https://www.washingtonpost.com/opinions/global-opinions/ trump-is-getting-played-by-china-on-trade/2019/12/12/a8381362-1d2d-11ea-b4c1-fd0d- 91b60d9e_story.html

13 Reuters, "Trump Son-in-Law Jared Kushner Takes a Bigger Role in China Trade Talks," CNBC, December 4, 2019, https://www.cnbc.com/2019/12/04/jared-kushner-trumps-son-in-law-takes-a-bigger-role-in-china-trade-talks.html

14 "United States and China Reach Phase One Trade Agreement," Office of the United States Trade Representative, December 13, 2019, https://ustr.gov/about-us/ policy-offices/press-office/press-releases/2019/december/united-states-and-china-reach

15 Blair Shiff, "Robert Lighthizer on China Trade Deal: 'We Expect Them to Live Up' to It," Fox Business, January 13, 2020, https://www.foxbusiness.com/technology/robert-lighthizer-china-intellectual-property

16 Robert Lighthizer, "The Case for the Trump Administration's Approach to Trade," Foreign Affairs, July/August 2020, https://www.foreignaffairs.com/articles/united-states/2020-06-09/how-make-trade-work-workers

第十四章　新冠病毒

1 Joe Biden (@JoeBiden), "We are in the midst of a crisis with the coronavirus. We need to lead the way with science — not Donald Trump's record of hysteria, xenophobia, and fear-mongering. He is the worst possible person to lead our country through a global health emergency," Twitter, February 1, 2020, 2:01 p.m., https://twitter.com/JoeBiden/status/ 1223727977361338370

2 Jake Tapper, "Biden Campaign Says He Backs Trump's China Travel Ban," CNN, April 3, 2020, https://www.cnn.com/2020/04/03/politics/joe-biden-trump-china-coronavirus/index.html

3 Savannah Behrmann, "Mick Mulvaney Says Media Hopes Coronavirus Will 'Bring Down' Trump," USA Today, February 28, 2020, https://www.usatoday.com/story/news/politics/2020/02/28/mick-mulvaney-says-media-hopes-coronavirus-bring-down-trump/4907058002/

4 Philip Ewing, "Trump, Esper Wish Bon Voyage to Hospital Ship Bound for New York City," NPR, March 28, 2020, https://www.npr.org/sections/coronavirus-live-updates/2020/03/28/823268706/trump-esper-wish-bon-voyage-to-hospital-ship-bound-for-new-york-city

5 Katrina Manson et al., "Taiwan Says WHO Failed to Act on Coronavirus Transmission Warning," March 20, 2020, https://www.ft.com/content/2a70a02a-644a-11ea-a6cd-df28cc3c6a68

6 Vandana Rambaran, "Taiwan Releases December Email to WHO Showing Unheeded Warning About Coronavirus," Fox News, April 13, 2020, https://www.foxnews.com/world/taiwan-releases-december-email-showing-unheeded-warning-to-who-about-coronavirus

7 Andrew Green, "Li Wenliang," Lancet 395, no. 10225 (February 29, 2020): 682, https://doi.org/10.1016/S0140-6736(20)30382-2

8 Chaolin Huang et al., "Clinical Features of Patients Infected with 2019 Novel Coronavirus in Wuhan, China," Lancet 395, no. 10223 (February 15, 2020):497–506, https://doi.org/10.1016/S0140-6736(20)30183-5

9 Zhuang Pinghui, "Lab That First Shared Coronavirus Sequence Closed for 'Rectification,'" South China Morning Post, February 28, 2020, https://www.scmp.com/ news/china/society/article/3052966/chinese-laboratory-first-shared-coronavirus-genome-world-ordered

10 World Health Organization (WHO) (@WHO), "Preliminary investigations conducted by the Chinese authorities have found no clear evidence of human-to-human transmission of the novel #coronavirus (2019-nCoV) identified in #Wuhan, #China," Twitter, January 14, 2020, 3:18 a.m., https://twitter.com/WHO/status/1217043229427761152

11 "Statement on the Second Meeting of the International Health Regulations (2005) Emergency Committee Regarding the Outbreak of Novel Coronavirus (2019-NCoV)," World Health Organization, January 30, 2020, https://www.who.int/news-room/detail/30-01-2020-statement-on-the-second-meeting-of-the-international-health-regulations-(2005)-emergency-committee-regarding-the-outbreak-of-novel-coronavirus-(2019-ncov)

12 "Report of the Director-General, 146th Meeting of the Executive Board," World Health Organization, February 3, 2020, https://www.who.int/dg/speeches/detail/report-of-the-director-general-146th-meeting-of-the-executive-board

13 "He Warned of Coronavirus. Here's What He Told Us Before He Died," New York Times, February 7, 2020, https://www.nytimes.com/2020/02/07/world/ asia/Li-Wenliang-china-coronavirus.html

14 Ryo Nakamura, "US Counters China's 'Mask Diplomacy' with $225m Coronavirus Aid," Nikkei Asian Review, April 8, 2020, https://asia.nikkei.com/Spotlight/ Coronavirus/US-counters-China-s-mask-diplomacy-with-225m-coronavirus-aid

15 "Readout of the President's Call with President Xi Jinping of China," White House, February 9, 2020, https://www.whitehouse.gov/briefings-statements/readout-presidents-call-president-xi-jinping-china/

16 Lijian Zhao (@zlj517), "CDC was caught on the spot. When did pa- tient zero begin in US? How many people are infected? What are the names of the hospitals? It might be US army who brought the epidemic to Wuhan. Be transparent! Make public your data! US owe us an explanation!," Twitter, March 12, 2020, 7:37 a.m., https://twitter.com/zlj517/status/1238111898828066823

17 Ben Hu et al., "Discovery of a Rich Gene Pool of Bat SARS-Related Corona- viruses Provides New Insights into the Origin of SARS Coronavirus," PLoS Pathogens 13, no. 11 (November 30, 2017): e1006698, https://doi.org/10.1371/journal.ppat.1006698

18 Sara Reardon, "US Suspends Risky Disease Research," Nature News14, no. 7523 (October 23, 2014): 411, https://doi.org/10.1038/514411a

19 Nature: Declan Butler, "Engineered Bat Virus Stirs Debate over Risky Research," Nature News, November 12, 2015, https://doi.org/10.1038/nature.2015.18787

20 Peng Zhou et al., "A Pneumonia Outbreak Associated with a New Coronavirus of Probable Bat Origin," Nature 579, no. 7798 (March 2020): 270–73, https://doi.org/10.1038/s41586-020-2012-7

21 Jonathan Latham and Allison Wilson, "A Proposed Origin for SARS-CoV-2 and the COVID-19 Pandemic," Independent Science News, July 15, 2020, https://www.independentsciencenews.org/commentaries/a-proposed-origin-for-sars-cov-2-and-the-covid-19-pandemic/

22 Xiaolu Tang et al., "On the Origin and Continuing Evolution of SARS-CoV-2," National Science Review 7, no. 6 (June 1, 2020): 1012–23, https://doi.org/10.1093/nsr/nwaa036

23 Yue Li et al., "The Divergence Between SARS-CoV-2 and RaTG13 Might Be Overestimated Due to the Extensive RNA Modification," Future Virology 15, no. 6 (April 24, 2020): 341–47, https://doi.org/10.2217/fvl-2020-0066

24 Li et al., "Divergence."

25 Ping Liu et al., "Are Pangolins the Intermediate Host of the 2019 Novel Coronavirus (SARS-CoV-2)?," PLoS Pathogens 16, no. 5 (May 14, 2020): e1008421, https://doi.org/10.1371/journal.ppat.1008421

26 Xing-Yi Ge et al., "Coexistence of Multiple Coronaviruses in Several Bat Colonies in an Abandoned Mineshaft," Virologica Sinica 31, no. 1 (February 1, 2016): 31–40, https://doi.org/10.1007/s12250-016-3713-9

27 Jane Qiu, "How China's 'Bat Woman' Hunted Down Viruses from SARS to the New Coronavirus," Scientific American, June 1, 2020, https://www.scientificamerican.com/article/how-chinas-bat-woman-hunted-down-viruses-from-sars-to-the-new-corona virus1/

28 Alexandra Stevenson, "Senator Tom Cotton Repeats Fringe Theory of Coronavirus Origins," New York Times, February 17, 2020, https://www.nytimes.com/2020/02/17/business/media/coronavirus-tom-cotton-china.html

29 Josh Rogin, "State Department Cables Warned of Safety Issues at Wuhan Lab Studying Bat Coronaviruses," Washington Post, April 14, 2020, https://www.washingtonpost.com/opinions/2020/04/14/state-department-cables-warned-safety-issues-wuhan-lab-studying-bat-coronaviruses/

30 "Fauci: No Scientific Evidence the Coronavirus Was Made in a Chinese Lab," National Geographic, May 4, 2020, https://www.nationalgeographic.com/science/2020/05/anthony-fauci-no-scientific-evidence-the-coronavirus-was-made-in-a-chinese-lab-cvd/

31 James T. Areddy, "China Rules Out Animal Market and Lab as Coronavirus Origin," Wall Street Journal, May 26, 2020, https://www.wsj.com/articles/ china-rules-out-animal-market-and-lab-as-coronavirus-origin-11590517508

32 Shi-Hui Sun et al., "A Mouse Model of SARS-CoV-2 Infection and Pathogenesis," Cell Host and Microbe 28, no. 1 (July 2020): 124–133.e4, https://doi.org/10.1016/j.chom.2020.05.020

33 Qiu, "How China's 'Bat Woman.'"

34 "Brief Introduction," Wuhan Institute of Virology, Chinese Academy of Sci- ences, accessed October 1, 2020, https://web.archive.org/web/20150823141414/http://english.whiov.cas.cn/About_Us/Brief_Introduction/

35 Xiaoxu Lin and Shizhong Chen, "Major Concerns on the Identification of Bat Coronavirus Strain RaTG13 and Quality of Related Nature Paper," Preprints, June 5, 2020, https://doi.org/10.20944/preprints202006.0044.v1

36 Wuhan Institute of Virology (China) Sought to Patent Gilead's Remde- sivir," TrialSite News, March 16, 2020, https://www.trialsitenews.com/wuhan-institute-of-virology-china-sought-to-patent-gileads-remdesivir/

37 Emily de La Bruyère and Nathan Picarsic, Viral Moment: China's Post- COVID Planning, Coronavirus Series (Horizon Advisory, March 2020), https://www.horizonadvisory.org/news/coronavirus-series-report-launch-viral-moment-chinas-post-covid-planning

38 Statement by NCSC Director William Evanina: Election Threat Update for the American Public," Office of the Director of National Intelligence, August 20, 2020, https://www.dni.gov/index.php/newsroom/press-releases/item/2139-statement-by-ncsc-director-william-evanina-election-threat-update-for-the-american-public

39 Jennifer Medina, "Full Transcript: Nikki Haley's R.N.C. Speech," New York Times, August 25, 2020, https://www.nytimes.com/2020/08/25/us/politics/nikki-haley-rnc-speech.html

40 Josh Rogin, "The Republican National Convention Highlights Political Abuse of the China Challenge," Washington Post, August 25, 2020, https://www.washingtonpost.com/opinions/2020/08/25/republican-national-convention-highlights-political-abuse-china-challenge/

尾聲

1 Brian Spegele et al., "Fundraising at Company Tied to Steve Bannon and Guo Wengui Faces Probe," Wall Street Journal, August 19, 2020, https://www.wsj.com/articles/fundraising-at-company-tied-to-steve-bannon-and-guo-wengui-faces-probe-11597857467

2 Steve Bannon's War Room — COAR, "WarRoom: Global Election Night Special 2020," YouTube video, 8:35:10, streamed live on November 3, 2020, https://www.youtube.com/watch?v=ZVWvZFWBE9Y&t=3080s

3 "Statement by NCSC Director William Evanina: Election Threat Update for the American Public," Director of National Intelligence, August 7, 2020, https://www.dni.gov/index.php/newsroom/press-releases/item/2139-statement-by-ncsc-director-william-evanina-election-threat-update-for-the-american-public

4 Didi Kirsten Tatlow, "Exclusive: 600 U.S. Groups Linked to Chinese Communist Party Influence Effort with Ambition beyond Election," News- week, October 26, 2020, https://www.newsweek.com/2020/11/13/exclusive-600-us-groups-linked-chinese-communist-party-influence-effort-ambition-beyond-1541624.html

5 Nick Aspinwall, "Steve Bannon Ally Guo Wengui Is Targeting Chinese Dissidents," Foreign Policy, October 28, 2020, https://foreignpolicy.com/2020/10/ 28/guo-wengui-sending-mobs-after-chinese-dissidents-bannon-ccp/

6 Michael Crowley, "'Strategic Empathy': How Biden's Informal Diplomacy Shaped Foreign Relations," New York Times, July 5, 2020, https://www.nytimes.com/2020/07/05/us/politics/joe-biden-foreign-policy.html

7 Ashley Parker et al., "How Trump's Erratic Behavior and Failure on Coronavirus Doomed His Reelection," Washington Post, November 7, 2020, https://www.washingtonpost.com/elections/interactive/2020/trump-pandemic-coronavirus-election/

8 Enda Curran, Sofia Horta e Costa, and Lulu Yilun Chen, "Derailing of Jack Ma's Ant IPO Shows Xi Jinping's in Charge," Bloomberg, November 4, 2020, https://www.bloomberg.com/news/articles/2020-11-04/derailing-of-jack-ma-s-mega-ant-ipo-shows-xi-jinping-s-in-charge

9 “Remarks by Deputy National Security Advisor Matt Pottinger to London- Based Policy Exchange,” The White House, October 23, 2020, https://www.whitehouse.gov/ briefings-statements/remarks-deputy-national-security-advisor-matt-pottinger-london-based-policy-exchange/

10 同上

11 “Communiqué of the Fifth Plenary Session of the 19th Central Committee of the Communist Party of China — Current Affairs — People’s Daily Online” [in Chinese], Chinese Communist Party, October 29, 2020, http://politics.people.com.cn/n1/2020/1029/c1001-31911511.html

12 Reuters, “Biden Adviser Says Unrealistic to ‘Fully De- couple’ from China,” US News, September 22, 2020, https://money.usnews.com/investing/ news/articles/2020-09-22/biden-adviser-says-unrealistic-to-fully-decouple-from-china

13 Ben Westcott and Steven Jiang, “China Offers Belated Congratulations to US President-Elect Joe Biden,” CNN, November 13, 2020, https://www.cnn.com/2020/11/13/asia/biden-china-trump-election-intl-hnk/index.html

14 Alexandra Stevenson et al., “A Chinese Tycoon Sought Power and Influence. Washington Responded,” New York Times, December 12, 2018, https://www.nytimes.com/ 2018/12/12/business/cefc-biden-china-washington-ye-jianming.html

15 Adam Entous, “Will Hunter Biden Jeopardize His Father’s Cam- paign?,” New Yorker, July 1, 2019, https://www.newyorker.com/magazine/2019/07/08/will-hunter-biden-jeopardize-his-fathers-campaign

16 Andrew Duehren and James T. Areddy, “Hunter Biden’s Ex-Business Part- ner Alleges Father Knew About Venture,” Wall Street Journal, October 23, 2020, https://www.wsj.com/articles/hunter-bidens-ex-business-partner-alleges-father-knew-about-venture-11603421247

八旗國際14

天下大亂

川普政府的中國政策，其形成、矛盾與內幕

Chaos Under Heaven: Trump, Xi, and the Battle for the 21st Century

作　　者　喬許・羅金（Josh Rogin）
翻　　譯　梁文傑
編　　輯　王家軒
校　　對　陳佩伶
封面設計　李東記

企　　劃　蔡慧華
總 編 輯　富　察
社　　長　郭重興
發行人兼出版總監　曾大福
出版發行　八旗文化／遠足文化事業股份有限公司
地　　址　新北市新店區民權路108-2號9樓
電　　話　02-22181417
傳　　真　02-86671065
客服專線　0800-221029
信　　箱　gusa0601@gmail.com
Facebook　facebook.com/gusapublishing
Blog　gusapublishing.blogspot.com
法律顧問　華洋法律事務所／蘇文生律師

印　　刷　前進彩藝有限公司
定　　價　560元
初版一刷　2021年（民110）10月
初版五刷　2022年（民111）1月
ISBN : 978-986-0763-50-8
ISBN : 978-986-0763-53-9 (EPUB)
ISBN : 978-986-0763-51-5 (PDF)

國家圖書館出版品預行編目（CIP）資料

天下大亂：川普政府的中國政策，其形成、矛盾與內幕／喬許・羅金（Josh Rogin）著；梁文傑翻譯. -- 一版. -- 新北市：八旗文化出版：遠足文化事業股份有限公司發行, 民110.10
　面；　公分
譯自：Chaos under heaven : Trump, Xi, and the battle for the twenty-first century
ISBN 978-986-0763-50-8（平裝）

1.川普(Trump, Donald, 1946-)　2.習近平　3.中美關係　4.國際關係　5.國際政治

574.1852　　110015304